印 顺 法 师 佛 学 著 作 系 列

太虚大师年谱

释印顺 著

中華書局

图书在版编目(CIP)数据

太虚大师年谱/释印顺著. —北京:中华书局,2011.10
(2025.5 重印)
(印顺法师佛学著作系列)
ISBN 978-7-101-08062-9

Ⅰ.太… Ⅱ.释… Ⅲ.大虚(1890~1947)-年谱
Ⅳ.B949.92

中国版本图书馆 CIP 数据核字(2011)第 125760 号

经台湾财团法人印顺文教基金会授权出版

书　　名　太虚大师年谱
著　　者　释印顺
丛 书 名　印顺法师佛学著作系列
责任编辑　朱立峰
封面设计　毛　淳
责任印制　管　斌
出版发行　中华书局
(北京市丰台区太平桥西里 38 号　100073)
http://www.zhbc.com.cn
E-mail:zhbc@zhbc.com.cn
印　　刷　北京建宏印刷有限公司
版　　次　2011 年 10 月第 1 版
2025 年 5 月第 2 次印刷
规　　格　开本/880×1230 毫米　1/32
印张 11½　插页 2　字数 240 千字
印　　数　3001-3500 册
国际书号　ISBN 978-7-101-08062-9
定　　价　55.00 元

“印顺法师佛学著作系列”出版说明

释印顺(1906—2005),当代佛学泰斗,博通三藏,著述宏富,对印度佛教、中国佛教的经典、制度、历史和思想作了全面深入的梳理、辨析与阐释,取得了一系列重要学术成果,成为汉语佛学研究的杰出典范。同时,他继承和发展了太虚法师的人生佛教思想,建立起自成一家之言的人间佛教思想体系,对二十世纪中叶以来汉传佛教的走向产生了深刻影响,受到佛教界和学术界的的高度重视。

经台湾印顺文教基金会授权,我局于 2009 年出版《印顺法师佛学著作全集》(23 卷),系统、全面地介绍了印顺法师的佛学研究成果和思想,受到学术界、佛教界的广泛欢迎。应读者要求,我局今推出“印顺法师佛学著作系列”,将印顺法师的佛学著作以单行本的形式逐一出版,以满足不同领域读者的研究和阅读需要。为方便学界引用,《全集》和“系列”所收各书页码完全一致。

“印顺法师佛学著作系列”的编辑出版以印顺文教基金会提供的台湾正闻出版社出版的印顺法师著作为底本,改繁体竖排为简体横排。以下就编辑原则、修订内容,以及与正闻版的区别等问题,略作说明。

编辑原则

编辑工作以尊重原著为第一原则,在此基础上作必要的编辑加工,以符合大陆的出版规范。

修订内容

由于原作是历年陆续出版的,各书编辑体例、编辑规范不一。我们对此作了适度统一,并订正了原版存在的一些疏漏讹误,主要包括以下几项:

1. 原书讹误的订正:

正闻版的一些疏漏之处,如引文、纪年换算、人名、书名等,本版经仔细核查后予以改正。

2. 标点符号的订正:

正闻版的标点符号使用不合大陆出版规范处甚多,本版作了较大幅度的订正。特别是正闻版对于各书中出现的经名、品名、书名、篇名,或以书名号标注,或以引号标注,或未加标注;本版则对书中出现的经名(有的书包括品名)、书名、篇名均以书名号标示,以方便读者。

3. 梵巴文词汇的删削订正:

正闻版各册(特别是专书部分)大都在人名、地名、名相术语后一再重复标出梵文或巴利文原文,不合同类学术著作惯例,且影响流畅阅读。本版对梵巴文标注作了适度删削,同时根据《望月佛教大辞典》、平川彰《佛教汉梵大辞典》、荻原云来《梵和大辞典》等工具书,订正了原版的某些拼写错误。

4. 原书注释中参见作者其他相关著作之处颇多，为方便读者查找核对，本版各书所有互相参见之处，均分别标出正闻版和本版两种页码。

5. 原书中有极少数文字不符合大陆通行的表述方式，征得著作权人同意，在不改变文义的前提下，略作删改。

印顺法师佛学著作对汉语佛学研究有极为深广的影响，同时在国际佛学界的影响也日益突出。我们希望"印顺法师佛学著作系列"的出版，有助于推进我国的佛教学以及相关学科的研究。

中华书局编辑部

二〇一一年三月

目　录

序

吾亲教太虚大师，精识五明，殚心三藏。广长有舌，著作等身。如是我闻，契风旛之不动；应无所住，善内外而咸通。宁但辩才，已为破执。盖古之龙树、马鸣，今之道安、玄奘也！

大师弟子印顺法师等，既集遗文，复修年谱，摄四藏而都含，叙一生以略备。将付流通，嘱为序赞。自惟学殖荒疏，惧无所应；而以主持出版，辞复不能。乃谨述因缘，用志往迹。

溯昔逊清末叶，岁在庚戌，大师飞锡，杯渡南来。出岫无心，望白云而知止；流水常定，识双溪而归宗。由是皈依师座，誓志真乘。卅载追随，倍深瞻仰。度生愿切，护教心诚。操持澹而弥真，化导巧能并摄。功留抗战，访南洋则载誉归来；教阐人生，融中印而精思络绎。真可谓智不足称，叹莫能名者也！

及其沪滨示灭，面泽如生；海潮荼毗，心脏不坏。灿舍利之若晶星，珍炭灰其犹拱璧。乃得政府褒扬，用彰忠哲；信徒建塔，永纪师宗。

於戏！然法炬以烛昏衢，驾慈航而登彼岸；而今而后，其续其谁！悲哲人之长往，思大德以方来。唯愿众善缘成，创出人间净土；料应大慈赴会，还自睹史陀天！斯则吾佛之本怀既明，大师之志行亦畅已！

佛历二五一六年，第七十七庚寅，暮春之月，皈戒弟子陈静涛百拜敬题。

编者附言

予编《太虚大师年谱》成，而深惧无以知大师！盖编者出家也晚（民国十九年秋），礼谒大师也晚（廿三年春），亲聆其讲授也更晚（廿六年秋）；于大师早年学业，初无所知。出家来忝列师门，而以致力义学，于大师事业少参末议。且为学多求诸古籍，于大师思想亦多扞格：吾何足以知大师！然以编纂《全书》，稍积闻思；而年谱材料，亦云粗备。既师友之敦劝，亦自惟文献易失为惧，乃勉为纂组成编。错脱处虽不可免，然有能深知大师者，即其文其事以发其微言，探厥本怀，则创述或不为无益矣！

本编于大师学行，依年编次。以大师为近代佛教唯一大师，早年献身革命，中年弘教利群，晚年复翊赞抗建：体真用俗，关涉至多。故于叙次大师行踪之际，特着意于下列诸点：

一、大师为中国佛学之大成者，长于融贯统摄，不拘于台贤禅净，卓然成家。其宗本在妙有之唯心论，一再为《楞严》、《起信》等释难扶宗，足以见其宗本之所在。

一、大师自整理僧伽制度论，至晚年之菩萨学处，应机改建，虽有不同，而弘扬佛法，首重建僧，其理想之建僧工作，始终未能实现，徒招来无谓之毁誉，可见建僧之难！

一、大师为僧伽本位者，故与时人有僧俗之诤，显密之诤。为中国佛学本位者，故与时人有起信与唯识之诤，融摄（以中国汉传佛学融摄日本、暹锡、蒙藏之长）与移植（弃中国佛学而专弘其他）之诤，胥有关近代佛教思想。

一、大师主以佛法应导现代人心，而要自学佛者之摧乎僻化、神化、腐化着手。使佛法而可行于斯世，舍"人生佛教"莫由！惟其平常，乃见伟大！

一、大师主教理、教制、教产之革新，化私为公，去腐生新，宜其为传统之住持阶级所诽毁。其有关中国佛教会之参与及争衡，可以见四十年来中国佛教僧政之一斑。

一、大师真不碍俗，深见政教之关系，为佛教徒示其轨范。或讥其为"政僧"，而大师惟以不克当此为念。

一、大师之东游日本，弘法欧美，访问南洋，以及其弟子之留学日本、暹罗、锡兰，实为中国佛教之国际佛教运动主流。

一、大师之新佛教运动，发端而未能完成。内部动态之得失，亦予以指出。

年谱于大师之论事、论理，以及关乎当时诤论，编者间为论断。虽论断不必尽如人意，然重事实之原则不敢忘。是故：

一、不断章以取义：凡大师之论事、论理，择要引述，务于得当，不敢意为改易。

一、不依后以改前：如大师与圆瑛之早年友谊，决不以晚年之扞格而故为歪曲。

一、不偏听以自蔽：如大师与黄健六有关佛教会之诤，与内学院有关中日佛教学会之诤，并两存双方之说。

本编行文之义例，亦有可言者：

一、本编或依据文献，或采访师友，并为一一叙明以征信。唯民国十九年后，有为编者所目见亲闻，则但直书其事而已。

一、引述作品，间有略称者，如《太虚自传》之作“自传”，《太虚大师寰游记》之作“寰游记”，《访问团日记》之作“访记”，《我的佛教改进运动略史》之作“略史”，《潮音草舍诗存》之作“诗存”，《潮音草舍诗存续集》之作“诗存续集”，《海潮音》之作“海”，《觉社丛书》之作“觉书”等。

一、引述大师作品或讲记，但直书题名。其为他人作品，则附作者并加括号以别之，如（叶性礼《圆瑛法师事略》）。

一、《海潮音》内容繁多，故为分别以便查。如（海五、五“时事”），即为《海潮音》五卷五期之时事栏。

一、民元以后，概用阳历。唯所引文证，尤于民国十五年前，多用农历，故于月日下，别以括号说明之。如民元一月一日下，有（“辛亥年十一月十三日”）。

一、凡文记参差，传说不实，回忆谬忘等，概为按语考正。其不能确定者，则两说以存疑。

名号·籍贯·年龄·眷属

一　名　号

大师之名号，有俗名，有法名，有笔名，今就所知者条理而叙述之。

（一）淦森

（1）阿淦

（二）沛林

大师乳名淦森，亲邻辄呼为阿淦；沛林为大师学名，均以五行缺金木水立名（自传一）。大师生于清光绪十五年十二月十八日。旧历民国二十三年，大师于汉口正信会，值四十六初度。时有占卜为业而新近皈依者，询以诞生时刻，拟私为推算。大师告以丑时，卜者叹为难得。盖大师之生辰，为己丑年、丁丑月、己丑日、乙丑时（钟益亭为编者说）。四丑之生辰，于五行缺金木水，故取名如是。

（三）唯心

唯心，为大师出家之法名（自传二）。所依临济法派偈云：“心源广续，本觉昌隆，能仁圣果，常演宽弘，唯传法印，证悟会融，坚持戒定，永纪祖宗。”唯心之唯，即第十七字。

（四）太虚

大师以太虚行，乃出家之表字，取名于镇海县团桥镇之玉皇殿（自传二）。以今观之，确唯太虚二字，始足以表达大师广大深远之高致！宣统三年，大师度夏于普陀。印（光）老来访，阅其诗文而心许之，因和易哭庵掩字韵以相勉：

> “太虚大无边，何物能相掩！白云偶尔栖，当处便黮暗。吹以浩荡风，毕竟了无点。庶可见近者，莫由骋驳贬。
>
> “太虚无形段，何处能著染？红尘蓦地起，直下亡清湛。洒以滂沱雨，彻底尽收敛。方知从本来，原自无增减”。

大师进而和之：

> “日月回互照，虚空映还掩，有时风浪浪，有时云黯黯。万象恣妍丑，当处绝尘埃。虽有春秋笔，亦难施褒贬。
>
> “余霞散成绮，虚空忽渲染，恰恰红尘漠，恰恰青天湛。悠然出岫云，无心自舒敛。泰山未尝增，秋毫未尝减。”（自传六）

二老同以太虚（诸法本真）为本来清净，在尘不染，而印老主超脱泯寂,大师主融冶无碍。故印老必“吹以浩荡风”,“洒以滂沱雨”,方得本来无染;而大师则“万象恣妍丑,当处绝尘埃”。且日月回互,余霞成绮,弥显太虚之庄严。大师心境中之太虚,异乎印老之所见。

(2)泰羲 (3)太

印度诗哲泰戈尔来华,大师有《太戈尔哲学的简择》之作,署名泰羲,盖太虚之谐音。

海刊十四、十一,有补白小评——“万有文库”,但署一太字,即太虚之略称。上二,由太虚一名演化而来。

(五) 悲华

大师《答王弘愿书》,自认悲华为其笔名。署名悲华者,已集得十七篇,如《论陈独秀自杀论》等,大抵为批评之作。

悲华,乃悲悯中华之义;亦可释为慈悲引生之莲华行。宣统三年夏,戴霭天有《送悲华室主回浙》诗;民国六年秋,圆瑛有《赠悲华室主之扶桑》诗,知由“悲华室”得名。宣统三年初夏,汪莘伯有《积雨闷坐睹悲华诗有感和韵答之》诗;民国三年冬,冰弦有《读普陀志寄怀悲华子》诗。悲华与悲华子早见于诗友之相称,固不始于(七年创刊)海刊也。

(4)华子 (5)非心 (6)芬陀

《昧盦诗录》,附有《书镜月梦》,自称华子,殆悲华子之略称。

以非心为笔名者,如《评大乘起信论考证》。署名芬陀者,有《任孤儿教育者应具性格之商榷》等。芬陀,梵语芬陀利之略,即白莲华。是故非心为悲之形离,芬陀乃华之音译。上三者,由悲华一名演化而来。

(六) 昧盦

《昧盦诗录》,编集于民五之夏。昧有深潜、浑朴、芒昧、愚蒙意。大师以"昧"为别署者,以大师青年时代,"心情勇锐,目空一切";"在禅慧融彻中,侠情奔涌,不可一世"(自传四)。然才华卓越与热情奔放,限于时会,无以推进革新佛教之弘愿。由于不遂初衷,诸凡顿挫,反引发疏放之俗习。大师憬然于此,乃欲求佛法之高深学养,庶能适应环境以改进乎佛教。从见理之深远言,态度之温和言,无不有需于昧。于是拈昧昧法门以自为陶冶,俾能与才能卓越、侠情奔放相协和,以实现觉世济群之素志。民三之掩关普陀,由是而法化普洽,即其明证。然大师特以昧为方便,深求其精神,则犹然为禅慧与侠情相激荡。《覆黄健六书》云:

> "吾自审舍身舍心,救僧救世,慧德无让古人,福缘乃逊时伧。每逢随俗浮沉,可括囊无咎无誉;才一发心拯拔,辄招致疑神疑鬼。"

大师勉于自昧,而终不能不求有所拯拔,即求有所以建僧弘法而觉世。此大师真精神之所在,亦伟大之所在,亦受毁谤之所在!余遂莘赞大师曰:"只为眉毛拖地,惹得一身肮脏",是也。

(7)昧昧　　(8)昧然

此犹是一昧字。以昧昧为笔名者,如《论梁漱溟东西文化及其哲学》。署名昧然者,如《论甘地》等。

(七) 交芦子

署名交芦子者,如《成大乘论》等,悉掩关普陀时作。交芦之名,取义于《楞严经》:“因尘发知,因根有相,相见无性,同于交芦。”“中间无实性,是故若交芦。”时大师有《楞严摄论》之作,故撰文以交芦名焉。

(八) 觉 (九) 群

大师晚年创《觉群周报》于上海,时写短评,即分此二字为笔名。

(十) 雪山老僧

《竹阴闲话》署此名,所以表示长老之身份者。有作《儒佛会勘》者,大师许其契机,书《阅儒佛会勘随笔》。惜对方为不懂事汉,竟起而上下其议论;乃不得不示现雪(窦)山老僧之风格,再为闲话一番,劝其吃茶养息去!

(十一) 缙云老人

缙云山,为汉藏教理院所在地。抗战期中,大师多度夏于此,故晚年每自称缙云老人。以此署名者,如《议印度之佛教》。

(9)老人 (10)老朽 (11)朽太

大师晚年写示弟子之信札,辄署名老人、老朽,亦有作朽太(虚)者。然非以老自傲,实寓警策之意。衰老之自觉,面对欲

革新而未能之佛教,内心之惆怅为何如!《与月空书》云:

“余经数医诊治,病仍无起色。老僧不管兴亡事,后事如何付后人!老朽字。”

大师念及学问与事业之继承无人,唯有不了了之。然悲心所至,又有不能以不了了之者,则唯自伤老朽,勉发后人之进趣耳!

(十二) 白平

大师早年与党人相往还,外来信札每称大师曰白平(樊老及芝峰为编者说)。今存大师遗物,有党章一,有白平字样(樊老交亦幻,亦幻交与编者)。

(十三) 绿芜

(12)落凫

此为大师民国初年,于一般刊物投稿之笔名(吕荫南《太虚大师早年生活之片段》)。

(十四) 密宗革兴会

大师托名密宗革兴会,发表《王师愈诤潮中之闲话》(大醒为编者说)。

(十五) 宏空

民国八年,有署名北京僧宏空,发布《佛教危言》。反对政府恢复民四制定而一度搁置之管理寺庙条例卅一条；于谛闲特多抨击。或以此出大师作，宏空即太虚之隐语耳。时大师确在北京，而《自传》（十二）亦谓："谓我为反对谛闲者。"北京僧宏空，可能为大师托名。然亦有以为不然，该文有"吾老矣，无能为矣"之句，不类大师口吻。今未能决其是非，姑留以存疑。

综上所说，主名凡十五，依于流衍来者凡十二。其用为笔名而发表文字者，有唯心、太虚、太、泰羲、悲华、非心、芬陀、昧盦、昧然、昧昧、交芦子、觉、群、雪山老僧、缙云老人、绿芜、落凫、密宗革兴会之十八，或加宏空为十九。

二　籍　贯

大师为浙江崇德（石门）人。民国十六年，"呈内政部整理宗教文"，亦署"籍浙江崇德"。大师之籍贯崇德，似无可异议。然今考之，则应是海宁，非崇德也。《人物志忆》（九）云：

> "余原籍属石门，而生长于海宁州之长安镇，故与海宁汪莘伯有小同乡之谊。"

考之《自传》（一），大师生父为石门（今改崇德）人。十余岁，即孑然一身，来海宁长安镇，从张其仁学泥水工。经十余年，入赘于张氏，以期继承其工业。翌年卒。大师生母，从未去崇德。大师十四岁冬，一度回崇德祭扫先茔，但未能取得处理祖遗产业之权，即遄返海宁。是可知大师生长于海宁张氏，故与海宁汪莘伯有小同乡之谊。然顺于中国之宗法风习，大师犹自称原籍崇德，原籍盖其祖籍，实则海宁人也。

三　年　龄

大师生于光绪十五年腊月，卒于民国三十六年三月。依《自传》所说，世寿得五十九岁。如云：

“那时（受戒时）我才十六个年头，未满十五岁。”（自传二）

“廿岁那年的夏天，在七塔寺听讲。……二十岁那年的冬天，我赴江苏僧教育会。”（自传五）

“二十二岁的春初，到了广州。”（自传五）

“民国初年，我二十四岁。”（自传七）

以民元为二十四岁推之，则宣统二年——二十二岁至广州；光绪三十四年——二十岁在七塔寺听讲经；光绪三十年——十六岁在天童寺受戒；生于光绪十五年。核之事实无不合，此为中国一般之计年法。

若据《潮音草舍诗存》及《诗存续集》，以“初度”论年，则大师去世时，五十八岁犹未满。如云：

“此身四十六初度”（甲戌《腊月十八剃须汉皋》）。

“人间四八今初度”（丙子《鼋渚四八初度》）。

“度世年复年，忽满四十八”（丁丑《满四十八说偈》）。

“身世今盈四十九”（戊寅《五十初度》）。

“己卯腊月十七夜至十八晨，以余五十岁满，五十一初度"(己卯《菩提场谭院长访问团团员等祝生日书示并序》)。

以初度论年,故民国二十八年三月,大师驻锡云南碧鸡山,初写《自传》,而序谓:

"五十岁的时候,尝试写过五十以前自传。""五十岁起,有了(己卯)日记。"

若依一般计年法,则是五十一岁。今此年谱,依《自传》,即一般计年法。故论及初度,每有出入处。如阳历民国二十四年,大师四十七岁;而一月二十二日,始为大师四十六初度。若此之类,读者勿以为疑。

民国二十九年夏,大师讲《我的佛教改进运动略史》。所论三期之年岁,多所未合,自相矛盾,进退难通。应是记者听之未审,推算致误,不应以此起疑。又吕荫南《太虚大师早年生活之片段》,自谓亲闻大师所说,而实有一年之误。总之,大师之年龄,依《自传》及《诗存》,极明确而无所疑也。

四 眷 属

等觉大士,必先眷属圆满;妙觉佛陀,有近眷属、大眷属、内眷属之众。今准此意,略叙大师之眷属。

先论世俗眷属:父系,崇德吕氏,世业农。或言出晚村后人,亦未由稽考。父名骏发,幼孤贫,习泥水工于海宁之长安。光绪十五年春,入赘于海宁张氏。冬,生大师。翌年病卒,年二十八。

母系,海宁长安张氏。外祖父其仁,为泥水工巨擘,以工起家。光绪二十四年,以七十余高龄弃世。

外祖母周氏,道名理修,本吴江富家女。幼读书,多识而明决。初嫁,生一子(子纲)。值洪杨乱离,挈儿避难来长安,因再嫁张氏。生女一,即大师生母。晚年居道庵,道佛兼奉,信行颇笃,游江南名山九华、普陀等殆遍。光绪十五年,时年逾六旬矣。

大舅祖纲,业商。光绪二十八年顷,病瘫卒。有子三。

二舅子纲,本外祖母先夫所出。幼随母来长安,因从母以张为氏。聪明多才艺,曾赴童子试。惜以吐血染阿芙蓉癖,日以潦倒,以教蒙馆度生。有女二,后不知所终。

母张氏,秀美而婉弱。年十六而婚,当年生大师。翌年,夫卒。后改适石门洲全镇之李姓,有子女三。居常多愁善病,光绪二十七年夏病卒,年二十八。

次论僧伽眷属:师祖奘严(奘年),法名宽妙,湘人。光绪十四年,出家于湖南衡阳东洲罗汉寺。光绪二十九年,来参宁波之天童。以后往来天童,俨以宁属为第二故乡。奘老古道热肠,肝胆照人!清末,圆瑛以事触宁波县知事怒,被判驱放回原籍。奘老济之以旅资,且代为枷系,伴送至上虞;人以是称之!奘老护念大师甚切,外祖母以外,一人而已。民三十七年十一月,编者访之于天童,年七十五岁,犹康乐率真如昔。

师士达,法名弘量,湘人。光绪十八年,投罗汉寺,从奘老出家。光绪二十二年,来江浙。二十九年,住持上海敬心寺。士老不拘小行,而持诵甚虔。民国三十三年,无病卒,年六十七。

大师慨今佛门付法,徒存形式,故不以法系为重。其剃徒及

徒孙中,其事有可记者,附见于年谱。略摄二表如下:

一、剃徒:

法名	表字	俗名	籍贯	出家	生卒情形
	乘悲		安徽		返俗
	乘智		安徽		返俗
	乘戒		江西		返俗
	大安		浙江	民国七年	十年顷卒
传心	大慈	黄葆苍	湖北	民国八年	十一年秋卒
传佛	大觉	董慕舒	四川	民国八年	十四年春卒
传众	大勇	李锦章	四川	民国八年	十八年秋卒
	大默	邓	湖北	民国九年	十年卒
传慧	大严	王虚亭	安徽	民国十一年	十五年冬卒
传忠	大敬	唐畏三	湖南	民国十二年	二十四年卒
传信	大愚	李时谙	湖北	民国十二年	不明
传震	大刚	王又农	湖北	民国十二年	三十四年卒
	德瑛(尼)	李梅石	湖北	民国廿二年	卒

二、徒孙:

法名	表字	籍贯	师长	生卒情况
法宗	恒演	湖北	大慈	留学拉萨得格西位
法旭	恒照	湖北	大慈	二十四年卒
	恒明	河北	大慈	二十二年返俗
法光	密吽	湖南	大勇	二十四年返俗
法净	密慧	湖北	大勇	拉萨学法
法如	密严	四川	大勇	二十六年返俗
法普	密悟	河北	大勇	留学拉萨得格西位
法轮	密圆		大勇	
法雨	广润			
	弘妙	湖北	大敬	杭州灵隐寺退居
法喜		江西		湖南培元寺住持
法常		江西		湖南罗汉寺僧职

大师剃徒，以大慈、大觉、大勇，及大严、大敬、大愚、大刚为上。大勇西行求法，惜未竟入藏之志！大愚信愿深切，宜可大成；惜以求证心切，流入歧途！徒孙中，密悟、恒演，并深造得格西位，或足为师门之光！

从大师学之缁素弟子，恕未能详！

年　谱

清光绪十五年，己丑（一八八九——一八九〇），大师生。

十二月十八日（一八九〇年一月八日），大师生于浙江省海宁州（民国改海宁县）长安镇；乳名淦森。农工家世，初无异禀可资称述（自传一）。

父吕公骏发，原籍石门（民国改崇德）县。来长安学艺十余年。是年春，入赘于业师张公其仁家。母即其仁公幼女，年仅十六（自传一）。

光绪十六年，庚寅（一八九〇——一八九一），大师二岁。

是年秋，骏发公去世，年二十八（自传一）。

光绪十七年，辛卯（一八九一——一八九二），大师三岁。

光绪十八年，壬辰（一八九二——一八九三），大师四岁。

光绪十九年，癸巳（一八九三——一八九四），大师五岁。

是年夏，大师生母再适于石门洲全镇之李姓。大师依外祖母于离长安镇三里之大隐庵，护视教养，赖外祖母一人（自传一）。

次舅子纲，设蒙塾于庵，大师因从学读书，学名沛林（自传一）。

是年起，大师常患疟疾，发则缠绵数月。体虚弱，因时患夜遗（自传一）。

光绪二十年，甲午（一八九四——一八九五），大师六岁。

光绪二十一年，乙未（一八九五——一八九六），大师七岁。

二三年来，大师虽随舅氏读书，然以体弱多病，时学时辍；强记善忘，直等于不读（自传一）。

光绪二十二年，丙申（一八九六——一八九七），大师八岁。

是年，从舅读书于钱塘江边之蒙馆，受四书。晚间，一灯荧然，听舅氏讲解，兼及《今古奇观》之类，解力日渐萌发，能对三五字联（自传一）。

光绪二十三年，丁酉（一八九七——一八九八），大师九岁。

是年，大师从舅还大隐庵（自传一）。

秋，外祖母去安徽九华山晋香，大师强以随行。中途经平望小九华寺，镇江金山寺，并入寺瞻礼。往返二三月，为大师远游之始（自传一）。

光绪二十四年，戊戌（一八九八——一八九九），大师十岁。

正月，随外祖母朝普陀山，住天华堂。顺道礼宁波之天童、育王、灵峰诸刹；于寺僧生活，深致歆慕（自传一）。

按：无言《太虚大师行略》，作“十三岁又随朝普陀”，误。

八月，戊戌政变。

冬，外祖父张公其仁卒，年七十余；舅家日趋衰落（自传一）。

光绪二十五年，己亥（一八九九——一九〇〇），大师十一岁。

光绪二十六年，庚子（一九〇〇——一九〇一），大师十二岁。

大师九岁以来，多病多游散，未能致力读书（自传一）。

夏，北方有义和团之乱。

光绪二十七年，辛丑（一九〇一——一九〇二），大师十三岁。

春，大师入长安镇沈震泰百货商店为学徒（自传一）。

夏，大师生母张氏去世，年二十八，遗李姓子女三。大师从外祖母久，母子情疏，虽得讯奔丧，竟未痛哭（自传一）。

八月，政府令各省州县设学堂。佛教之寺院寺产，由是渐有被提及被占者。

是年，外祖母离大隐庵，别住某村小庵（自传一）。

光绪二十八年，壬寅（一九〇二——一九〇三），大师十四岁。

年初，大师以疟疾时发退业，还依外祖母于某庵，养息温读。年来渐有文思，始学为文（自传一）。

冬，去石门县祭扫祖茔。大师承外祖母意，拟变卖或租赁祖遗产业，得资供膏火，以事科举。未为族人所允可，仍回长安（自传一）。

光绪二十九年，癸卯（一九〇三——一九〇四），大师十五岁。

是年，大师入长安朱万裕百货商店作学徒。然以体弱不堪（为店主）作繁琐家事，未能安心学习，时憧憬于佛门之自在（自传一）。

光绪三十年，甲辰（一九〇四——一九〇五），大师十六岁。

四月初，大师借故离长安，拟去普陀山出家（自传一）。大师幼失怙恃，长养于庵院，深受外祖母之宗教熏陶。以颖慧之资，处艰困之境，受神异之化；数历名山大海，宜其想像富而不能以市井终老。其出家初志，虽因缘不一，而主要则在求神通。大师自谓：

> “吾以慕仙佛神通而出家”（禅律密净四行论）。
>
> “还是仙佛不分，想得神通而出家”（我的宗教经验）。

五月，大师出家于苏州木渎浒墅乡。初离长安，展转抵平望。散步莺豆湖边小九华寺；猛忆九岁之秋，曾随外祖母入寺晋香。宿缘契合，因入寺求度。士达监院允之，携往苏州木渎浒墅乡某小庙,为之剃落,法名唯心(自传二)。

九、十月间,士老挈大师往镇海县,依师祖奘老于团桥镇之玉皇殿;为立表字太虚。奘老慈祥护惜,见其有疟疾,为求医药,病乃渐愈(自传二)。

十一月,奘老陪大师往宁波天童寺受戒。戒和尚寄禅,教授阿阇黎了余,尊证阿阇黎道阶,开堂师傅净心,见大师年少质美,咸以法器相许。时戒弟兄为大师属意者,有普陀山昱山(自传二;人物志忆七)。

寄禅,法名敬安,湘潭人。年十八(同治七年),投湘阴法华寺出家。于歧山悟入心地。寻至阿育王寺,燃指供养舍利,因自号八指头陀。少失学,长而善诗,海内士大夫称之。光绪二十八年,来主天童。任贤用能,百废俱举;夏讲冬禅,一无虚岁,天童称中兴焉。是年,年五十四(中兴佛教寄禅安和尚传)。

道阶,法名常践,湖南衡山人。从南岳默庵学,宗天台而兼贤首、唯识。是年,寄老请讲《弥陀疏钞》于天童,时年三十七(南岳道阶法师小传)。

十二月,寄老识大师神慧,嘱奘老加意护持,为修书介绍,往依宁波永丰寺岐昌受经(自传二)。

岐昌,别署水月,鄞县人。少出家于江东永丰寺。能诗文,精音声佛事,以表唱水陆忏文名于时。岐老无疾言,无遽色,品德粹然而精,大师叹为不能及。时年五十一(自传二;岐昌老和尚八十冥寿启)。

是年,日僧水野梅晓来华。助寺僧于长沙办湖南僧学堂,以抵制官绅之占寺夺产;为中国僧寺办学保产之始(议佛教办学法;从中国的一般教育说到僧教育)。

光绪三十一年,乙巳(一九〇五——一九〇六),大师十七岁。

是年,大师从岐老受《法华经》。间阅《指月录》、《高僧传》、《王凤洲纲鉴》。始以禅录中"话头"默自参究(自传二)。

是年,中国同盟会成立于东京。

光绪三十二年,丙午(一九〇六——一九〇七),大师十八岁。

春,大师进受《楞严经》,兼习诗文。时圆瑛每袖诗过访岐老,大师因得与为文字交(自传二)。

圆瑛,法名宏悟,福建古田人。年十九,投鼓山出家。曾从天宁冶开习禅。二十六岁,来天童,依八指头陀参究禅宗(叶性礼《圆瑛法师事略》)。是年,年二十九,渐以擅长文字见称(自传二)。

夏,大师入天童,听道老讲《法华经》,始知佛与仙神不同。曾覆讲"十如是"章,瓶写无遗,听者无不惊异(自传二——三;我的宗教经验)。

大师初住禅堂,习为禅堂生活。一夕,大师入丈室请益,问:"如何是露地白牛?"和尚(寄老)下座,扭住大师鼻孔,大声斥问:"是谁?"大师摆脱,礼拜而退。或以为参禅有省,其实非也(自传三)。

其后,受道老器识,命移住法师寮。饭余,为讲教观纲宗、相宗八要。每与圆瑛、会泉,学立三支比量。大师于法师寮,得读《弘明集》、《广弘明集》、《法琳传》等护教文献,远植日后弘护佛教之因(自传三)。

七月望,“佛教自恣日”,大师于天童御书楼,与圆瑛订盟为弟兄(自传三)。圆瑛手书盟书,今犹存。文云:

“夫纲常之大,莫大于五伦,而兄弟朋友,乃五伦之二也。世有生无兄弟,以异姓结手足之亲;分列友朋,竟同盟寄腹心之托。即如桃园结义,管鲍通财,同安乐,共死生,千载咸钦气义。而吾侪身居方外,迹托尘中,虽曰割爱辞亲,尤贵择师处友。然友有善者焉,有恶者焉。善者固可有益于身心,恶者难免转妨乎道业。悟自投身法苑,访道禅林,所见同袍如许,求其如弟之少年聪敏,有志进修者,亦罕逢其匹也!兼之气求声应,心志感孚,是以欲结同参,以为道助。恭对我佛座前,焚香致祷,披诚发愿:愿得同究一乘妙旨,同研三藏玄文,同为佛国栋梁,同作法门砥柱,同宏大教,同演真诠,乃至最末后身同证菩提,同成正觉!互相爱念,全始全终!今则谨立义规数则,以为助道因缘,其各永遵,俾成法益!一则以心印心,亲同骨肉;不可少怀异见,阳奉阴违!一则白首如新,历久弥敬;不可泛交朋党,背亲向疏!一则以善劝勉,有过箴规;不可弗纳忠言,任从己意!一则疾病相扶,患难相救;不可忘恩负义,袖手旁观!一则安危与共,忧乐是均;不可但顾自身,不思大义!一则事必相商,言当忍纳;不可诸般瞒昧,片语分离!一则出处行藏,追随晤对;不可轻离忍别,致叹参商!一则各自立志,弘法利生;不可虚度韶光,甘居人下!以上义规,各宜慎重!右录《盟心律》一首:天涯聚首两欢然,鱼水相亲夙有缘。手足情同交莫逆，安危誓共义周全！盟心志在真心印，助道功成觉道圆。并建法幢于处处，迷津广作度人船。时维光绪三十二年自恣日，于太白名山奎焕楼，盟兄今悟书。时年二十九岁。本命戊寅宫，五月十二日子时建生。”

按：太白名山即天童。今悟，为圆瑛出家时之法名，乃曹洞宗派，“耀古复腾今”之今。其后，接宁波七塔寺法，乃改名弘悟，故与《圆瑛法师事略》不同。又，奎焕楼乃楼之正名；以楼藏清帝御书，因俗称御书楼。楼有关帝像；然自圆瑛主席天童，改建法堂上层为藏经楼，即移供关帝像于法堂楼上。圆瑛时年二十九，能屈交十七龄未满之大师，眼力实有足多者！

秋初，仍回永丰寺续受《楞严》，兼阅四书五经（自传三）。

冬，奘老朝峨嵋山回，购得滋补参药，授令服之；多年痼疾，霍然全愈，色身日臻康健（自传三）。

是年（“出家二年”），大师初摄肖影，且自为题（昧盦诗录）：“你！你！我认识你！我认识你！你就是你。你自题。”

光绪三十三年，丁未（一九〇七——一九〇八），大师十九岁。

是年夏，大师再去天童，听道老讲《楞严经》。阅《楞严蒙钞》、《楞严宗通》，爱不忍释。暇从道老受相宗八要及五教仪，于教义乃略植初基（自传三）。

秋，辞岐老，去慈溪汶溪西方寺阅大藏经。初以道老赞叹阅藏利益，心生向往。圆瑛力赞其成：初为修书介绍，次复亲送大师去汶溪。西方寺阅藏，大有造于大师之一生，故大师自谓：

“后来他(圆瑛)与我虽不无抵牾,我想到西方寺的阅藏因缘,终不忘他的友谊。”(自传三)

同阅藏经者,有净宽(后为镇江金山寺方丈)、本一(后为沙市章华寺方丈)、昱山。昱山(法名慧月,别署懒石,常州人,出家于普陀山普慧庵)与大师同戒,“朝夕晤对,研究唱和者,间续历二三载。真挚高纯,为(大师)生平第一益友”(人物志忆七;自传三;辑定毗陵集跋后)。

冬,大师阅《般若经》有省。蜕脱俗尘,于佛法得新生自此始。如自传(三)云:

“积月余,大般若经垂尽,身心渐渐凝定。一日,阅经次,忽然失却身心世界,泯然空寂中,灵光湛湛,无数尘刹焕然炳现,如凌虚影像,明照无边。座经数小时,如弹指顷;历好多日,身心犹在轻清安悦中。”

旋取阅《华严经》,恍然皆自心中现量境界。伸纸飞笔,随意舒发,日数十纸,累千万字。所有禅录疑团,一概冰释,心智透脱无滞。所学内学教义,世谛文字,悉能随心活用(自传三;我的宗教经验;告徒众书;相宗新旧两译不同论书后)。

是年秋冬,大师目光忽成近视(自传三)。

光绪三十四年,戊申(一九〇八——一九〇九),大师二十岁。

初春,温州华山(云泉)来西方寺。华山盖开僧界风气之先者!见大师神慧,乃为力陈世界与中国之新趋势,及佛教非速革流弊,振兴僧学不为功。时大师禅慧资心,颇不谓然,与辩十余日而莫决。因请观其所携新籍(康有为《大同书》,梁启超《新民说》,章太炎《告佛子书》、《告白衣书》,严复《天演论》,谭嗣同《仁学》),不觉为之心折,遂与华山订莫逆交。大师以佛学救世之宏愿,由此勃发而不复能自遏,一转先之超俗入真而为回真向俗(自传四;华山法师辞世记;相宗新旧两译不同论书后)。

按:大师遇华山,《辞世记》作"光绪三十四年"。《告徒众书》亦谓:"民国前四年起,受(华山携来)康有为《大同书》、谭嗣同《仁学》"等影响。然《自传》叙与华山相遇已,继谓:"次年夏间,七塔寺请谛闲法师讲四教仪"。《人物志忆》亦谓:"民国前五年,读到先生以'白衣章炳麟'署名的《告四众佛子书》。"是则大师之遇华山,为光绪三十三年冬。二说相左,未知孰正!今谓晚年不免废忘致误,取早年之说为定。

夏,听谛闲讲《四教仪集注》于宁波七塔寺。华山欲乘间有所宣导,故与净宽力劝大师往听(自传三——四)。

一日傍晚,谛老答学众问次,明"七识无体,八识有体为别"。大师就理申问,诘难数番,谛老为愕眙半晌。听众有非议者,谛老初不以为忤(自传三)。

谛闲,法名古虚,浙江黄岩朱氏子。业药,困于资,光绪六年投临海白衣寺出家。九年,初听《法华》于敏曦。十二年,初讲《法华》于杭之六通。一再掩关于慈溪芦山寺,温州头陀寺。参禅于金山;得天台教法于迹端融。法缘甚盛,为当时讲师巨擘。是年,讲于七塔寺,年五十(宝静《谛公老法师年谱》;鲍海秋《谛闲法师幼年略状》)。时圆瑛以某寺寺产纠纷,开罪宁波官府,被拘禁于县衙。大师致函寄老，侠情喷涌，怪其不为营救，语涉过激。寄老来七塔寺，面施呵责；大师乃不待法会终了，避之于平望小九华寺（自传三）。

大师于小九华，识革命僧栖云，为大师与党人往来之始。因从栖云读及孙文与章太炎之《民报》，梁启超之《新民丛报》，邹容之《革命军》等，大受革命思想之掀动（自传四）。

栖云俗姓李，湘人。弱冠出家，尝从寄老参学。历数年，舍而去日本留学，加入同盟会，与徐锡麟、秋瑾等回国潜图革命。时虽西装革履，犹复时以僧装隐僧寺（自传四）。

秋，得寄老谅解，乃返甬（自传四）。

时栖云以革命嫌疑，陷吴江狱。大师恳奘老，为求寄老向苏抚（寄老诗友）疏解，因得开脱（自传四）。

时寄老主办宁波（府属）僧教育会，大师与圆瑛、栖云襄赞之；大师之从事佛教运动，自此始。先数年，清廷废科举，兴学堂，各地教育会，每借口经费无着，提僧产充学费，假僧舍作学堂。僧界遑遑不可终日。日僧水野梅晓、伊藤贤道等乘机来中国，诱引中国僧寺受其保护；杭州即有三十余寺，归投真宗之本愿寺，遇事即由日本领事馆出为维护。事发，清廷乃有保护佛教，僧众自动兴学，自护教产，另立僧教育会之明令。浙江之寄禅、松风、华山，江苏之月霞，北京之觉先等，先后相共致力于自动兴学之举。时僧教育会会长有二：一出家长老，一地方士绅。唯长老多无能，士绅多土劣，僧寺虽负担经费以兴学，办理多难完善（自传四；略史；三十年来之中国佛教；华山法师辞世记；议佛教办学法；从中国的一般教育说到僧教育）。

冬,寄老应江苏省僧教育会之邀,参加(镇江金山寺)成立大会,大师与栖云随行,各有演说(自传四;略史)。归途,游苏州之虎丘(诗存)。回甬度年(自传五)。

按:无言《太虚大师行略》,谓:“宣统元年,年十九,参加江苏省教育会”,误。

宣统元年,己酉(一九〇九——一九一〇),大师二十一岁。

春,大师以华山之策发,栖云之怂恿,就学于南京祇洹精舍(自传五;华山法师辞世记;略史)。凡半年,于古文及诗颇多进益。杨仁老授《楞严》,苏曼殊授英文,谛老任学监。同学有仁山、智光、开悟、惠敏等;与梅光羲、欧阳渐、邱晞明,亦有同学之谊(自传五;三十年来之中国佛教)。

按:柳无忌《苏曼殊年谱》,曼殊于去年任教祇洹,十二月由上海去日本,至是年八月始返上海。大师今春去学,如何得值曼殊授课?疑。

按:杨仁老曾随使节去日本,与南条文雄等游,因归心佛教。于南京成立刻经处,流通佛典,民国来佛学之兴,颇得其力!光绪三十四年,得锡兰摩诃菩提会达磨波罗书,约与共同复兴佛教,以弘布于世界。杨氏因于去秋成立祇洹精舍。为佛教人才而兴学,且有世界眼光者,以杨氏为第一人!惜以经费绌,仅办一年而辍。

秋,大师因华山荐以自代,任普陀山化雨小学教员(自传五;略史)。

十二月，祝寄老五九（预庆六秩）华诞于天童寺（自传五），呈诗二绝（诗存）。

再回西方寺，阅藏过年（自传四——五）。

是年，道老任北京法源寺住持，北方佛学渐兴（南岳道阶法师小传）。圆瑛住持宁波接待寺，并办佛教讲习所（叶性礼《圆瑛法师事略》）。大师期望之甚深，赋诗持赠（诗存遗）：

“会入一乘皆佛法，才皈三宝即天人。当为末劫如来使，刹刹尘尘遍现身。

“三千世界真经典，剖出微尘也大奇！珍重斫轮运斤手，总令机教得相宜！”

宣统二年，庚戌（一九一〇——一九一一），大师二十二岁。

正月，栖云自广州来西方寺，邀大师去广州。广州白云山双溪寺住持月宾，与栖云善，乃因栖云邀大师去广州，协助组织僧教育会（自传五；人物志忆四）。

是月，革命党起事广州，不成。二月，汪兆铭谋刺摄政王于北京。革命之机运日迫。

二月，大师偕栖云放海南行。舟次，诗有“幻海飘蓬余结习，乱云笼月见精神”句，意兴甚豪。经福建、香港，抵广州，时已三月。以月宾为湘人，与粤僧有语言俗习之隔碍，致僧教育会组织未成（自传五；略史；阴符经称性直解序）。

按：大师于民国六年，编《东瀛采真录》云：“所游未逾闽粤江皖。”大师抵闽，应在此时。

夏，粤僧志光及鲁少皞、邹海滨、潘达微等，发起于华林寺，迎月宾及栖云与大师讲佛学。大师旋就志光之狮子林，组设佛学精舍，按时讲说。讲次，编出《教观诠要》、《佛教史略》，为大师讲学著述之始（自传五；略史；德音孔昭之邹校长）。

按：《佛教史略》有："今国家政体变更"；"今既有佛教总会之设"之句，可知临刊已有所修正。

《教观诠要》，虽敷陈台家大意，然思想自由之适新精神，跃然可见。如云：

"善学佛者，依心不依古，依义不依语，随时变通，巧逗人意。依天然界、进化界种种学问、种种艺术，发明真理，裨益有情，是谓行菩萨道，布施佛法。终不以佛所未说而自画，佛所已说而自泥，埋没己灵，人云亦云。"

《佛教史略》，论史犹未足言精确。然大师思想之特色，已充分流露。其一，论历史之演变重乎人，有望于英雄佛子之兴。如云：

"脱有马鸣、龙树、无著、天亲其人，乘此世界文明过渡之潮流，安知其不能化而为世界佛教之中兴与全盛时代乎！人能弘道，非道弘人，历史第为英雄之谱牒，宁不信哉！"

"余所以一念及而今而后之佛教，每不禁英雄佛子是祝焉！"

其二，论佛教之趋变为世界佛教，宜变出家本位而重在家。如云：

"我国佛教之不发达,以佛学拘于僧界,以僧界局于方外阻之也。……其以僧界拘方外局者,皆取形式而不取精神者耳!然今日之中华民国,既度入世界时代,政教学术无一不变,佛教固非变不足以通矣!"

"我佛教等视众生犹如一子,……岂规规然拘亲疏于缁白之间哉!维摩诘、李通玄,皆在家之菩萨也。今世之学士,苟有抱伟大之思想,沉重之志愿,深远之慈悲,宏毅之魄力者,荷担此救世之大使命,是则尤喁喁深望者也!"

时以佛学与大师交往者,有邓尔雅、林君复、夏同和、邹鲁、叶夏声、陈静涛等。从杨仁老学佛之梅光羲,时在广州为司法研究馆监督,亦时相往还。梅氏以新刊之《成唯识论述记》相赠,大师携以自随,时一披阅(自传五;相宗新旧两译不同论书后;梅光羲《法相唯识学概论序》)。

九月,诗人易哭庵来游白云山,访大师于双溪寺。易为寄老诗友,戊申夏,识大师于七塔寺。时任肇庆兵备道,重阳前四日,值易之诞辰,因偕张伯纯、汪莘伯、盛季莹、金芝轩、张检斋、于明若等诗人名宦来游。共集安期岩,唱和竟日。大师《登鹤舒台》诗云:

"一自成仙去,名山鹤有台。白云迎客掩,丹桂傍岩开。铸此灵奇境,应穷造化才。一亭清寂寂,煮茗共倾杯。"

诗为盛、汪等称许,每向人吟诵,因得获知于广州大诗绅梁节庵、江霞公(自传五;人物志忆九)。

是秋,月宾退住持职。众以大师得粤中达官大绅推重,因举为双溪寺住持;是为大师住持寺院之始(略史;人物志忆四)。

十一月,与粤中诗僧秋澄,去肇庆访易哭庵,遍游鼎湖山、七星岩诸胜。存《舟过羚羊峡》、《鼎湖莲洞》诸诗(自传五;诗存)。

是年,大师在粤颇与党人相过从。交有潘达微、莫纪彭、梁尚同等;以是阅及托尔斯泰、巴枯宁、蒲鲁东、克鲁泡特金、马克斯等译著。大师之政治思想,乃由君宪而国民革命,而社会革命,而无政府主义(自传四;致吴稚晖书)。

是年,江苏成立僧师范,月霞、谛闲主持之(三十年来之中国佛教)。

宣统三年,辛亥(一九一一),大师二十三岁。

春,大师讲《维摩诘经》于白云山(自传五)。发起改双溪寺为摩诃讲园,并为序(摩诃讲园章程序)。大师倡导之诸宗平等,各有殊胜之义,序文亦见端倪。如云:

> "窃谓禅教净律,实须各殊其途,直指旁通,方能普同其归。唯各尽其分,乃各成其用;唯各成其用,乃各尽其性。全其性,则无乎不具,而实未尝离乎此,故曰:'一即一切,一切即一。'"

大师与党人往还日密。党人间多豪放不羁,大师与之俱化,自谓乃不复若昔之循谨。然各种秘密集会,已时参预。令我煅炼敢以入魔、敢以入险的勇气豪胆者,亦由于此(自传四)。其参与秘密集会,罗落花《太虚大师轶闻》,曾约略道及:

“太虚法师之南来也，在建国前一（二）年。尔时吾党云集广州，图屋清社。师……偕吾党出生入死，寄锡白云双溪寺。……忆余之谒师也，于郑仙祠，似十一月之夜。……朱执信、邹海滨、叶兢生诸先生，挈余绕十八洞行。……至山，门虚掩，昏无人焉。吾辈转曲廊，……廊尽，荒院数楹，琉璃一点，黯黯欲灭。趋前，从纸窗内窥，见有拥破衲、披斗蓬之黄面瞿昙，兀坐于室。海滨先生曰：此即太虚师也。余齿稚，第知从诸先生后，挺身击杀鞑虏；密勿之谋，未之敢预也。诸先生与师作耳语，余则立风檐下，延伫有无瞰我者。昏灯如雾，余隐约辨师为三十许人，恶知是时师才二十许耶？”

三月二十九日，有广州之役；党人殉者，丛葬于黄花岗。大师哀之，作《吊黄花岗》七古（自传四；人物志忆九）。

按：《吊黄花岗》旧作，久佚。陈静涛犹忆其初四句云：“南粤城里起战争，隆隆炮声惊天地！为复民权死亦生，大书特书一烈字。”编写黄花岗诗话之紫枫，以《吊黄花岗》为题，披露大师“一天星斗明明见，满地胭脂点点看”诗。其实此为《月夜不寐叠前韵寄汪公笃甫》，非《吊黄花岗》诗，特与此有关耳！

四月，大师以广州革命失败，急退双溪寺住持，移居盛季莹所寓江西会馆（自传四——五；人物志忆九）。时官厅侦党人急，大师自恐不免，颇有韬晦之意。《杂感》云：

“书剑聚成千古恨，英雄都化两间尘。从今删却闲愁恨，卧看荒荒大陆沦。”

“孤吟断送春三月，万事都归梦一场！护取壁间双宝剑，休教黑夜露光芒！”

初九日，栖云为官方所逮，羁押海南县民事待质所，陈静涛每月到所探视及资助之，至八月十九出狱乃止（陈静涛为编者说）。于栖云处得大师《吊黄花岗》诗，涉革命嫌疑。官方犹以大师为双溪寺住持，发兵围白云山，索之不得。大师得讯，匿居潘达微之平民报馆（自传四；人物志忆九）。

按：《人物志忆》以此为“五月”事，殆误。

栖云被逮，光复乃得释。曾隶陈炯明部为团长；又为花县清远从化三属清乡司令及兵站司令等（自传四）。后息影沪上；大师圆寂，犹来致哀悼。

大师因事不安于粤，又窘于财，思归故乡而不得。《寄汪公笃甫》有云：“年来却为嘤咛（指作诗）误，此际真成去住难！”幸清乡督办江孔殷，力为向粤督开脱；汪莘伯、盛季莘等官绅，亦多为疏解。汪莘伯等复资助之，因得以离粤而寝其事（自传四；人物志忆九）。

五月，返沪。至宁波，谒奘老、寄老；因寄老识诗友冯君木；因君木又识章巨摩、穆穆斋等（自传五——六；人物志忆五）。

大师往普陀山度夏。寓锡麟堂，自题所居楼曰“万绿轩”（自传六；诗存）。锡麟了老，为大师教授阿阇黎，遇之甚厚，十余年间，常多资助（自传八）。

是夏，时访昱山于般若精舍，因识楚诗僧豁宣（湛庵），遂成契友,多所唱和(自传六;人物志忆七;辑定毗陵集跋后)。印老阅及大师诗文,深为赞许,因和掩字韵以相勉;相访每深谈移晷(自传六)。

印光,法名圣量,陕西郃阳赵氏子。初业儒,和韩欧辟佛之议。嗣悔前非,出家于终南。二十六岁,参学红螺山,专精净业。光绪十九年,于北京圆通寺,遇普陀法雨寺住持化闻,邀之南来。自是卓锡法雨,或闭关,或阅藏,一以净业为归。是年,年五十一(妙真等《中兴净宗印光大师行业记》)。宣统元年,大师任教普陀时,即见知于印老(自传五)。

秋初,大师应寄老召,至天童。时以推行地方自治,占寺夺产之风益急。诸方集会上海,商推寄老进京请愿。大师为拟请愿保护及改革振兴佛教计划书(经《神州日报》主笔汪德渊修润),且将有随侍入京之行。旋以川汉铁路风潮日紧,未果行(自传六;略史)。

其间,大师至上海,寓爱俪园。时乌目山僧黄宗仰,为爱俪园主罗迦陵所知,经印频伽精舍大藏经于园(民国二年始完成)(自传六;人物志忆三)。

按:《自传》及《人物志忆》,并以寓爱俪园事,为由粤初归沪上时。今检《诗存》,应为秋初。《寓爱俪园与白慧同作》,有句云:"万树蝉声身世感,一园秋色古今心。""荷盖潇潇来夜雨,桐阴寂寂寄秋吟。"《爱俪园赠别白慧》有句云:"逢君却喜秋风健。"《赠小隐(即乌目山僧)》,有句云:"人天各有苍茫感,凄断秋声暮色间。"其为秋季无疑,《自传》及《志忆》均误。

宗仰，俗姓黄。出家后，得法于镇江金山江天寺。为罗迦陵所重，因来沪，为筹印频伽大藏。易服从俗，名黄中央。时与党人往来，且以经济相资助。后失意，再度出家，任栖霞山住持。卒后，国民政府为建纪念堂于栖霞。

大师应昱山招，三至西方寺阅藏，凡月余（自传三；自传六；人物志忆七）。

八月十九日，武昌起义；不旋踵而各方响应。

冬，游慈溪观音寺；又随了老访赭山心恺（诗存）。

大师养疴于宁波西河沿之观音寺（诗存）；寺为奘老所住持。

江浙光复后，大师即出甬，漫游沪杭以及江淮。以思想言论之相近，与之声应气求者，首为（江亢虎领导）中国社会党人（自传四；自传六；诗存）。

光复之际，僧众组僧军以参加光复之役者，上海有玉皇（却非）。绍兴有开元寺（许）铁岩，以寺产充军饷，组僧军，推绍兴戒珠寺住持谛闲任统领，铁岩副之（自传六；人物志忆三）。

中华民国元年，一九一二（辛亥——壬子），大师二十四岁。

一月一日（“辛亥十一月十三日”），孙文就临时大总统职于南京，通令改用阳历。

大师抵南京，发起组织佛教协进会，设办事处于毗卢寺。因社会党员戚君，晋谒孙总统；令与秘书马君武接谈，于协进会事，得其赞可（自传六；略史；人物志忆六）。

大师与仁山等，开佛教协进会成立会于镇江金山寺，有“大闹金山”事件,震动佛教界。大师自谓:“我的佛教革命名声,从此被传开,受着人们的尊敬,或惊惧、或厌恶、或怜惜。”(我的佛教革命失败史)其经过情形,略如《自传》(六)所说:

“仁山亦到京,……拟上书教育部,以金山寺改办僧学堂。我因告以佛教协进会的方针,及此时非办一学堂的事,须谋新中国新佛教之建设。若能照协进会的会章进行,则办僧学亦自为其中的一事。仁山大喜,谓有同学数十人在镇江,亟邀我同往,就金山寺开成立会。……到金山,住观音阁,与寺中方丈青权、监院荫屏、知客霜亭等,筹设开会会场,印发会章宣言,通告镇江、扬州、南京、上海的各处僧众,及镇江军政商学各界。……开会时,到二三百僧众,而各界来宾亦到三四百人,以镇江社会党员占多数。发起人推我为主席,讲明设会宗旨,宣读会章,尚称顺利。但仁山演说后,即有扬州僧寂山,登台演说批驳。激动仁山怒气,再登台,历述青权、寂山等向来的专制,提议即以金山寺办学堂,全部寺产充为学费。来宾大为鼓掌。寂山向僧众高声呼打,群众骚动。……通过仁山的提议,并推举我与仁山负责接收金山寺为会所;筹备开办僧学。……当晚,仁山率廿余同学入寺,划定会所房屋。次晨即开始办公,入库房查点账簿,及向禅堂宣布办学。……以镇江事概付仁山主持,自去南京。……霜亭等已于某夜(“辛亥十二月二十外”),率工役数十人,打入会所,仁山等数人受刀棍伤。遂起诉法院;经月余,判决青权、霜亭等首从五、六人,数年或数月的徒刑。而会务及金山寺务,均因以停顿,纷不可理。”(参看略史)

按：佛教协进会之失败，大师晚年回忆，似苦难负责。《自传》谓："会章虽含有以佛教财产，办佛教公共事业的社会革命意味，但系取和平进行步骤。"《略史》亦谓："我以和平态度，报告筹备之经过。"至于冲突原因，《自传》谓："仁山剃度于金山寺房头观音阁，房头僧时受寺僧凌压。仁山在学堂时，亦因以受其排挤。"《略史》则谓："他们从前在僧师范学校时，曾与杨镇诸山长老，发生过很大的磨擦。"故结论谓："我虽为理论的启导，而在镇江金山寺等的实行者，则另有一群。因实际行动太轻率散乱了，未几，招来巨大的反击，即归夭折。"（**我的佛教革命失败史**）然金山兴学，固出自仁山主谋；而大师当时，实以革命手段出之者。如《佛教月报创刊纪念》（民二夏作）云："夫固有以霹雳一声，震醒大多数人之耳目，复为大多数人所嫉视，而退居反动之地位，……则佛教协进会是也。"《中兴佛教寄禅安和尚传》（"癸丑冬"作）云："余愤僧众之萎靡顽陋，拟用金刚怒目、霹雳轰顶之精神，摇撼而惊觉之，与十数同志，创佛教协进会于金山。"此金刚怒目与霹雳轰顶之精神，安得谓之和平！

二月，清帝逊位；袁世凯就总统职于北京。

四月一日，大师应寄老召，于上海参加中华佛教总会。寄老闻大闹金山事件，颇愤新进之卤莽。乃来沪，联合十七布政司旧辖地僧，筹创中华佛教总会，劝大师停止佛教协进会之进行。是日，开会于留云寺，唯以筹款助饷，请求保护为事（自传六；略史；三十年来之中国佛教；中兴佛教寄禅安和尚传）。大师起而演说：

> “政府保护僧寺，系当然责任。僧献军粮，乃人民当然义务。僧不须以捐献求政府保护，政府亦不应以保护僧寺要僧筹饷。”

许铁岩大赞成其说，备致倾慕，遂成契友（自传六；人物志忆三）。

时佛教组织，别有谢无量发起之佛教大同会；李证刚（翊灼）等七人发起之佛教会。佛教会专事责斥僧尼，开缁素相诤之端。迨中华佛教总会成立，佛教会乃自动取消（自传六；三十年来之中国佛教）。

其时，大师本平等普济之佛法，究谈各种社会主义。社会党而外，刘师复之无政府党，亦相接近。相习之知名士女，有殷仁、张天放、徐安镇、陈翼龙、张克恭、林宗素、蔡汉侠、傅文郁、沙淦、吕大任等（人物志忆八）。大任记其初识大师之因缘云（《太虚大师早年生活之片段》）：

> “元年春，在上海云南路仁济堂，开社会主义研究会。中有年轻和尚，发言独多，与余意亦独惬。询之，始知为太虚法师。其立言旨趣，则亦谓：‘欲真正解除人民痛苦，非于种族革命、政治革命而外，同时实行社会主义不可。’自后，余两人过从甚密。”

春暮，至宁波；访圆瑛于接待寺。在甬时，晤禅友会泉；送别诗友湛庵（诗存）。

夏，游平湖。“当湖泛舟”，访瀛洲书院（诗存）。

作“怀故人诗八首”。民元前诗文契友，略见于此：“湛庵禅长”豁宣，“明微论师”昱山，“琴志楼主”，“丰城剑人”盛季莹，“澹宁道丈”汪莘伯，“君木居士”冯君木，“心薇画哲”潘达微，“尚同文侠”梁尚同（诗存）。

按：此据《怀湛庵》：“去年于此日，白华一笑逢”；及《怀尚同》“别来一年余，精神常注此”而推定。

秋，承铁岩邀，与之偕游绍兴（《偕铁岩暮抵越城》，有“秋色澹摇千里碧”句），盘桓二三月，因与刘太白、王子余、杨一放、王芝如、杨小楼、陈诵洛等交（自传七；人物志忆三）。时为文刊于《绍兴公报》，为普及教育、立宪政治等之宣导（孙伏园《鲁迅先生眼中的太虚大师》）。

是年，杨仁老卒。金陵刻经处事，由欧阳渐主持。

民国二年，一九一三（壬子——癸丑），大师二十五岁。

一月八日（“壬子十二月二日”），寄老入寂于北京法源寺。初以各省占寺夺产之风仍炽，而中华佛教总会尚未得政府批准。众举寄老北上，以奠定总会基础。值内政部礼俗司杜某，方分别寺产以议提拨，寄老力争而不得直。悒甚，回法源寺，即晚卒。诗友熊希龄等以事闻大总统，《中华佛教总会章程》乃经国务院审定公布，佛教寺产赖以小安（自传六；中兴佛教寄禅安和尚传）。噩耗南来，大师作《心丧八指头陀》以志哀悼：

“相随学道白云层，棒喝当头领受曾。从此更无师我者，小窗垂泣涕如绳！

“万树梅花竟埋骨，一轮明月孰传心？遗诗自足流千古，翠冷香寒忆苦吟。”

大师于法门师匠，独折心于寄老，盖其魄力雄厚，志愿坚毅，非一般师家可比。寄老亦期望大师甚殷：

“尝召之至丈室，端容霁颜，缕告以生平所经历事。并述孟轲氏‘天将降大任于斯人也’一章，勉余（大师）习劳苦而耐枯冷。”（中兴佛教寄禅安和尚传）

虽以金山事件，见憾于寄老，而一则恨之又爱之，一则畏之又敬之也。

二月二日（“二十七日”），大师参加八指头陀追悼会于上海静安寺，演说三种革命以抒悲愤（自传六；略史；我的佛教革命失败史）。然为濮一乘主编之《佛学丛报》所丑诋：

“二十七日，僧界全体及各界居士，为中华佛教会正会长寄禅和尚开追悼大会。……太虚和尚演说：佛教宜革命有三：一组织革命，二财产革命，三学理革命。……本报按：佛教革命之名词，发现不久，度亦妄人之邪说耳！若大庭广众之间，明目张胆，放言高论，则未免肆无忌惮矣！然即如某僧演说，佛教宜革命有三，亦唯第二条财产问题，尚有讨论之余地。若第三条之牵涉学理，窃恐非自命新佛之提婆达多从地狱复起不可！至第一条之组织革命四字，则不但无理由之可言，且并逻辑亦不可解矣！”

大师之三种革命，乃思想、制度、经济并重，实能握佛教革新之全般论题，此是何等智慧！自非濮一乘辈所知！大师因作

《敢问佛学丛报》以驳之(自传六;我的佛教革命失败史)。

旧历新年,大师应式海约,住宁波延庆寺之观堂,凡月余。为计划"佛教弘誓会"进行事宜,撰缘起及章程(自传七);拟刊行《宏愿杂志》(《佛教月报》一)。初以观堂僧众不良,民元冬,为鄞县沈知事所逐,令佛教会鄞县分部选僧住持。初推选岐昌、心恺、谛闲等四人。时式海设弘誓研究会于平湖报本寺,莲风、志恒、静安等从之游。闻观堂事,乃力邀谛老于上海留云寺。主由谛老任方丈,而式海等办弘誓研究会其中。人力、物力,由会众负责,劝以勿存观望,谛老乃(旧正月)来任。改观堂为观宗寺;约大师筹商推进会务;约玉皇镇压劣僧。惟不久,莲风、志恒等倾向谛老,谛老雅不愿寺有佛教弘誓会,诤议时生,式海、静安、玉皇等相率离去。观宗寺遂成台宗法派门庭,住持进退,不复受佛会选任(自传七)。大师主改剃派、法派为佛教公有,谛老主改佛教公有为法派,二老间之异议自此始。

大师所撰(弘誓研究会改组而成)佛教弘誓会章程,可据以窥见大师初期佛教革新之主张,摘略如下:

> 名义　佛教弘誓会,为佛教中之特别团体。
>
> 宗旨　本会以四弘誓愿为宗旨。
>
> 事业　甲、利人:当组织宣教团、慈善团、编译团。乙、兼利:当修习止观、改组教团、组研究社、讲习所。丙、自利:当勤修戒定慧,息灭贪嗔痴。
>
> 入会　甲、个人入会:不论僧俗,不拘国籍,凡信仰佛教热心佛学者。乙、寺院入会:一、由住持者自愿将所住持寺院,加入本会,每年酌量纳费者,本会当负保护之责。二、凡

寺院完全加入本会者，由本会派人住持，即为本会所公有，皆由本会调处，不得复以私人资格占为己有。

会员　甲、权利：会员有受本会保护、教育之权利，有选举被选举之权利，有被推为本会寺院住持之权利。乙、义务：会员有维持本会经济，信从本会宗旨，遵守本会规约，扩张本会势力，进行本会事业之义务。丙、规约：会员当互相警策，互相亲爱，遵佛教诫，同心协力，广行慈善。

地址　以宁波观宗讲寺为本部，各地由会员发起分设支部。

据此，实为组合有志僧俗，凭借自身努力，从小而大，化私为公，为佛教教团之根本革新。

三月，大师离观宗寺，住观音寺，玉皇亦来共住；大师与玉皇之友谊，自此渐深（自传七）。其时，大师发起维持佛教同盟会，撰章程及宣言（《佛教月报》一）。论维持佛教，有不可无者五："不可无自由组合之团体"，"不可无勇猛牺牲之精神"，"不可无受学求教之志愿"，"不可无实行博爱之筹备"，"不可无安心立命之修证"。思为自由信仰，感情联系，精神一致之自由组合以建设理想僧团（维持同盟会宣言）。此仍佛教协进会、佛教弘誓会之精神而来。然文希（时在北京）劝以：勿为特别组织，"宜乎合同而化"（亚髡《致太虚书》）。仁山（时在江西）以为："不敢苟同。……不愿另立无谓之新名词，再挑动顽固辈恶感。"（仁山《致太虚书》）

二三同志且情存妥协，革命教团之企图，乃不得不"善刀而藏"。

三十一日，中华佛教总会正式开成立会于上海。举冶开、熊希龄为会长，清海（静波）为副会长（实权操此人手）（自传七）。时省支部二十二，县分部四百余（与陈静涛书）。会中通过：任大师为《佛教月报》总编辑，文希（亚髡）为总务主任，仁山等住会办事（自传七）。此出文希、陈醇蘖于中协调所致（醇蘖《致太虚书》）。

大师未出席大会，有《上佛教总会全国支会部联合意见书》，提议七事：其重要而富有意义者，为：

> "佛教财产，应为佛教公有。……根本解决之法将奈何？则宜采行集产制度。……必有一法以相辅而行，始无障碍，则个人不得传法收徒是也。"

寺产为僧众公有，而中国以适应宗法制度，创立剃派法派，形成变相家庭。大师始终反对之。所谓集产制度，盖总集佛教寺产为佛教公有，僧侣则按劳分配而各取所值。余如"增设忏摩宗"，专为人诵经礼忏，"与其余各宗，不致混淆，有妨专修"。"增设异方便宗"，"以五戒十善为基，念佛往生为归；使善男信女皈依者，皆为有统系之组织"。此二，即后来"法苑"、"正信会"之滥觞。"至于服制，则除袈裟直裰之礼服外，他项似不妨随俗。"僧装之革新，此固大师当日率先身教者（弘誓研究会讲辞；醇蘖《致太虚书》）。

八日，北京开第一届国会；大师有《上参众两院请愿书》。略谓：

> "吁请贵会：根据信仰自由一条，实行承认政教分权。

凡佛教范围内之财产、居宅,得完全由佛教统一机关之佛教总会公有而保护之,以兴办教育、慈善、布教等事业。……否则,亦宜根据一律平等之条,切实保护;并规定佛教徒(僧众)同有参政之权。"

五月十三日("四月初八日"),佛诞,大师主编《佛教月报》创刊。时住上海佛教总会办事处——清凉寺(《佛教月报》一)。

是年佛诞,道老于北京法源寺,举行佛诞二九四〇年大会;朝野毕集,盛况空前(南岳道阶法师小传)。上海亦有举行,大师(为清海作)笔述"佛诞纪念会演说"(自传七),主张:"今年以后,当遵用阳历四月八日为佛诞。"

年来,大师与新社会党(沙淦等组织,即红旗社会党)过从甚密。其时,为吕大任主编《良心月刊》,鼓吹无政府共产主义(人物志忆八;吕荫南《太虚大师早年生活之片段》)。此中共产主义,指各取所需之无政府主义(共产与集产之差别,可读《唐代禅宗与近代思潮》、《上佛教总会全国支会部联合会意见书》等);时大师以为:

"无政府主义与佛教为邻近,而可由民主社会主义以渐阶进。"(自传四)

由民主(有政府)之集产,各得所值;进而实现无政府之共产主义,乃能各取所需。然鼓吹社会主义之刊物,曰《良心月刊》,或不免奇突之感。实则大师虽适应而为政治活动,仍本诸(西方寺)悟解之心境。其风格似魏晋玄学之率真;社会思想近老氏重道之无治,而浪漫精神过之。是年二月在延庆观堂之讲

辞,可据以见良心与革命之如何统一:

> 人之处事,贵真率耳!德莫德于真,贼莫贼于伪。古之圣贤豪杰,无不成于真也。然伪亦出于古之圣贤豪杰,故老子有“圣人不死,大盗不止”之说。……呜呼!演及今世,人智益开,人伪弥甚!衮衮诸公,集大事而享大名者,察其表,观其言,圣贤豪杰,诚何多让!但苟一揭去其假面目,则黑暗之里幕,丑秽杂肆,殆令人不可响迩!此所以真洁高尚之士,愤之嫉之不能自已,慨然欲披发入山,抱石沉渊,以谢此五浊恶世也!然而悲天悯人之念,梗于胸次,尝思抉伪披真,必有一根本解决之道,期有以一洗现社会之伪习,促人类黄金时代之实现。太虚不敏,略有一得,请就此以贡陈诸君之前:
>
> 名誉者,事行之所著而社会所以酬有功者也。……名誉一成,即为名誉所累。而惜名之甚者,动止顾忌,言行多讳,当为而不敢为,不当为而为,乃无往而不以伪!……若是者,皆终身一名之奴隶而已!纵得名垂万世,既已自丧其真,复以伪熏伪,流伪毒于天壤,亦罪人之尤者耳!……故吾人立身行事,莫若以真。真何所凭?亦自凭之“良心”而已。“良心”者,万物之端也。纯任良心者,一动一止,一言一行,虽举世誉之不加劝,尽人毁之不为沮。心如直弦,无所迁就,活泼泼地,不受污染。维摩曰:“直心是道场”,此也。孟子曰:“浩然之气,至大至刚”,此也。阳明子曰:“但凭良知,即知即行”,此也。庄子曰:“是进于知者”,此也。无恐怖,无沾滞,无趋避,无颠倒,故大真实人即大解脱人。

是夏，大师偕吕大任（重忧）游杭之西湖，一路诗兴甚豪（人物志忆八），存《同吕重忧由沪赴杭与郁九龄陈稺兰泛西湖八首》。

六月，初识章太炎于哈同花园。时临二次革命前夕，座中月霞、宗仰，多询时局（人物志忆二）。

七月，二次革命起，九月而定。

时大师移居黄中央（宗仰）之印刷所，吕重忧以沙淦等被杀，亦来避居其中。昕夕商讨各种社会主义之得失利病，旁及东西宗教哲学，尤重于佛学（自传七；吕荫南《太虚大师早年生活之片段》）。

九月，《佛教月报》以费绌停刊，大师离职去，不复与闻佛教会事。住会诸同志，因与静波等龃龉，均先已星散（自传七）。大师于《佛教月报》（共出四期），尝发表《致私篇》、《宇宙真相》、《无神论》、《幻住室随笔》等。《致私篇》曰：

> "天下亦私而已矣，无所谓公也。"

极力发扬"真我"论，即陆子"宇宙内事皆己分内事"之义。《无神论》宣言：

> "无神即无造物主，亦无灵魂，而一切皆以无为究竟者也。"

所论颇为彻底（遮他边）！论宗教政治之进化阶程，实为一极重要之卓见！

论云：

“余常有一种理想，往来胸次而未尝吐之言说；因与无神论略有关系，请附及之——盖政治与宗教界进化之较量也。政治界之进化，由酋长而君主，由君主而共和，由共和而无治（指无政府主义）。宗教界之进化，由多神而一神，由一神而（无神）尚圣，由尚圣而无教。……愈演愈进，世界底于大同，则政治既归无治；宗教亦即无教，即无神之佛教，亦于以得兔忘罥，得鱼忘筌，而不复存其名词矣！”

大师至绍兴。《诗存》之《偕杨一放王芝如杨紫林释却非（玉皇）泛舟游石屋》，有“骤雨送新凉”之句。

冬，大师至慈北金仙寺，参加选任炳瑞（莲风）为五磊寺方丈之会议（由诸行无常求合理的进步）。《诗存》有关金仙寺诸作，约旧历十月（或十一月）初光景。

民初或是年，大师参加“中华民国统一国民党”，党章今存（奘老交亦幻，由亦幻交与编者）：

该党史实不详。民国三十七年，经乐观以问陈立夫，经解释谓：

“关于太虚大师遗物统一国民党来由事，前经转询开国文献馆。兹接来复，拟意见两项：

一、民元，国民党、共和党两大党成立。同盟会方面，联合统一共和党、国民共进会、共和实进会、国民公党，组成国民党。共和党方面，联合统一党、民社、国民协会、国民促进会等，组成共和党。至若统一国民党，当时并无实现名号。但当时有一传闻，可寻脉络。统一党原为章太炎、宋遁初等所组织。统一党既并成共和党，在沪统一党员一小部分，因意见脱出，又不满改组，于是有联合而组统一国民党之意。后经调停，并未成立实现。

二、五色国旗，由临时参议院提出颁行；长江习用九星旗。五色、九星并列党章，或系此义。与武昌方面毫无所关。至若'白平'二字，不知何解？或系定章则之暗记。以上所说，仍系或然之辞；究竟来历，唯有存疑矣！

按：党章由奘老交来，更有圆瑛盟书，净慈寺纠纷文件，辨大乘与一乘(原稿)，辞佛学院院长函，现实主义科目(与后多有出入)，相片多帧；极迟亦民国十七年时物。虽大师《自传》未论及"统一国民党"事，但必有深切之关系。据奘老及芝峰(民六年冬与大师同住)所说，白平为大师化名。今考《佛教月报》四期，有《佛法与社会主义》短文，署"白萍"，思想与大师同。据吕荫南说，大师笔名，多用"落鬼"、"绿芜"；绿芜与白萍，适相映成趣。该党史实虽未详，白平应即白萍之省，为大师化名。

民国三年，一九一四(癸丑——甲寅)，大师二十六岁。

一月("癸丑")，值寄老周年祭，大师撰《中兴佛教寄禅安和尚传》，以志哀思。

自春徂夏，杨一放、王子余等，邀大师住绍兴徐社，专为《禹域新闻》写稿(自传七)。

七月("五六月间")，大师善根内熏，倦于尘俗生活，复回俗以趋真(自传七)。

盖自佛教协进会挫折以来，于佛教颇抱悲观，大有离心之势。唯泛滥于新旧文学以自消遣，习为文人之落拓疏放。每为友人所邀，闲游于上海、宁波、杭州、绍兴，二年余矣（自传七）。而今复回俗以返真者，一则，大师从事社会活动，此心初未尝离于佛法（自传四）；再则环境有以促成之。大师自谓：

> “已而鉴于政潮之逆流；且自审于佛陀之法化，未完成其体系，乃习禅普陀。”（告徒众书）
>
> “欧战爆发，对于西洋学说，及自己以佛法救世的力量，发生怀疑，觉到如此的荒废光阴下去，甚不值得。”（我之宗教经验）

盖光复二年来之政治，多未惬人意。民二之春，大师即有“潮流满地来新鬼，荆棘参天失古途”之叹！逮二次革命失败，继以国会及省议会之解散，一般革命情绪异常低落；而国际风云又日益险恶。大师际此政治气氛窒息之运，怀疑于世间政术，怀疑于自己力量，乃复活昔年之善根潜力，复归于真，而一求究竟焉。

大师至宁波，游天童寺，礼寄老冷香塔。谒净心长老，“时圆瑛讲《楞严经》，方至七处征心”（诗存）。

二十八日，欧洲大战起。

八月，大师至普陀山，寓锡麟堂。与了老商谈，决来山掩关。时昱山掩关于般若精舍，诗友豁宣亦寓是（自传八）。大师为昱山辑定《毗陵集》，作《跋后》：

> “顷者，拟禁足锡麟禅院，去君般若精舍不及半里，遂又得昕夕过谈。顾君已迥不如昔也！焚弃竹帛，高阁典籍，

空其室内，大有净名示病之风。检讨旧作，寥落殆尽。乃遽取其火存者，为之辑次，都凡十篇，颜曰《毗陵集》，盖取仿《永嘉集》也。君之见地践履，亦略似永嘉，只以世无曹溪为印证耳！”

按：大师尝叹昱山：“真挚高纯，为平生第一益友。”当西方寺阅藏时，“屡屡鞭辟向里，督促我用本分工夫。……然昱山与我的影响，犹不止此”（自传三）。所谓不止此者，“然（大师）终不与佛教绝缘者，则道谊上有豁宣、昱山的时相慰勉”（自传七）。此来适昱山掩关于此，于大师之发心掩关，应不无激发之处。大师友辈中，能不杂功利，纯以道谊相慰勉策进者，有昱山其人。

大师回甬，去沪，购备应用典籍（自传八）。

十月（“八月下旬”），大师掩关于普陀山之锡麟禅院，印老来为封关。作《闭关普陀》四律以见意（自传八）。颜其关房曰“遁无闷庐”，自署曰“昧盦”，作《梅岑答友》以谢诸俗缘（诗存遗）：

“芙蓉宝剑葡萄酒，都是迷离旧梦痕！大陆龙蛇莽飞动，故山猿鹤积清怨。三年化碧书生血，千里成虹侠士魂。一到梅岑浑不忆，炉香经梵自晨昏。”

大师在关中，坐禅、礼佛、阅读、写作，日有常课。初温习台贤禅净诸撰集，尤留意《楞严》、《起信》，于此得中国佛学纲要。世学则新旧诸籍，每日旁及。于严译，尤于章太炎各文，殆莫不重读精读。故关中文笔,颇受章、严影响(自传八)。

因粤友佩刚、耑父请,即旧作《无神论》之弹破造物主者而更审决之,作《破神执论》(自传八;文)。

冬,闭关不久,仁山来访。以文希任杨州天宁寺主,为邀出关助其办学,大师却之(自传八)。

是年("甲寅"),作《震旦佛教衰落之原因论》,列举化成、政轭、戒弛、儒溷、义丧、流窳六事(文)。

月霞主办华严大学于哈同花园,弘扬贤首宗(不久迁杭)。学生有持松、常惺、慈舟、戒尘、了尘等,为近代佛教之一流(三十年来之中国佛教;议佛教办学法;从一般教育说到僧教育)。

民国四年,一九一五(甲寅——乙卯),大师二十七岁。

春,致力于《三论玄疏》,于《百论疏》契其妙辩(自传八)。

大师关中著作,首成《佛法导论》(自传八)。论凡七科:一、绪言,二、小乘,三、大乘,四、小乘与大乘之关系,五、佛法与人世间之关系,六、佛法与中国之关系,七、中国佛教之整建与发扬。论小乘以三句摄:"了生死为因,离贪爱为根本,灭尽为究竟。"论大乘亦以三句摄:"菩提心为因,大慈悲为根本,方便为究竟。"论小大之关系,则"小乘是大乘之方便行",而后世人师,则"无宁先令悟菩提心"。从佛法而论及适行今世,为大师当时之佛法概观。

按:《告徒众书》及《略史》,并谓民国五年作《导论》。论中有"处今中华民国佛教四众信人,则当请政府废弃(四年十月颁布)寺庙管理条例",则"五年"说颇为近情。唯《自传》以此为

“首作”；四年夏，了老曾为印行；五年春昱山出关，即见此小册：言之又若是确凿！疑四年首作而五年重加修正，姑依《自传》附此年。

其后，继作《教育新见》、《哲学正观》、《辨严译》、《订天演》、《论荀子》、《论周易》、《论韩愈》、《百法明门论的宇宙观》等论文（自传八）。大率以佛理论衡世学及世学之涉及佛法者，折其偏邪，诱摄世学者以向佛宗。如以《圆觉经》之四相以论哲学之优降，以十二缘起格量《天演》，以唯识论《荀子》等。《教育新见》立“相对的个人主义”，以“养成人人皆为自由人，使就其各个人之相对者（对个人、对家庭、对社会、对国家、对世界），化合之而能经营其自由业”为教育鹄的，揭示“大同世界圆满生活之教育”，最能表现大师融合社会主义与佛法，由人类一般而阶进大乘之思想。

是春，了老任普陀山普济寺（前寺）住持，大师每为主文稿（自传八）。

五月九日，袁政府部分承认日本二十一条之要求。

夏初，许良弼来访，以《辨严译》各篇，集题曰《严译小辨》，付之刊印流通（自传八）。

是年夏起，专心于《楞伽》、《深密》、《瑜伽》、《摄大乘》、《成唯识论》，尤以《唯识述记》及《法苑义林章》用力最多，将及二年之久。时又涉览律部，留意于僧制（自传八）。而后知：

> “整僧之在律，而摄化学者世间需以法相，奉以为能令久住正法、饶益有情之圭臬。”（相宗新旧两译不同论书后）

时（“夏季”）大师“哀华人之盲趋冥行，及悲欧蛮之大相斫”，作《墨子平议》。末曰：

“彼海西诸族，殆皆墨翟之苗裔欤！夫痴见共流，爱慢同穴，无所简择而务驰骋，亦苦乐杂然相进而已矣！乱之上也，治之下也。此风今日且靡靡天下，一墨则不足以相救，众墨则适足相挠斗。毗墨之道，一往而无所回顾，则今之世，其去吾人所爱之和平，益以远矣。悲夫！”

王一亭来山晋香，访大师于关中，以诗持赠，因相契重（自传八；追念王一亭长者）。

是夏，以日本要求传教自由，孙毓筠、杨度、严复等乃承袁政府意，发起“大乘讲习会”，邀请月霞、谛闲主讲。八月，筹安会帝制议兴，孙毓筠等名列六君子，月霞称病南还。独谛老于京盛讲《楞严》，传袁克定受皈依焉（自传八；蒋维乔《谛闲老法师传》）。

秋（“七月”），与陈诵洛书，为论墨子，泛及先秦学术（文）。

却非来任普济寺职，时袖诗过访（自传八）。

是秋，大师读及陈某《中国之阿弥陀佛》，历言日本密宗之教义。乃有一究密宗之心（自传八；中国现时密宗复兴之趋势）。

十月二十九日，政府公布管理寺庙条例卅一条，予地方官以限制僧徒及侵害教产之大权。是条例，内务部长朱启钤，商承谛老意见而产生（蒋维乔《谛闲老法师传》；宝静《谛公老法师行状》；自传八）。北京觉先，首揭此出谛闲请求，指为卖教，呼吁取消；大师亦撰文反对（自传八）。

十二月，袁世凯称帝；云南起义。

是年冬，大师痛于管理寺庙条例，审度时势，欲据教理教史以树立佛教改进运动，乃作《整理僧伽制度论》，为一经意之结撰（自传八；编阅附言五六；略史；三十年来之中国佛教）。本论内容凡四品：一、论僧：以“中国本部有八十万僧伽”为准。别佛徒为住持部、信众部，与章太炎之《建立宗教论》同。其言曰：

> “非舍俗为僧者，不足证法身，延慧命；非信僧居俗者，不足以资道业，利民生。”
>
> “汉土所流传尊崇者，其学理全属大乘系统，而律仪则重声闻乘。内秘菩萨行，外现声闻相，汉土佛教化仪之特色乎！……在俗菩萨，既摄在人天乘，则形仪随俗而不能住持像教。入僧菩萨，则摄在声闻，声闻乘众以波罗提木叉为师，依毗奈耶处住。”（僧依品）

此以住持佛教之责，属在僧众，故严为训范，以佛法之修习为中心而旁及近代思想，以备弘扬佛法，觉世救人。取僧伽之形仪，重菩萨之精神，为大师整僧之根本意趣（此可参《略史》）。二、论宗：“上不征五天，下不征各地”。统隋唐来大乘以为八，小乘附焉。曰：

> “务使八十万僧伽，皆不出于八宗之外，常不毗于八宗之一。始从八，最初方便学，门门入道；终成一，圆融无碍行，头头是道。”
>
> “然有一言不得不正告者，此之八宗，皆实非权，皆圆

非偏，皆妙非粗；皆究竟菩提故，皆同一佛乘故。”

大乘八宗，各有特胜而无不究竟，平等普应，为大师此期思想纲要。此上承蕅益之说而发者。所论分宗专学，颇足针对由来笼统之病：

“初学贵在一门深造，乃能精义入神。久修自知殊途同归，宁虑局道相斫！所谓‘方便有多门，归元无二路’者也。数百年来，学者病在汗漫，唯汗漫乃适成纷挐。佛法深广，人智浅狭，取舍莫定，茫昧无归；以故学不精察，心不明了。……欲袪斯病，则端在分宗专究耳。”（宗依品）

三、论整理制度：分教所、教团、教籍、教产、教规，别别为之议制。实行集产制度；立法苑、莲社（即忏摩与异方便）；均同旧议。唯“历制”主月历，“衣制”主袍衫如旧，倾向于僧仪之保守，与昔革命时代不同。四、论筹备进行：分三期，以达到政府之废除管理寺庙条例，承认政教分离，由僧伽自组统一自主之僧团为鹄的。然上须得政府之承认，下须得僧众之愿意，殊未易实现；“所以必须筹备圆满，时机成熟，乃得张而施之，而未可卤莽从事焉”（筹备进行品）。

统观本论，依乾隆旧籍，而定论现今僧数之多；以江浙一隅，而例论全国教产之富，均不符实际。所论大乘八宗，上不征五天，则其源塞；下不征各地，则其流隘。局于中国内地，拘于旧传八宗，不独有武断之嫌，且亦无以应国际文化交流之世。况大乘八宗，其时或形骸仅存，或形质久绝，乃必欲八宗等畅，宁复可能！尤以“政教分离”，决非中国政情所能许！富思考而未克多为事实之考察，自不免智者之一失！然所论僧制之改革，要为唯一有价值之参考书。

大师又作《人乘正法论》，以为在家信众（正信会）之道德轨范。使五戒十善之佛化，得以深入民间，而达改良社会、政治、风化之益。由此"正信会"之普及，与前住持僧之深入，期以实现佛教救世之精神（略史；自传八）。

《禅关漫兴》，亦是冬作，可据以见关中之生活心境：

"海岛幽栖似坐船，管宁传说隐楼颠。心斋恰是涵虚白，门闭原非草太玄。缕缕炉香经案静，重重灯影佛台圆。易驱惜命偷油鼠，难护轻生赴火蛹。半壁图书连沆瀣，满壶冰雪耐熬煎。惯闻喜鹊墙头叫，默透驯蛇瓦眼穿。送到寺钟催早起，揭来吟伴扰迟眠。诗思偶逐秋声壮，疟势曾因暑病添。却忆狂风惊拔木，每临清沼念池莲。雨看千嶂烟岚积，晴放一房光气鲜。老树窗前青未了，乱山檐下紫堪怜。朝霞灿灿生寒浦，暮色苍苍接远天。被絮新装任冬尽，瓶梅斜插欲春妍。禅超物外空余子，锁断人间更几年！月影夜窥花不动，潮音日说偈无边。文殊漫把圆通选，此意难教口耳传！"

民国五年，一九一六（乙卯——丙辰），大师二十八岁。

春初，小病，"病中得聊叟咏雪二绝次韵却寄"（诗存）。

昱山出关，大师和其圆关诗（诗存）：

"人在永嘉天目间，点红尘亦不相关。三年牧得牛纯白,清笛一声芳草闲。”

六月,袁世凯死,政局日紊。

《首楞严经摄论》,于是夏脱稿(告徒众书)。本论为大师是期专论佛法之名作。《楞严经》为中国佛学之“大通量”:“未尝有一宗取为主经,未尝有一宗贬为权教(?);应量发明,平等普入。”“该禅净密律教五,而又各各宗重,各各圆极。”(文)大师本《楞严》以总持大乘,得中国佛学纲要,洵当时思想之结晶!

按:《告徒众书》与《略史》,并言五年作《摄论》;海刊(八,十一——十二)且曾特为声明。惟《楞严》大意,以此为民国三、四年作,《自传》亦取三年说,二说相左。依《自传》,《摄论》之作,与悟入《楞严》心境有关;然于此不能无疑。考《自传》原稿(二十八年三月初写)但云:“于会合台贤禅宗关于《起信》《楞严》的著述,加以融通抉择;从此二书,提唐以前中国佛学纲要。”而三十四年七月修正补充为:“于会合台贤禅的《起信》《楞严》著述,加以融通抉择——是(三年)冬,每夜坐禅,专提昔在西方寺阅藏时悟境,作体空观,渐能成片。一夜,在闻前寺开大静的一声钟下,忽然心断。心再觉,则音光明圆无际。从泯无内外能所中,渐现能所内外、远近久暂,回复根身座舍的原状。则心断后已坐过一长夜;心再觉,系再闻前寺之晨钟矣。心空际断,心再觉渐现身器,符《起信》、《楞严》所说。乃从《楞严》提唐以后的中国佛学纲要,而《楞严摄论》即成于此时。从兹有一净裸明觉的重心为本,迥不同以前但是空明幻影矣。”又原稿云:“有万非昔悟的空灵幻化堪及者。”后修正为:“有万非昔悟的空灵幻化——，及从不觉而觉心渐现身器——堪及者。”是则二十八年，犹无悟入《楞严》心境之说。二十九年二月，大师为访问团员说《我的宗教经验》，乃始有之。再考之《摄论》：论初有：“吾别有论，——不出八宗”，即四年冬完成之《僧伽制度论》。而大师四年夏间，始专究唯识；《摄论》即多以唯识名义通《楞严》。是则以《摄论》为民三所作，盖难取信。大师谓三年冬悟入《楞严》心境，因著《楞严摄论》，殆以近代学者，以《楞严》为华人所造；大师忠于所学，乃不惜为之方便证成欤！今略之以存疑。

是年，大师于唯识义有所悟入。《自传》（八）云：

> “民五，曾于阅《述记》至释‘假智诠不得自相’一章，朗然玄悟，冥会诸法离言自相，真觉无量情器一一尘根识法，皆别别彻见始终条理，精微严密，森然秩然，有万非昔悟的空灵幻化堪及者。”（参看《我的宗教经验》）

从此，真俗交彻，表现于理论之风格一变。幽思风发，妙义泉涌，万非逞辩竞笔者能及；因每有肇端而不克终绪之论片，如《成大乘论》、《法界论》、《三明论》、《王阳明格竹衍论》等作（自传八）。《夏杪自题》，自称死于此年，应于此悟有关：

> “一扇板门蚌开闭，六面玻窗龟藏曳。棺材里歌《薤露》篇，死时二十有八岁。”（昧盦诗录）

是夏，方稼荪偕其姑瘦梅来山晋香，时过关论诗，相为唱和。坚索诗稿付印，大师乃集为《昧盦诗录》与之，有江五民等作序。

秋季,《诗录》刊行(自传八;昧盦诗录跋)。

八月,道老——是夏讲《楞严经》于宁波报恩寺,经筵既罢——来山,过锡麟堂禅关,与大师抵掌剧谈,言无不畅(自传八;南岳道阶法师小传)。

二十五日,孙中山以察视舟山群岛之便,偕胡汉民等来山,了老与道老陪游。孙氏为大师手题"昧盦诗录",署姓名于左(人物志忆六;自传八)。大师奉诗一律:

"中山先生游普陀作此即呈道正:'卓荦风云万里身,廿年关系国精神!舒来日月光同化,洗出湖山看又新(民国元年,曾约王文典陪先生赴杭,未果,今闻先生新游西子湖来也)。佛法指归平等性,市民终见自由人。林钟送到欢声壮,一惹豪吟起比邻。'五年孟秋之杪,昧盦太虚未是草"。

十月十九日("九月朔"),作《南岳道阶法师小传》。

冬,应陈诵洛《浙江月刊》索文,为撰《释中华民国》。论宗五蕴唯识论义,有"真正之宇宙观,唯识论也,真正之国家观,唯民论也"之语(文;评唯民月刊)。

大师闭关期中,曾有《续宏明集》、《新宏明集》、《佛教诗醇》、《佛教文醇》之选辑,均创始而未竟(自传八)。

民国六年,一九一七(丙辰——丁巳),大师二十九岁。

二月四日,立春,大师出关。当即遍访山中知友(自传九),纪之以诗:

“出关刚值立春日,却为立春方出关。山后山前霎时遍,春风浩荡白云间。”

出关已,摄影为纪念。从此剃发留须(自传九)。老成稳健,非复昔年疏放情态!

大师至宁波,谒奘老于观音寺;去接待寺访圆瑛;游天童、育王寺,访净心、宗亮、源巃等。盘桓于宁波者数月。其间曾去上海(自传九);又一度回普陀(诗存)。

夏,游慈溪,访玉皇于普济寺。因偕游慈溪龙山清道观(诗存;自传九)。

玉皇来宁波,大师偕之往鄞西锡山宝严寺度夏,寺亦奘老所住持(自传九)。集唱和为《宝严风韵》(东瀛采真录)。

内政部准章嘉、清海请,修改前《中华佛教总会章程》,成立中华佛教会(宏空《佛教危言》)。

按:《略史》谓:“佛教总会,于民国三年被静波(清海)改为中华佛教会”,误。

秋,大师偕刘骧逵道尹、汪旭初秘书、王志澄知事、圆瑛,过接待寺,访梁山伯庙(自传九)。

大师过观宗寺;时仁山任观宗寺辅讲,引常惺来见(自传九;常惺法师塔铭并序;诗存续集)。

按:《自传》以此为春间事。

常惺,法名寂祥,江苏如皋人。十二岁出家,使入学,十七岁卒业于邑之省立师范。民三年,入华严大学。五年,参禅于天宁。六年夏，来观宗寺从谛老习天台教观；时年二十二（密林《常惺法师传》）。

大师承陆镇亭太史意（诗存外集），与圆瑛、王吟雪等，结木犀香诗社于观音寺（自传九；诗存）。

时台湾基隆月眉山灵泉寺主善慧，建立法会，请圆瑛讲演佛法，岐老主水陆法事（诗存；东瀛采真录）。圆瑛以事不克分身，乃介绍大师东行。大师久思去日本，一觇佛教与欧学调剂之方；因要善慧以事毕陪赴日本一行，而定东游之议（自传九；东瀛采真录）。

十月，临行，诗社友人多以诗送行（东瀛采真录）。圆瑛有《太虚法师代予远赴东瀛用木犀香社香韵聊当阳关三叠诗》，大师和之：

> “锡山清梦倦寒香，又说男儿志四方。迦叶当年破颜笑，菩提何处歇心狂！且携诗钵贮沧海，待咏梅花傲雪霜。只恐此行难代得，胸无万卷玉琳琅。”

按：圆瑛有“代予”之说，大师有“难代”之谦；参考《自传》，其事甚明。乃《潮音草舍诗存》编者，不知何以改为“难了得”？圆瑛初介大师阅藏以深入佛法，再介东游以考察僧制，于大师所益綦重，不当以晚年扞格而一笔勾之。

八日，从了老附江天轮赴沪。舟次，《真常之人生》脱稿，拟以作东游法施（东瀛采真录）。

双十节晚，大师登春日丸，从岐老东行，为远游国外之始。抵日本之门司，转亚利加丸，于十九晚泊基隆，即登月眉山灵泉寺(东瀛采真录)。

二十八日,灵泉寺法会开始,凡七日,台日来宾极盛。大师与日本布教师,轮流说教,大师讲《真常之人生》及《佛法两大要素》,善慧自为传译(自传九;东瀛采真录)。

会期某夕,大师与台北佛教中学林教授熊谷泰寿笔谈,询明治维新来之佛教情况,布教欧美之成就,各宗研究及名学者等甚详。论及僧制,于日僧之"不去俗姓,带妻食肉",及"各宗自为部勒,不能融合成一大佛教团",致其不满之感(东瀛采真录)。

十一月六日,善慧陪了老及大师游基隆;翌日去台北。于基隆之水族馆,台北新北投之温泉,大师深留美感(自传九;东瀛采真录)。

九日至彰化。适彰化昙华堂举行法会,大师乃为说法:

> "佛教为东洋文明之代表。今代表西洋文明之耶教,已失其宗教功用于欧美;欧美人皆失其安身立命之地,故发生今日之大战局。吾辈当发扬我东洋之和平德音,使佛教普及世界,以易彼之杀伐戾气,救脱众生同业相倾之浩劫。"(东瀛采真录)

盖时西方大战,中国多西洋文明破产之说;大师固坚主耶教不适用于今世者。

十一日("季秋二十七日"),昙华堂法会圆满。晚餐次,彰化厅长势山、新闻记者施庵等,与作击钵吟会。即晚去基隆(自传九;东瀛采真录)。

十二日,饯送岐老先期回国(东瀛采真录)。

十三日，德融（善慧弟子）陪游台北，寓中学林多日。从德融、井上、齐藤、熊谷等教授，询日本佛教情形甚详（东瀛采真录）。

十八日，善慧陪赴台中，参观台中展览会，寓慎斋堂。二十日起，应慎斋堂佛教讲演会之请，讲《我之佛教观》，亦善慧通译（自传九；东瀛采真录）。

其间，大师应台湾望族林纪堂之邀，游阿罩雾。其三弟献堂，请于家中略说法要（东瀛采真录）。

鹿港遗老洪月樵，闻大师游台，函赠《鹤斋诗腐二集》，并邀去鹿港。诗多故国之思。大师赠以讲稿及诗录，并以诗答之（东瀛采真录）：

“曾闻天网说恢恢，赞佛梅村拜五台。蓬岛连云秦代望，潜流有水汉时来。聊从大海游怀放，怕向中原醒眼开。鸡鹜一群只逐食，治平无复见雄才！

“年年不共不能和，早是光阴六载过。据社凭城狐鼠逞，噬人肥己虎狼多。浴云嫌我带龙气，讲学逢君隐鹿河。便好蒿莱同没尽，不关临去转秋波。”

大师对国内时政之失望，如此！

十二月二日，善慧陪大师作游日之行。五日，抵门司。上岸行；九日抵神户，寓庄樱痴家。途经小郡汤田温泉、三尻驿、宫岛郡、冈山，并略事游览（东瀛采真录）。

十一日，善慧陪大师游西京，以佛刹多在其地。瞻礼西本愿寺、清水寺、万隆寺、临济之天龙寺、天台之清凉寺、真宗之佛教大学、智积院之大学、知恩院等。以骤感天寒，而善慧复以事须早回，故游踪甚为匆促（东瀛采真录）。

十三日，返抵大阪，往观天王寺。翌日，归神户。十五日登轮，别善慧回国。善慧赠以日式之黄褊衫、织金五衣、金绣九衣以为纪念（东瀛采真录）。

按：《东瀛采真录》，阴历与阳历杂用，又多为手民所误植。《自传》于台日之行踪，每先后颠倒。今依录略为推正，举其行程如上。

十九日薄暮，归抵上海，结束二月余之游化。考察所得，深觉《整理僧伽制度论》之分宗，颇合于日本佛教之情况；而本原佛教以联成一体，则犹胜一筹。乃于革新僧制之素志，弥增信念（自传九；略史；东瀛采真录）。

大师寓上海锡麟下院。晤陈完、刘洙源、王仙舟（与楫）、沈惺叔等。为王仙舟等说因明大意（自传十；东瀛采真录）。

二十六日，离沪赴甬。临行，诗友穆穆斋来访，别之以诗（东瀛采真录）。

民国七年，一九一八（丁巳——戊午），大师三十岁。

一月，大师住宁波观音寺，集东游之诗文、游记，编《东瀛采真录》。以徒弟乘戒去台湾中学林肄业之便，携去由灵泉寺印行（自传十）。

二月，大师于观音寺度旧年（自传十）。是"冬"，大师于密部经轨，就频伽藏一度披阅，未为深入研究（自传十）。象贤（芝峰)来观音寺依止大师,为眷正《楞严经摄论》等稿(芝峰为编者说)。

春,应了老之请,出任普陀山前寺知众。时玉皇再任纠察,颇资臂助(自传十)。

时(“丁巳年底”)陆军部有以普陀山作德俘收容所之议,大师为呈部恳免(自传十;普陀为德侨收容所之反对)。

夏,有邀游南洋者,谋集资以开建“中国佛法僧园”(僧伽制度论办法之一),为革新僧寺树规模(太虚宣言)。

谛老讲《圆觉经》于北京(宝静《谛公老法师年谱》)。

七月(“六月初”),陈元白(裕时)来普陀山。大师与谈佛法,意甚感动,乃舍同善社归佛。元白曾引蒋作宾(雨岩)、黄葆苍(元恺)入同善社,既心知同善社之非,乃去沪邀蒋、黄来普陀。大师为谈《原人论》及《成唯识论》大意。相依近月,悉发心学佛(自传十;觉社宣言;太虚宣言)。

八月(“秋初”),大师偕昱山、元白等出普陀,游天童、育王,至宝严寺谒奘老(自传十)。

时宁波佛教孤儿院成立,大师与圆瑛并任院董,陈屺怀(玄婴)主其事。开学日,大师演说甚详。由是,大师与陈屺怀时相晤谈(自传十;呐公语业附言;文)。

大师与元白等抵沪。商诸章太炎、王一亭、刘仁航(灵华)等,创立觉社,推蒋作宾任社长以资号召,开始弘扬佛法之新运动。其初,大师在山与元白等谈及整理僧制及南游计划,唯鉴于欧战未已,议先成立佛学团体,渐图进行;觉社乃缘此产生。觉社初期事业,定为:出版专著,编发丛刊,演讲佛学,实习修行

（自传十；人物志忆二；太虚宣言）。

大师时寓爱多亚路，与章太炎也是庐为邻，因时相过从（人物志忆二）。

闻苏曼殊病卒，挽之以诗：

“昔年精舍建祇洹，我亦宜南学弄丸。十载未能谋半面，一书曾忆剖双肝。天荒集里同留句，世乱声中忽盖棺。不信奇人竟庸死，欲歌《薤露》意先寒。”

九月中秋，大师游西湖，客白衣寺；遇华山自北京来（华山法师辞世记；却非诗集）。

按：《自传》（十）谓：七年夏季至杭，晤华山。秋初至上海，着手编辑《觉书》，遇华山自五台北平归。考是年冬作《华山法师辞世记》：二年夏，大师于沪编《佛教月报》，遇华山。七年秋，晤华山自北平归于杭。是则《自传》所记二次相逢，年月均误。

是月，元白去汉口，葆苍去重庆。大师撰《往生安乐净土法门略说》，付葆苍，葆苍刊行于重庆（自传十；觉书“己未佛教年鉴”）。

《道学论衡》及《楞严经摄论》，由中华书局出版发行。《论衡》乃编集普陀所作（《教育新见》、《哲学正观》、《订天演宗》、《破神执论》、《译著略辨》、《佛法导论》）六种而成（自传十）。

十月，大师应李隐尘（开侁）、陈性白等请，往汉口，出元白赞叹宣扬之力。

八日（“九月四日”），于杨子街寄庐（王国琛家）开讲《大乘起信论》，并编出《大乘起信论略释》；二十三日讲讫。始终与会者仅七人，为大师弘化武汉之始（自传十；汉口佛教会创始记序；王国琛《大乘起信论略释缘起》）。

讲毕，摄影为纪念，大师且纪之以诗：

> “李隐尘、阮次扶（毓崧）、陈元白、全敬存、王诚斋（国琛）、马康侯（中骥）、王吟香（道芸）等诸大居士，邀太虚过汉皋，谈如来藏缘起义者兼旬。今将返沪，摄影留别，乃题一偈以证法喜：
>
> 飞梦汉江尘，一谈微远因。影中同现影，身外独呈身。了了心无住，澄澄意更伸。随流得其性，来往海之滨。
>
> 佛历二九四五年九月十九日崇德释太虚。

大师讲筵既罢，历游武汉名胜（自传十）。又于安徽会馆作公开讲演，普结法缘（王国琛《大乘起信论略释缘起》）。

大师返沪，陈自闻偕行。舟次九江，雨中望庐山不见，赋诗怀东林莲社（自传十；诗存）。

是月，欧洲大战终止。

十一月（“十月初”），大师主编《觉社丛书》创刊（自传十）。《整理僧伽制度论》开始发表；并宣布《觉社意趣之概要》、《觉社丛书出版之宣言》。《宣言》云：

> “人间何世？非亚美欧洲诸强国，皆已卷入战祸，各出其全力以苦相抵抗之世乎？民国何日，非南北争斗，……唯一派团体为旗帜，唯个人权利为标准之日乎？铁弹纷射，火焰横飞，赤血成海，白骨参天。加之以水旱之灾，疫疠之祲；

所余锋镝疾苦之残生，农泣于野，商困于廛，士无立达之图，工隳精勤之业。哀哀四民，芸芸亿丑，遂相率而流入乎苟生偷活，穷滥无耻之途。不然，则醇酒妇人，嬉笑怒骂，聊以卒岁，聊以纾死。又不然，则远游肥遁，海蹈山埋，广朱穆绝交之篇，著嵇康养生之论。又不然，则疑神见鬼，惑己迷人，妖祥杂兴，怪异纷乘（指同善社等）。持世者修罗，生存者地狱、饿鬼、畜生，其高者则厌人弃世而独进乎天。嗟嗟！人道几希乎息矣！吾侪何心，乃独皈三宝尊，发四誓愿，以自觉觉他觉行圆满之道倡乎！盖将以示如来藏，清人心之源；弘菩萨乘，正人道之本也！”

“当此事变繁剧，思潮复杂之世，征之西洋耶回遗言，理乖趣谬，既不足以应人智之要求，轨范人事。征之东洋李孔绪论，亦无力制裁摄持此人类之心行矣！于是互偏标榜，竞从宗尚，挺荆棘于大道，宝瓦砾为奇珍。挽近更由物质文明之反动，见异思迁，出水入火，播弄精魂，繁兴变怪，要皆未改转其颠倒迷妄之想也。乌乎！菩提所缘，缘苦众生，诸佛菩萨悲愿同切；惟弘佛法，能顺佛心。……惟我佛无上正等正觉之教，平等流入大地人类之心中，转大法轮，咸令自觉；立人之极，建佛之因。”

“乘斯机缘，建斯觉社，固将宏纲异道，普悟迷情，非以徒厌世间独求解脱也。故本社当修自觉行以回向真如，修觉他行以回向法界一切众生。”

针对中外政局之苦迫，国内思潮之杂乱，发起此佛化觉世新运动。大师晚年自谓：“少壮的我，曾有拨一代之乱而致全世界于治的雄图，期以人的菩萨心行（无我大悲六度十善），造成人间净土；这是民十年以前的事”（佛教之中国民族英雄史），所谓“非以徒厌世间独求解脱也”。觉世救人之道，在乎“立人之极，建佛之因”；以人乘阶梯佛乘，亦始终为大师弘法之根本精神。

是月，鄞慈镇奉象佛教会（以宁波警察厅长严师愈赞助），举大师为宁波归元庵住持，因时往来甬沪间（自传十；奘老为编者说）。

大师在甬，闻华山于乐清逝世，悼之以诗，为作《华山法师辞世记》（自传十；文）。

十二月一日（“十月二十八日”），觉社假（李佳白）尚贤堂，大师与章太炎、王与楫等，开佛教讲习会。李子宽（了空）参与听讲，初生信心（自传十；觉书二）。

是年，徐蔚如集印老文稿，题《印光法师文钞》而流通。印老之名大著，归心念佛者日多（真达等《中兴净宗印光大师行业记》）。

世界佛教居士林，亦是年初创（追念王一亭长者）。

民国八年，一九一九（戊午——己未），大师三十一岁。

二月二十日（“正月二十日”），觉社讲习部，假尚贤堂，请大师开讲《二十唯识论》。刘笠青、史裕如（一如）笔记，成《唯识二十颂讲要》（自传十；觉书“己未佛教年鉴”）。

觉社近得刘笠青、史裕如等维护，因自设社址于恺自迩路。蒋作宾以奉派参观欧洲战迹离去（自传十）。

四月一日（“三月初一日起”），大师于觉社开讲《观无量寿经》，及《因明入正理论》等（觉书"己未佛教年鉴"）。觉社时有佛教大学部与佛教孤儿院之创议，社员多虑规模大而无以为继，未获实现（太虚宣言；觉书四"录事"）。

是春，大师作《唯物科学与唯识宗学》、《中华民国国民道德与佛教》。大师以唯识之识，含得相分（物质）、见分（精神）、识自证分、证自证分。故以"总含诸法"之真唯识论，方便比拟为近于一元二行之真唯物论，以明唯物科学与唯识之相通。所论唯心之道德，与昔弘誓研究会所讲者同。如云：

"人复真如之心，道之元也；心契本觉之性，德之本也。其致之也庸易，要在内反而不外骛耳！"

五月四日，北京学生为山东问题示威游行。其后全国学生工人响应，是谓"五四运动"。

六日，北京警察厅将民四之管理寺庙条例，重行布告施行。事先，内务部藉词清查档案，指六年章嘉等请立之中华佛教会为抵触法令，予以废止。该条例，原由帝制党参酌谛老草议而成，因帝制倾覆而未见实行。去年谛老入京讲经，得交通系要人支持，乃有此重行公布之举。时谛老商得内务部同意，所制戒牒僧籍，概由观宗寺专卖（自传十二；宏空《佛教危言》）。

七日，佛诞，大师为黄葆苍、董慕舒、李锦章剃落于宁波归源庵。去年葆苍至重庆，与慕舒、锦章为法友。三人发心深彻，誓愿出家专修以事弘扬，以救世人。大师度之出家，字以大慈（葆苍）、大觉（慕舒）、大勇（锦章）（自传十；觉书"己未佛教年鉴"）。

六月，北京觉先，初因寺庙条例而反对谛老；鄞慈五邑佛教会——时与谛老龃龉日深，亦推竹溪为代表，赴北京请愿。竹溪过沪，约大师同行。大师以觉社事委大勇，与竹溪（“五月”）晋京，寓法源寺。奔走月余，未达取消寺庙条例目的，而条例亦由是未付实行（自传十二；觉书“己未佛教年鉴”）。

大师在京，历游名刹名园。京中学者林宰平、梁漱溟、毕惠康、殷人庵、梁家义、范任卿、黎锦熙等，并先后来法源寺晤谈。胡适之曾约晤，大师告以宋明儒之语录体，创自唐之禅录。胡因而进为《坛经》及禅录之考究（自传十二）。

是年夏，留日学生陈定远，愤日人挟弄喇嘛，回国筹设中国五族佛教联合会，以期蒙藏内向。适大师在京，乃与道老、觉先参加，并请庄思缄（蕴宽）、夏仲膺（寿康）、汤铸新（芗铭）、胡子笏（瑞霖）、张仲仁（一麐）、王家襄等，共起提倡以资促成。时黎黄陂居津，大师与陈思远去津晋谒，为论佛理。惟格于寺庙条例，致佛教会事未成（自传十二；人物志忆六）。

大师在津，穆穆斋偕之访黄（郛）膺白，始与缔交（自传十二）。

九月，张仲仁等发起己未讲经会，推庄蕴宽、夏寿康为会长，请大师讲《维摩诘经》于象坊桥观音寺。大师随讲出“维摩诘经释”，文义新颖，言辞畅达，于积集福智资粮，创造净土，特多发挥。王虚亭、杨莘哉、马冀平、陶冶公、倪谱香、胡子笏、周秉清等，悉由是起信。王黻彝（尚菩）与黎锦熙（邵西），笔记“经释”外之口义为《维摩诘经纪闻》（自传十二；人物志忆十三；维摩诘经纪闻叙；觉书“己未佛教年鉴”；黎锦熙《维摩诘经纪闻叙》）。

按：维摩法会日期，年鉴作“闰七月”；《自传》作“八月初”尚在敷讲；《纪闻叙》作“九月”，则指阳历而言。

十月八日，中秋，大师赏月于西山戒坛寺。李隐尘、陈元白闻大师敷讲于北京，特自汉口来听。讲毕，因陪游西山诸胜（自传十二）。

李隐尘、吴璧华、熊希龄等，发起续讲《大乘起信论》，听众日多。讲毕，秋垂尽矣（自传十二；维摩诘经纪闻序）。

十一月五日，大师由天津南下抵南京。翌晨（“十四日”），礼杨仁老之塔。访欧阳竟无于支那内学院筹备处；内院时在筹设中（关于支那内学院文件之摘疑）。

按：阅竟无居士近刊，误为“冬”日。

七日，至沪。即由费范九陪往南通。十日（“十八日”），应张謇（季直）请，讲《普门品》于狼山观音院，凡三日。且游览名胜，参观建设事业。张謇高弟江谦，时为张謇称道大师，乃缘成此法会（自传十二；人物志忆十二）。张氏请大师讲经，先以诗请：

“此生不分脱娑婆，正要胜烦冶共和。过去圣贤空舍卫，相辅兄弟战修罗。觉人谁洗心成镜，观世岂闻面绉河！师傥能为龙象蹴，安排丈室听维摩。”

按：《自传》与《人物志忆》，均以南通讲经为先于北京。且以“安排丈室听维摩”，为张謇宴叙时所赠；殷人庵撰讲维摩缘起，引此诗谓有预兆，京中传为佳话云。实则南通讲经在后。可证者,一、"己未佛教年鉴"云:"九月十九日,南通张謇请释太虚讲《普门品》于狼山观音院。"二、宝莲华龕诗,有"太虚已赴啬翁约,九月十八日讲经狼山观音堂"。三、《诗存》之《张公季直邀南通紫琅观音院讲经》,有"后夜窥寒月,秋声曲径听"之句。四、《维摩诘经纪闻序》,末署"二九四六年秋之望,释太虚序于南通"。然以此诗为预兆,则亦有之。诗刊于《觉书》四期——旧七月出版;故闰七月讲《维摩经》,此诗巧为预兆矣。此诗非南通讲经时作,盖张謇书赠大师,寓礼请讲经之意。大师晚年误忘,因此诗先于维摩法会,乃以南通法会为先。

十二月("十月"),《觉书》五期出版。适大慈购得西湖南山之净梵院,从事潜修。大师乃商决结束沪之觉社;改《觉书》季刊为《海潮音》月刊。卓锡西湖,专心编辑。"十一月"中赴杭(自传十二;觉社宣言;十五年来海潮音之总检阅;觉书"己未佛教年鉴")。

是年,谛老得蒯若木、叶誉虎助,开办观宗学舍,成近代佛教之一流(从一般教育说到僧教育;宝静《谛公老法师年谱》)。

民国九年,一九二〇(己未——庚申),大师三十二岁。

一月七日,弥陀诞,大师为大慈举行入关礼。玉皇为主庶务,大慈次子恭佐(恒演)护侍之(自传十二)。

十日("十一月二十日"),大师作《太虚宣言》,述整理僧制之志愿(文)。

"十一月",滇督唐继尧派代表曾子唯来杭,兼电议和代表缪嘉寿,礼聘大师赴滇垣弘法。大师以《潮音》初编,滇道修远,辞谢未行(自传十三;"己未佛教年鉴")。

按:《自传》误为广州回杭时事。

二月四日("十二月十五日"),大师以欧阳竟无之支那内学院章程,有"非养成出家自利为宗旨"语,殊觉藐视僧伽,乃作《支那内学院文件摘疑》。大师与内院为法义之诤,自此始(自传十二)。其后,内院丘檗(晞明)致函大师云:

> "以措辞未圆,易启疑虑,则改为'非养成趣寂自利之士',亦无不可。要之,非简出家,乃简出家唯知自利者。……祛释疑团,藉免误会!"

旧正月,《海潮音》创刊。大师发表《觉社宣言》,综述一年来弘化业绩。作《海潮音月刊出现世间的宣言》,略云:

> "海潮音非他,就是人海思潮中的觉音。……宗旨:发扬大乘佛法真义,应导现代人心正思。"
>
> "新思潮者,名之曰现代人心。……第以新思潮之生起,动不由自,唯是随环境牵动而动(由境界风而动),因不得不动而动(由无明风而动)。……没有自觉自主的力,也没有善的标准与真的轨持,不过是糊涂杂乱、混沌龌龊的一代人心的表现罢了!故必须寻出个善的标准与真的轨持,发生出自觉自主的力量来;乃能顺应着这现代人心,使不平者平,不安者安,而咸得其思想之正。"

大师以为:欲应导现代人心正思,即需发扬大乘佛法真义。大师所推重之大乘真义,即中国台贤禅净共依之《起信》、《楞严》。如曰：

“大乘佛法的本身，即‘众生心’是。……就我们人类切言之，亦可曰人生心，即是能具能造人生世界种种事物的。……大乘佛法真义，原是人人自心中所本有的。……因为揭发说明了他，便发生一个觉悟大乘佛法真义的人生心。因为开发阐明了诠他的经教，便发生了一个发扬大乘佛法真义的海潮音。……将这大乘佛法的真义，称举到人海思潮的最高性上去，为现代人心作正思惟的标准。……将这大乘佛法的真义，宣布到人海思潮的最大性上去，为现代人心作正思惟的轨持。”

大师被推举为西湖弥勒院及大佛寺住持。奘老、士老、大觉等，先后为之管理。大师仍住净梵院，时泛一叶扁舟，来往于湖南净梵、湖北弥勒之间（自传十三）。

四月，大师以新近之思想学术，阐明（三十）唯识论，发挥唯识学之新精神，作《新的唯识论》。

按：无言《太虚大师行略》云：“冬回杭州，于车轼舟舷上写成《新的唯识论》”，乃误读《自传》致误。

大师卓锡西湖，时与康南海（居蕉石鸣琴）相往来，茗谈辄复移晷。大师合弥勒院与大佛寺为一，复古名兜率寺之旧，康氏为之书额（自传十三；人物志忆六）。

大师时多论评世学之作：《论陈独秀自杀论》、《味盦读书录》、《论胡适之中国哲学史大纲上篇》、《读梁漱溟君唯识学与佛学》、《近代人生观的评判》。大师不满胡适之进化论的历史观念，责其抹杀个人之才性，不明佛法所说之心性。梁漱溟时有《唯识述义》公世，右空宗而抑唯识，大师为论空与唯识，义本一致。于《佛藏择法眼图》，评谓：

“梁君所言，仅齐三论显说；其密指者似在禅宗而未能达。”

大师于《近代人生观的评判》云：

“我以为：为人间的安乐计，则人本的、神本的人生观为较可。为理性的真实计，则物本的、我本的人生观为较可。至于现代适应上孰为最宜，则我以为四种皆有用，而皆当有需乎择去其迷谬偏蔽之处而已。”

离佛法，则世学各有所是、各有所蔽；得佛法以抉择贯摄之，则各能得其当。大师论衡世学，其方式每多如此。

五月，陈性白来迎大师去武昌。应隐尘、元白、李馥庭等邀请，二十一日（“四月四日”）于龙华寺开讲《大乘起信论》，听众甚盛。大师手编《起信论别说》，富禅家笔意；于《修行信心分》特有发挥。时讲经参用演讲方式，开佛门新例（自传十三；海一、六“杂记”）。

按：《汉口佛教正信会壁铭并序》，以此为“春”季事，误。

时国内政局日陷于纷扰割据，《整理僧伽制度论》，势难实行（自传八；编阅附言五六）。而俄国革命成功，共产思想日见流行。大师得一新感觉，即僧众有从事工作、自力生活之必要

(略史)。乃宣布停刊《僧制论》,发表《人工与佛学之新僧化》。次撰《唐代禅宗与社会思潮》,极力发扬禅者之风格,诱导僧众以趋向:

> "务人工以安色身,则贵简朴;修佛学以严法身,则贵真至。"

大师以"反信教的学术精神"、"反玄学的实证精神"、"反因袭的创化精神"等,说明禅宗与学术思潮。以"虚无主义的精神"、"布尔塞维克主义的精神"、"德谟克拉西主义的精神",说明禅林与社会思潮。于唐代禅者之风格,颇多深入独到之见。结论谓:

> "余既以《人工与佛学之新僧化》,追攀百丈之高风,以适应倾向中的社会趋势。复有精审详密之德谟克拉西《整理僧伽制度论》,亦以见吾志之不在徒发理论,须见之行事耳!"

是年春夏,圆瑛讲《法华》、《楞严》于北京。时北五省大旱,法会中发起佛教筹赈会(叶性礼《圆瑛法师事略》)。

七月("仲夏之月"),回沪。广州庚申讲经会代表李观初,已来沪迎候(康寄遥与李同乡,由是始识大师,发心学佛)。李观初为国会议员,去秋在京,预维摩法会。南下参加非常国会,因与广州诸议员,于去冬发起迎大师讲经。春间,大师推同学开悟代往。粤方仍盼南行;辞不获已,乃相偕南下。抵广州,设讲座于东堤议员俱乐部,讲《佛乘宗要论》。论依佛法导言为依,敷衍为八章七十七节；初以“教理行果”统摄大乘诸宗。胡任支译粤语，与其弟赓支同记录。皈依者有龙积之等(自传十三)。

八月，粤桂战事起，龙积之等陪大师与开悟赴香港。陆蓬山、吴子芹等发起，请于名园讲佛学三日，开香港宣讲佛学之风(自传十三；人物志忆四；从香港的感想说到香港的佛教)。

大师留港十余日，回杭(自传十三)。

时应用进化论之历史考证法，以研考佛书者日多，大师取极端反对态度，为传统佛教担心：

> “略从日本新出佛书，浅尝肤受，皮毛亦未窥及，随便拿来学时髦，出风头，乱破坏，乱建立！”(海内留心佛教文化者鉴之)

> “这种言论，……不久，于佛教的精神形式，必发生重大变化，故希望以佛教为生活的和尚尼姑，及学佛的居士，都将他研究一下！”(海潮音社启事)

十月(“九月初”)，大师再至武昌。寓皮剑农家，设讲座于湖北省教育会，讲《楞严经》，编《楞严经研究》为讲义(自传十三)。讲义以《摄论》为本，略糅余义而成；十一月十四日(“十月五夕”)编讫。此夕旋闻稍坐，忽觉楞严义脉，涌现目前，与唯识宗义相应，因重为科判而殿于研究之末(楞严经研究五)。去年梁漱溟《印度哲学概论》，即以《楞严》为伪；而唯识学风又渐盛。大师殆感《楞严》之将成问题，故为之会通！

大师，时作《论基督教已没有破坏和建设的必要》，载于《新佛教》二卷二期。

十一月二十四日（“十月十五”），大师于武昌讲经会授皈戒。李隐尘、李时谙、王森甫、满心如、陈性白、赵南山、皮剑农、萧觉天、杨显庆、孙文楼、刘东青等军政商学名流，执弟子礼者三十余人。武汉学佛之风，于是大盛（自传十三；笠居众生《致德安法师书》）。

湘僧善因（笠居众生），年来与觉社通音讯。闻大师启讲《楞严》，特远来与会（自传十三）。大师比年异军突起，本深厚之佛学素养，以通俗之方法弘教，得京、鄂、沪、粤多数大力者之信护，道誉日隆！而出家僧侣，囿于传统，拘于宗派，惑于“大闹金山”之渲染，反而流言四起。观《笠居众生致德安书》，可想见当时情势：

> “考太虚法师之行实，及各居士之德行，鲜有不符佛制，如道路所遥传者。本月十五日，并在武昌讲经会弘传戒律，计男女居士受三皈者九人，受五戒者二十八人，受菩萨戒者十一人，皆当世高年俊杰。……虚师若无过人之德，彼一般高年俊杰，岂肯屈膝膜拜于年轻衲僧之前乎！善因与各居士同住数日，见各居士念佛礼佛，行住坐卧，不肯有稍自放逸之行为，即在缁门亦难多遘！虚师讲经，仍是香华供养，端身正坐，惟不搭衣，无不具威严之事。……乃吾辈同侣，心怀妬忌，诽语频加！座下见地洞彻，幸勿误听！”

十二月，大师讲《心经》于黄冈会馆——帝主宫，史一如笔录为《心经述记》（自传十三；心经述记）。

按：《心经述记》注：“太虚法师在汉口黄州会馆口述。”《佛学浅说》附注:"十月二十八日晚,在汉口帝主宫讲《心经》后之演说辞。"其事甚明。乃《自传》以为:是年讲《起信论》后,在帝珠(主?)宫演讲三日。讲《楞严经》后,于安徽会馆讲《心经》三日,乃发起佛教会,实回忆之误。盖《心经》讲于帝主宫,为此年楞严法会后;而《起信论》法会后,讲于安徽会馆,乃七年秋事。《自传》之说,时地并误。

时信众之请求皈戒者踵起,总计达百一十九人(孙孙山《武汉庚申居士皈戒录》)。大师乃于《心经》法会终了,发起汉口佛教会,推李隐尘为会长,李时谙负责筹备。大师之佛教运动,于武汉日见发展(自传十三;李慧融《汉口佛教会创始记》;佛教会创始记序)。

十日("十一月朔"),周振寰代表湖南赵炎午(恒惕)、林特生、仇亦山等,礼请大师去长沙弘法。是日,大师与善因、李隐尘、陈元白、张锡畴等十余人,专车去长沙。设座船山学社,讲《身心性命之学》三日,法会甚盛。当即发起长沙佛教正信会(自传十三;海二、一"大事记")。

十五日("六日"),大师等返武昌,商决明年由善因编辑《潮音》于汉口(次年二三月即迁还杭)(自传十三)。

大师于汉口佛教会,讲《佛教的人生观》。所论大乘的人生观,为:

> "圆觉之乘,不外大智慧、大慈悲之二法,而唯人具兹本能。……唯此仁智是圆觉因,即大乘之习所成种姓,亦即人道之乘也。换言之,人道之正乘,即大乘之始阶也。"

大师回杭;舟次九江,函覆王弘愿所询唯识义(书)。

民国十年,一九二一(庚申——辛酉),大师三十三岁。

新春,大师鉴于僧寺内外交困,实为佛教复兴之大碍;大师乃唱“僧自治说”:

“欲实行僧自治,须摈绝挠乱之他力(官府之摧残,地方痞劣之欺压);尤应去除本身腐败之点,力自整顿而振兴之!”

一般学佛者之行不由中,尤为新兴佛教前途之危机,特提《行为主义之佛乘》以资警策:

“从来为佛教徒者,大多只知以‘享受福乐’或‘静定理性’为果。……无论重理解,或重证悟到如何圆妙,都只空理,不成事实,至近乃更厉行。一般知识阶级中,或认佛法为达到本体的哲学,或则但认一句禅谜,或则但守一句佛名,或则但以佛的经书、形像、数珠、木鱼、蒲团等项为佛事。而不悟盈人间世无一非佛法,无一非佛事!”

“吾确见现时学佛的人渐多,大都迷背佛乘,不修习佛之因行。不知一切有益人群之行为皆佛之因行,反厌恶怠惰,其流弊将不可胜言!故大声疾呼,敢为之告曰:吾人学佛,须从吾人能实行之佛的因行上去普遍修习。尽吾人的能力,专从事利益人群,便是修习佛的因行。要之,凡吾人群中一切正当之事,皆佛之因行,皆当勇猛精进去修去为。废弃不干,便是断绝佛种!”

大师言之若是其剀切沉痛，而学佛者，则终于念佛念咒，了生了死而已！大师以为："佛的因行，以敬信三宝、报酬四恩为本，随时代方国之不同而有种种差别。""在自由的共产主义下"，则以从事农矿、劳工、医药、教化、艺术为成佛之因行。"在和平的全民主义下"，则加为警察、律师、官吏、议员、商贾等。

三月二十三日（"二月"），大师任西湖净慈寺住持。大师久欲凭借禅林，以实施理想之改建，为佛教树新模。适以净慈亏欠甚巨，无法维持，乃由华山徒属之因原、如惺介绍，接已故之雪舟和尚法而进院（自传十四；略史）。杭州测量局员王行方、徐柳仙、陆慧生等，发起讲经会，请大师于幽冀会馆，讲《唯识三十论》。如如记录，成《唯识三十论讲录》。大师开讲于二十四日（"二月十五"），适为进净慈寺之次日（自传十四；海二、四"大事记"；海三"辛酉年鉴"；唯识三十论讲录赘言）。

大师着手于净慈寺之兴革：取缔鸦片酒肉；修济公殿；严饰佛像；陈列佛学书报以供众阅；改禅堂为角虎堂，以继永明禅净双修之风。且筹办永明学舍，以作育弘法僧才；设佛教慈儿院，以教育小沙弥。次第推行，百废俱兴（自传十四；略史；永明精舍大纲）。

五月，朱谦之来兜率寺，拟从大师出家。朱氏以"将所有佛书，批评一过，从新整理建设起"为目的。大师告以不必出家，为介绍往从欧阳竟无游（自传八）。大师提倡佛学，而实不以一般治学方法为是，于此可见。

时大师有《佛法大系》之作。本体为"真如的唯性论"，现行为"意识的唯心论"，究极为"妙觉的唯智论"。以之统论大乘诸宗,为大师大乘三宗论之初型。

二十日,修正管理寺庙条例二十四条公布。此出程德全面请徐总统,乃得撤销前之卅一条,修正公布,尚能消极维持(自传八;三十年来之中国佛教)。大师嫌其未善,拟《修改管理寺庙条例意见书》三十九条。其特点:一、析别寺庙之性质为宗教寺庙、奉神寺庙、公益寺庙,俾纯正之佛寺,得与耶回教堂同为财团法人(第一条)。二、寺庙之管理人,“权义既视(一般)僧道为重大,贤否尤关寺庙之隆替”,故特定专章以明其责任(第九至十四条)。三、确定寺庙财产之所有权,属于寺庙自身(第十五条)。寺庙无犯罪之日,但可责诸管理者,寺产不得没收或提充罚款(第二十条)。对于教徒之继承私产;收受未成年人为徒;以不正当行为而诱人捐款或入教,确定为应加禁止(第二十六条),而予以处罚(第三十一条)。此虽犹未尽大师之本意,而实寓整顿维持之意。

七月五日(“六月初一”),大师于净慈寺启讲《华严经》之《净行品》(自传十四;海二、五“言说林”)。

讲经不数日,杭州白衣寺慧安等诸山住持,摭拾浮词,诬控大师于官署。事缘大师疏忽,初未循例回拜慧安,因致嫌隙。退居鸿定,以烟瘾未除,为大师拒其回寺。乃诉惑温州同乡潘国纲,同善社首领张载阳,因有慧安等出面呈控。时县长王蔼南(吉檀)、杭绅汪曼锋等支持大师;而上海新闻界康寄遥等,亦为有力之呼援,其案乃搁置于省署(自传十四)。

八月九日,萧耀南任湖北督军。萧与李隐尘有同乡之谊,故是后大师武汉弘化,颇得其助(自传十五)。

二十三日("七月二十"),大师应北京辛酉讲经会请,离杭北上;过沪,偕史一如同行(自传十四;海二、七"狮子林"后)。

九月六日("八月五日"),大师开讲《法华经》于北京弘慈广济寺,十一月七日("十月初八日")圆满。大师依窥基《法华经玄赞》为讲义,周少如(秉清)录其口说,成《法华讲演录》,逐日载诸《亚东新闻》。参与法会者,释远参、庄思缄、夏仲膺、蒋维乔、胡瑞霖、马冀平、林宰平、龚缉熙(后出家名能海)、朱芾煌、王虚亭等。大勇自五台来,李隐尘、陈元白从武汉来,法会极一时之盛。讲毕,为平政院长夏寿康等数百人授皈依(自传十四;法华讲演录弁言;海三"辛酉年鉴";海二、十"评论坛"末)。

法会期中("十月初一"起),大师于南池子夏宅,别为蒋维乔等讲《因明论》;为大勇、王虚亭等讲《金刚经》,大勇记之为《金刚义脉》;为远参讲《梵网经》;为元白领导之女众,讲《大阿弥陀经》。讲说不倦,间有日讲七、八小时者(自传十四;海三"辛酉年鉴")。

时北五省旱灾甚剧,马冀平等乘讲经会发起金卍字会,以大师领衔通电。马冀平及道老等办理数年,教养灾童至三、四千人(自传十四;人物志忆十三)。

十月二十七日("九月二十三日"),大师以善因有病力求回湘,集京中缁素议决:《海潮音》自十一期起迁北京,由史一如编辑(自传十四;南北东西的海潮音;海二、十"启事")。是年,《潮音》得唐大圆、张化声、张希声投稿,倍有生气(自传十四)。

日僧觉随,坚邀大师去日本,以传学唐代东流之密宗。大师无去意,大勇发心随行(自传十四;菩提道次第略论序)。

十一月九日("十月初十"),大师离京返杭。徐大总统颁赠"南屏正觉"匾额,讲经会公推倪谱香陪送(自传十四;人物志忆六;论梁漱溟东西文化及其哲学)。

大师适与张仲仁同车。张以梁漱溟新著《东西文化及其哲学》供阅,大师作《论梁漱溟东西文化及其哲学》以为评正(自传十四;文)。梁君比年已回佛入儒,虽犹称许佛法为最究竟,而目下不赞同提倡佛法,欲以孔家文化救中国。大师评论之要,如说:

"梁君视佛法但为三乘的共法,前遗五乘的共法,后遗大乘的不共法,故划然以为佛法犹未能适用于今世,且虑反以延长人世之祸乱,乃决意排斥之。其理由,盖谓东方人民犹未能战胜天行,当用西洋化以排除物质之障碍;西洋人犹未能得尝人生之真味,当用中华化以融洽自然之乐趣。待物质之障碍尽而人生之乐味深,乃能觉悟到与生活俱有的无常之苦,以求根本的解脱生活;于是代表印度化的佛法,始为人生唯一之需要。若现时,则仅为少数处特殊地位者之所能,非一般人之所能也。"

"余则视今世为最宜宣扬佛法的时代:一则菩提所缘缘苦众生,今正五浊恶世之焦点故。二则全地球人类皆已被西洋化同化,外驰之极,反之以究其内情。下者可渐之以五乘的佛法,除恶行善,以增进人世之福乐。中者可渐之以三乘的共佛法,断妄证真,以解脱人生之苦恼。上者可顿之以大乘的不共法,即人而佛,以圆满人性之妙觉故。而对于中国,排斥混沌为本的孔老化,受用西洋的科学,同时即施行完全的佛法。以混沌之本拔，则鬼神之迷信破故。若对西洋，则直顺时机以施行完全的佛法可也。余所谓完全的佛法，亦未尝不以三乘的共佛法为中坚，但前不遗五乘的共法，后不遗大乘的不共佛法耳！……明正因果以破迷事无明之异熟愚，则中华宗极混沌、乐为自然之惑袪，而西洋逐物追求、欲得满足之迷亦除。于是先获世人之安乐，渐进了生脱死之域，以蕲达乎究竟圆满之地。"

梁君拘于三乘共法，前遗五乘共之人天法，后遗大乘不共之菩萨法。回佛入儒，正由其所见佛法之浅狭。然其"眇目曲见"之唾余，每为时人所摭拾，障碍佛法不浅！

大师回净慈寺，倪谱香、康南海等以总统匾额送入，反对者亦无如之何（自传十四；人物志忆六）。其先，大师离杭，浙江省长沈金鉴，以潘国纲、张载阳关系，撤销大师净慈寺住持。大师在京闻之，上诉平政院，事后搁置（自传十四）。关于净慈寺纠纷，腐僧、土劣、恶吏相勾结，现存大师当时所拟答辩，可以概见一二：

"一、道委指根源为允中法徒，为事实上之错误。盖根源实于允中退住持之后，接已故之雪舟法为住持者。道委殆因其人已死无对证，故为混蒙。

二、根源、鸿定，皆于雪舟故后，继其法派为净慈寺住持，太虚何为不可？而净慈既为传法寺院，但不紊法派，并出原住持志愿，便为正当传继；况复经依例呈县署注册，及绅众僧众送贺，表示赞成，更何有习惯不合、手续欠完之处！

三、寺院产业，每有由人施入者；然一经施入，即属寺产，此为常例。前年因合并弥勒院、大佛寺，复兜率寺之古称。遂将县公署判属于弥勒院之宣姓房地，认为宣金弥所施(以弥勒院登记书上，本载明为宣金弥户而又属弥勒院者)，与弥勒院、大佛寺户者，俱合为兜率寺户，以便管业而已。其实此房地属弥勒院，系太虚闻之僧众绅众，据情呈报。倒谓太虚蒙蔽官绅，实属违背！若官断为宣姓，太虚无争也。

四、在镇江，为创办佛教协进会，此系团体行为波及者；且事在十年前。在宁波，系由鄞县某乡自治委员，准县谕推举住持归源庵。因前住持及债户与乡人等有纠葛，控诉鄞县知事于会稽道(即今钱塘道尹张鼎铭)，自退另换。无论其事与住持净慈无干也，即其事亦何犯教规?

五、“选贤不符净慈习惯，已各方公认，应但言传法”：彼不明承接已故之老和尚法派以继住持，乃中国各地丛林常有之例，不独净慈前住持鸿定，前前住持根源然也。至既有根源、鸿定如此在前，则太虚更为有根据耳！道委乃云强名接法，何所见之不广也！若言太虚何不接鸿定之法，则此亦须出双方愿意。若鸿定必欲太虚接其法，方传交净慈住持，则太虚若不愿接其法时，在太虚可以不为净慈住持却之，在鸿定亦可以不交净慈拒之。而此寺乃由愿传交住持之鸿定，邀寺众及诸山灵隐寺等，请太虚接雪舟法以为住持，实出双方愿意，岂容有旁人不甘！

六、谓鸿定紊乱法派，道尹殆不知“法派”二字作何解也！雪舟既属净慈寺法派，鸿定继雪舟法，何谓紊乱法派？若继非净慈寺所流传法派而为净慈住持，始为紊乱法派，若今谕委肇庵是。

七、据道尹所言，则鸿定已不合净寺习惯，太虚尤不合净寺习惯，故皆不合为住持。此若不合，当更无能合之法？然则试问道尹：将如何产出净慈寺合习惯之住持？若更无法产出，岂净慈寺将永无住持乎？

八、龚少轩，乃钱塘门外一流氓，杭州人多知之。不过有人买使作无聊言耳！试问弥勒院或宣姓或太虚，皆与风马牛不相及，何得无端捏控？乃道尹道委竟与一鼻孔出气，奇哉！"

倪谱香等发起，请大师于西湖省教育会讲《心经》，有倪谱香(德薰)之《讲录》行世(自传十四)。

武汉信众，推陈性白来杭，迎大师去武汉讲经。大师偕性白西上，十二月二日("十一月四日")抵汉口(自传十四；海二、十二"大事记")。

按：《自传》十四谓："与陈性白在轮船上过了年，正月初一日泊汉皋。"十五谓："辛酉年底，我由杭至鄂。"然此出大师误忆；是冬仁王法会，《自传》竟亦忘之。元旦抵汉，实为十四年事。

十二月六日("十一月八日")，大师于汉口佛教会(时佛教会所前栋已完成)，开讲《仁王护国般若经》。萧耀南、刘承恩如期莅会，听受礼拜。二十六日("二十八日")圆满(海二、十二

"大事记";海三"武汉佛教辛酉年鉴")。

十一日("十三日"),兼为女众开讲《佛说阿弥陀经》。于弥陀诞,传授三皈五戒(腊八又传一次)(海二、十二"大事记")。

是年,持松(密林)赴日学密(密林《常惺法师传》)。

民国十一年,一九二二(辛酉——壬戌),大师三十四岁。

一月(辛酉"十二月十六、十七两日"),李隐尘、陈元白等,鉴于大师住持净慈之叠生故障,主纯凭理想,新创养成佛教人才之学校。大师乃提出佛学院计划;柬邀武汉政商各界集议其事,决进行筹备(自传十五;佛学院置院舍记;"汉口佛教会辛酉年鉴")。

二月十七日("二月初一"),大师应汉阳归元寺请,启讲《圆觉经》。湘、鄂、赣省僧众来会者,亲对音仪,乃渐释昔来之隔膜(自传十五;海四"壬戌佛教年鉴")。

三月十三日("二月十五日"),开佛学院筹备会于归元寺。得李隐尘、王森甫、胡子笏、汤铸新、皮剑农、陈元白、萧止因、熊云程、萧觉天、赵子中、孙自平、王韵香,及长沙佛教正信会周可均等卅余人,自认为创办人(佛学院院董会略史;海四"壬戌佛教年鉴")。

十七日("十九日")起,每晚为四众开示唯识观法(海四"壬戌佛教年鉴")。武昌佛乘修学会——熊世玉、阮毓崧、饶凤璜等,函恳草示大意(佛乘修学会《致太虚法师书》);乃以孙绍基、赵曾俦(寿人)合记之《唯识观大纲》应之。其中"圆满一心之唯识观",最足见和会《起信》与唯识之理。大师所谈唯识,与专宗唯识者，盖有所异。

四月一日（“三月初五”），圆觉法会圆满（海四“壬戌佛教年鉴”）。

法会期间，大师出圆觉经随顺释科目。（“春”）又作《对辨大乘一乘》、《对辨唯识圆觉宗》、《三重法界观》（自传十五）。大师倡导大乘平等，而宗本在台、禅，得学要于《楞严》、《起信》。比年（唯识大盛），大师特于唯识深研，颇有于平等中，对大乘空宗，统唯识于圆觉而立不空宗之意。故于贤首家贬抑唯识处（如判唯识为法相、为大乘，而自居于一乘、法性），起而为之抉择贯通。《对辨唯识圆觉宗》有曰：

> “三论显性，侧重体性之性，唯以遮诠空一切法，殆同有主无宾！劣者未能入于具显相用之不空性，然固当名之为法性宗也。唯识彰相，深探体相之相，虽以表诠立一切法，未尝取貌遗神。悟者皆能证于全彰体用之如幻相，固可名之为法相宗，尤当与即相之性——《法华》等，即性之相——《华严》等，同名为中实宗也。”
>
> “般若宗以远离荡除一切法相，皆毕竟空而显性真。……瑜伽宗先分别离析一切法相，皆唯识变而显性真。……天台宗《法华》等经，宏融相同性之教。……贤首宗《华严》等经，宏即性起相之教。……由此四门，同入密严。但以无生法性，乃根本智境，是大涅槃果；唯识圆觉乃后得智境，是大菩提果。一可摄小，一独在大，故复分二宗。”

“三重法界观”，立物我法界、心缘法界、性如法界。三重法界之立，影略三性而来。本于台禅之融贯以论三性，犹是高举唯识，使与台、贤（圆觉）教义相齐。是三文悉此春出，足以见大师当时之意趣。

八日（“清明后三日”），大师应黄陂县知事谢铸陈（健），邑绅赵南山、陈叔澄、柳质皆等邀请，偕了尘、陈元白、李时谙、陈仲皆等赴黄陂；民众空巷来观。大师寓前川中学，于前川中学、木兰女校、自新堂，讲佛法三日；王净元记之为《前川听法纪闻》（自传十六；王净元《前川听法纪闻》；诗存）。大师次陈叔澄诗以为纪念：

“未可栖栖笑仲尼，频年我亦惯驱驰。春深大埜来今雨，学讲前川忆古师。佛海潮声传隐约，人天梦影正离奇。法身流转怆无极，应有维摩病大悲！”

按：《自传》以此为十二年春事，误。

十四日（“三月十八日”），大师应武昌中华大学请，开始授印度哲学及新的唯识论（海四“壬戌佛教年鉴”）。

大师辞陕西佛教会（康寄遥等）之迎请，转为商得汉口华严大学讲师妙阔同意，赴秦讲学（自传十六；覆陕西佛教会延请法师函）。

按：《自传》误以此为十二年事。

五月（“四月初”），让得武昌黎邵平（少屏）宅为院舍。四日，佛诞，大师于汉口佛教会，受院董会（隆重之）礼聘为院长。礼请疏出黄季刚手。大师乃进行招生事宜；章程由创办人呈湖北军民长官及内教两部备案(自传十五;佛学院置院舍记;佛学院院董会略史)。

其时,大师辞去净慈寺住持,交卸兜率寺。以外得陈性白、倪谱香,内得奘老、玉皇等助,得以和平交卸了事。大师并约大觉、玉皇、智信,来武院助理事务(自传十四、十五)。

二十一日("四月二十五日"),大师覆李琯卿书,为论佛法(唯识)与哲学之异,冶性空唯识于一炉:

> "西洋底哲学,……都是先认定现前底人世是实有底东西,乃从而推究此现前实有底人世,在未有以前,原本是一件什么东西。于是或说元唯是心,或说元唯是物,或说元唯是心物并行。乃再从而说明原本虽然是一件什么东西,向后由如何若何,乃变成现前的人世。此在发足点先迷了错了,故无论如何横推竖究,终无一是!佛说全不如此,因为现前的人世,现前是空的,就是没有的。现前的人世既都没有,又何论现前的人世以前原本是什么呢?……必先于此有些体会,于佛法方能领解。迷著了梦事为实有,便宛然实有,这便是三界唯心、万法唯识的注解了。心识者何?曰迷梦是。三界万法者何?曰梦事是。迷梦梦事皆毕竟无实,故三界唯心、万法唯识亦毕竟无实。必先悟实无心识可唯,乃可谈三界唯心、万法唯识。"

《竟无居士学说质疑》,约此时作。欧阳主法相、唯识分宗,大师主法相必宗唯识。大师始依傍《法苑义林章》以论三宗。

三十日("五月四日"),挪威大学哲学教授希尔达,闻大师名德，特自北京来汉口请晤；大师为论佛法，林震东、陈维东译语（海四"壬戌佛教年鉴"；与挪威哲学博士希尔达论哲学）。

六月，大师回甬。谒奘老，访故友陈屺怀、金梦麟等（自传十五）。

大师还沪，于古灵山小住。值大勇将再东渡学密。闻志圆谈及：时人或以谛老、印老及大师为中国佛教三大派；或以谛老为旧派而大师为新派者。虽大师未尝有意乎新旧之分（自传十五），而事实固已形成新旧之势。

七月，抵南京，访毗卢寺观同。涤暑汤泉，畅游燕子矶十二洞之胜。时曼殊揭谛寓毗卢寺，从闻欧阳竟无师资有反对《起信论》之说（自传十五）。

八月，大师沿江西上，至安庆迎江寺。时马冀平长安徽财厅，与迎江寺竺庵，发起安徽僧学校，礼聘常惺任其事。常惺就大师谘商学课，契仰倍深（自传十五；常惺法师塔铭并序）。大师于佛教会，讲《佛法为人生之必要》（庐山学）。游观三日，有《大士阁月夜》等诗（诗存）。

十一日，观音诞，竺庵陪大师游庐山，寓大观楼。漫游名胜，访德安于白塔寺，礼远公塔于东林（自传十五；诗存）。

天池寺僧坦山来访；叹息匡庐佛地，乃今盛传耶教，不闻三宝之音。大师询知古大林寺遗址，近在不远，因相偕策杖寻访。扪石读碑，知在划界桥北茅屋草坪错落间，相与叹息！大师乃有就此修建讲堂，以备暑期弘化之意（自传十七）。《牯岭杂感》，即此时作：

"云顶一峰昙诜迹，大林三寺白香诗。夕阳何处遗踪觅，烟绿尘红总可悲！”

大师回武昌，适中华大学举办暑期讲习会，应陈叔澄校长约，于二十日（“六月二十八”）开讲《因明入正理论》。手编讲义，名“因明大纲”。参与讲学会者，有梁启超、高一涵、傅铜（佩青）等。大师始与梁启超晤交（自传十五；人物志忆六；海四“壬戌佛教年鉴”）。

武汉佛教会，假中华大学礼堂，请大师、梁启超、傅佩青，作佛学讲演，集听者千人以上（自传十五；人物志忆六）。

二十六日（“七月十三日”），佛学院开董事会成立会。举梁启超为院董长（陈元白代），李隐尘为院护。大师乘机建议：于庐山大林寺遗址，修建讲堂以供暑期讲学，得梁李等赞同，力任筹划进行（自传十五；十七；人物志忆六；佛学院院董会略史；海四“壬戌佛教年鉴”）。

大师偕梁启超、李隐尘等，游黄冈之赤壁；谒汤化龙墓。盘桓数日，乐谈佛学无倦（人物志忆六；自传十五）。

九月一日（“七月十九”），佛学院举行开学礼；萧督亦莅院致词。佛学院僧俗兼收，目的在造就师范人才，出家者实行整理僧制工作，在家者组织正信会，推动佛教于广大人间。是期所聘教师，有空也、史一如（《潮音》已于夏季移武昌编辑）、陈济博等。学生六、七十名，僧众有漱芳、能守、默庵、会觉、观空、严定、法尊、法芳（舫）、量源等。居士有程圣功、陈善胜（其后出家名“净严”）；张宗载、宁达蕴亦自北京平民大学来从学。课程参取日本佛教大学；管理参取禅林规制。早晚禅诵，唯称念弥勒，回向兜率为异（自传十五；略史；海四“壬戌佛教年鉴”）。大师之建僧运动,发轫于此,中国佛教界始有佛学院之名。

是学期,大师讲《佛教各宗派源流》,手编讲义(时武昌已成立正信印书馆)。讲《瑜伽论·真实义品》,默庵记而未全,成《真实义品亲闻记》。又讲八啭声及六离合释等。循循善诱,精神殊佳(自传十六)!

按:《自传》谓:"我讲世亲《发菩提心论》",据"壬戌佛教年鉴",乃空也讲。大师讲此论,则为十三年秋。

大师于中华大学讲印度哲学,每周一时(自传十六)。

时大师读梁启超《历史研究法》,特致书与论佛历,时犹以佛灭周穆王五十二年说为可信(书)。

是秋,王虚亭自北京来武昌,从大师出家,字以大严。受戒宝华山,即住山未返(自传十一)。

十月十六日("八月二十六日"),大慈以疾卒于杭。冬初("九月下旬"),从大师多年而维持净慈甚力之智信,又卒于佛学院,大师并悼之以诗(自传十五;王净圆《致大觉法师书》;玉皇《念佛送智信上人西归诗》)。

按:《自传》以大慈卒于冬初,误。

十一月六日("九月十八"),汉口十方女众丛林成立,请大师讲《阿弥陀经》(海四"壬戌佛教年鉴")。

十二月五日("十月十七"),大师应湖南缁素请,去长沙。缘宁乡大沩山,民国七年毁于匪;千年法庭,沦为墟莽!省教育会复觊觎寺产。大师老友惠敏、开悟,居间劝请。大师乃商定恢复(沩仰)祖庭,量入为出等条件,允任沩山住持。至是,偕刘东青同行,严定为侍者。抵长沙,即与赵炎午、仇亦山等商定“恢复沩仰宗及沩山产业维护整理”计划(海三、十二“赴沩山详记”;严定《侍院长大师住持湘省大沩山密印寺记》)。

七日(“十九日”),开悟、晓观等陪送大师去沩山。经桃华洞灵云寺,至宁乡。便道访惠敏、罘月于回龙山。十一日进院,以性修为监院(海三、十二“赴沩山详记”;严定《侍院长大师住持大沩山密印寺记》)。

按:大师负名义十五年,二十六年始由宝生继任住持。

大师在山,《礼灵祐禅师塔》说偈;并作《读八指头陀住持沩山诗感和》四首,湘中缁素——惠敏、廖名缙等和者甚众(诗存遗)。

十六日(“二十八日”),大师返长沙。赵炎午、吴景鸿等发起,假六星桥湘西公会,请大师讲学。大师凡讲三日,题为:“对于批评佛法者的批评”、“佛法与宗教及科学”、“佛法为圆满之哲学”(海三、十二“赴沩山详记”;严定《侍院长大师住持大沩山密印寺记》)。

按:《自传》以长沙讲学为先于沩山进院,误。

大师在长沙,与晓观等发起创办孤儿院。二十一日(“十一月四日”),返武昌(自传十六;严定《侍院长大师住持大沩山密印寺记》)。

是冬,玉皇(近十年来时为大师服务)辞职还杭,住灵隐寺

(自传十六)。

是年,欧阳竟无讲《成唯识论》于内学院;论前先讲《唯识抉择谈》(海三、十“事纪”;海四“壬戌佛教年鉴”),于《起信论》有所非毁。大师因之作《佛法总抉择谈》。先依唯识三性以通论大乘,曰:

“依此三性以抉择佛法藏,……不共之大乘佛法,则皆圆说三性而无不周尽者也。但其施设言教,所依托、所宗尚之点,则不无偏胜于三性之一者,析之即成三类:一者,偏依托遍计执自性而施设言教者,唯破无立,以遣荡一切遍计执尽,即得证圆成实而了依他起故。此以《十二门》、《中》、《百论》为其代表;所宗尚则在一切法智都无所得,即此宗所云无得正观,亦即摩诃般若;而其教以能起行趣证为最胜用。二者,偏依托依他起自性而施设言教者,有破有立,以若能将一切依他起法如实明了者,则遍计执自遣而圆成实自证故。此以《成唯识论》等为其代表;所宗尚则在一切法皆唯识变;而其教以能建理发行为最胜用。三者,偏依托圆成实自性而施设言教者,唯立无破,以开示果地证得之圆成实令起信,策发因地信及之圆成实使求证,则遍计执自然远离而依他起自然了达故。此以《华严》、《法华》等经,《起信》、《宝性》等论为其代表;所宗尚则在一切法皆真如;而其教以能起信求证为最胜用。此大乘三宗之宗主,基师尝略现其说于唯识章曰:‘摄法归无为之主,故言一切法皆如也。摄法归有为之主,故言诸法皆唯识。摄法归简择之主,故言一切皆般若。’摄法,谓统摄法界一切法罄无不尽也。

其所宗主之点，虽或在如，或在唯识，或在般若，而由彼宗主所统摄之一切法，则罄无不同，故三宗摄法莫不周尽。"

"然此三宗，虽皆统一切法无遗，其以方便施设言教，则于所托三性各有扩大缩小之异。般若宗最扩大遍计执性而缩小余二性，凡名想之所及，皆摄入遍计执，唯以绝言无得为依他起圆成实故。故此宗说三性，遍计固遍计，依他圆成亦属在遍计也。唯识宗最扩大依他起性而缩小余二性，以佛果有为无漏及遍计执之所遍计者皆摄入依他起，唯以由能遍计而起之能执所执为遍计性，及唯以无为体为真如故。故此宗说三性，依他固依他，遍计圆成亦属在依他也。真如宗最扩大圆成实性而缩小余二性，以有为无漏及离执遍计皆摄入圆成实，复从而摄归于真如无为之主，唯以无明杂染为依他遍计故。故此宗说三性，圆成固圆成，遍计依他亦属在圆成也。"

其次，本此自义以弹欧阳氏之说：

"《起信论》以世出世间一切法皆不离心，故就心建言，实无异就一切法建言也。一切法共通之本体，则真如也，即所谓大乘体。真如体上之不可离不可灭相（真如自体相，如来藏也。换言之，即无漏种子，即本觉，亦即大乘相大。所起现行即真如用，即能生世出世间善因果之大乘用。其可离可断相，则无明也），一切染法皆不觉相。换言之，即有漏种子，即违大乘体之逆相；所起现行，则三细六粗等是也。无始摄有顺真如体不可离不可灭之本觉无漏种未起现行,亦摄有违真如体可离可灭之无明有漏种恒起现行,故名阿黎耶识;译者译为生灭不生灭和合尔。言依如来藏者,以如来藏是顺真如体不可离灭之主,而无明是违真如体可离灭之客,故言依也。"

"真如宗以最扩大圆成实故,摄诸法归如故,在生灭门中亦兼说于真如体不离不灭之净相用名为真如。以诸净法(佛法)统名真如,而唯以诸杂染(异生法)法为遍计依他,统名无明或统名念。此《起信论》所以有'无明熏真如,真如熏无明'之说也。……唯识宗以扩大依他起故,只以诸法之全体名真如,而真如宗时兼净相净用统名真如;此于真如一名所诠义有宽狭,一也。唯识宗于熏习,专以言因缘;真如宗于熏习,亦兼所缘、等无间、增上之三缘以言,二也。明此,……二者各宗一义而说,不相为例,故不相妨。"

"唯识宗乃依用而显体,故唯许心之本净性是空理所显真如,或心之自证体非烦恼名本净。若真如宗则依体而彰用,故言:'以有真如法故有于无明';'是心从本以来自性清净而有无明'(应如此断句,不应于自性清净句下断句)。其所言之自性清净,固指即心之真如体,而亦兼指真如体不可离断之净相用也。此净相用从来未起现行,故仅为无始法尔所具之无漏种子。所言从本以来自性清净,不但言真如,而亦兼言本具无漏智种于其内。然此心不但从本以来自性清净,亦从本以来而有无明。为无明染而有染心,则无始有漏种子恒起现行而成诸杂染法也。虽有染心而常恒不变,则虽有漏现行,而真如体及无始无漏种不以之变失也。此在真如宗之圣教,无不如是说者。……此诸圣教可诽拨者,则摄一切法归无为主之真如宗经论,应皆可诽拨之!故今于此,不得不力辨其非也!”

按:《自传》以此为十二年作,误。

是年,杭州宗净土之马一浮,宗禅之刘大心,相诤甚烈(覆王弘愿书五)。圆瑛游化新加坡与槟榔屿(叶性礼《圆瑛法师事略》)。

民国十二年,一九二三(壬戌——癸亥),大师三十五岁。

一月十四日(“二十八”),院外研究部成立,大师为讲《教观纲宗》(海四“壬戌佛教年鉴”)。

二十二日(“腊月六日”),大师作《评(梁启超)大乘起信论考证》,反对以西洋进化论观念治佛学。略谓:

“西洋人之学术,由向外境测验得来。……不然者,则向学说上推论得来。……故有发达进化之程序可推测。而东洋人之道术,则皆从内心熏修印证得来;又不然者,则从遗言索隐阐幽得来。故与西洋人学术进化之历程适相反对,而佛学尤甚焉!用西洋学术进化论以律东洋其余之道术,已方枘圆凿,格格不入,况可以之治佛学乎!吾以之哀日本人、西洋人治佛学者,丧本逐末,背内合外,愈趋愈远,愈说愈枝,愈走愈歧,愈钻愈晦,不图吾国人乃亦竟投入此迷网耶?”

“要之,以佛学言,得十百人能从遗言索隐阐幽,不如有一人向内心熏修印证。一朝证彻心源,则剖一微尘出大千经卷,一切佛法皆湛心海。应机施教,流衍无尽,一切名句文皆飞空绝迹,犹神龙之变化无方。否则,……只窜绕于一切世间从其本际展转传来,想自分别共所成立之名相中而已!呜呼!东西洋之科学、哲学、文学史者!而日本于今日,所以真正佛学者无一人也!”

二十六日,孙中山与越飞发表共同声明,为国共合作先声。

二月,大师于寒假期中偕陈元白等游宜昌。度旧历元旦于沙市舟次(赴宜昌杂诗:“小别汉皋逢岁底,乍经沙市恰年头”)。二十日(“初五”)抵宜昌,说法于普济寺及商会;王容子等及王吟香全家受皈依(自传十六;定慈《太虚法师西行游化记》)。

按:《自传》谓正月初一抵宜昌,误。

大师于“宜昌舟次”,阅唐焕章之《陈独秀人生真义之驳正》等,乃作《略评外道唐焕章》(文)。

二十二日(“七日”),江口皮剑农、沙市陈妄清等来迎;因相偕访全敬存于那惹坪之维摩精舍(自传十六;诗存;定慈《太虚法师西行游化记》)。

三月二日(“正月十五”),大师偕陈、皮、全等至枝江江口,晤本一。于东山寺说法,兼为陆军某连全连官兵授皈依(自传十六;定慈《太虚法师西行游化记》)。

五日(“十八日”),以沙市水警局长徐国瑞专轮来迎,因偕抵沙市,访章华寺净月。皈依者有徐国瑞、陈妄清等(自传十六;定慈《太虚法师西行游化记》)。

十日（“二十三日”），渡江游荆州。于承天寺之瓦砾一堆，颇多感慨（自传十六；定慈《太虚法师西行游化记》）。

十二日（“二十五日”），大师离沙市回武院；小病（自传十六）。

旧历新年，《佛化新青年》刊出版。宁达蕴、张宗载先曾发起新佛教青年会，编行《新佛化》旬刊于北京。及来学武院，又得悲观、陈维东、周浩云等同志，大师乃为改称佛化新青年会，令宁、张推行佛化青年运动，编《佛化新青年》（自传十六；海三、八；海三、十三）。宁、张等奉大师为导师，以“农禅工禅”、“服务社会”、“自食其力”、“和尚下山”等为号召。本大师“人工与佛学之新僧化”而推行之，为大师佛教运动中之左派。

大师鉴于佛教界之囿于小乘离欲，为佛法弘通之障，乃因“王实”之说，为在家学佛说法，《论佛法普及当设平易近人情之方便》。略云：

> “士夫心知佛法之正，故生违异（如李政纲、梁漱溟），或乍入而旋出；与僧中多犯戒行者，何莫非不善处置有关生理情欲之烦恼障，而时时生反应之表征哉！故处今日而欲图佛法之普及，则王君所主张‘兼足正当爱情，正当生活’之方便，殊有不可不采行之势也！然此亦不须于佛法别求方便者，其属于在家士夫者，但当于佛法先求信解而勿慕行证。昔晚清杨仁山居士，……饮食婚宦，悉同常俗，此则人人可行者。而其信解于佛法者，固坚卓不可摇夺矣！进此则为三皈优蒲，再进此则为一戒二戒三戒四戒，乃至五戒优蒲。此当精熟于《优婆戒经》之开遮持犯，固仍以平易近人

为准。……再进之，则当以……菩萨戒本为登峰造极。其属在家菩萨，则正当爱情、正当生活犹不在遮禁，而废事逃禅、悖伦苟安，乃适为有犯于戒，故在家士夫当深识此！

其未能入佛法者，勿因恐夺其情欲，裹足不前，或故生反对。其已入门者，亦勿须摹仿僧事，唯以敲磬打楗、宣佛诵经、废家弃业、离群逃禅为学佛。但由信而渐求其解，由解而愈坚其信。信隆而三皈、而五戒，而不离常俗婚娶、仕宦、农商工作之事业，以行布施、爱语、利行、同事等菩萨行可耳！但官为好官，农为好农，商为好商，工为好工，便是行菩萨道。”

当时在家众之学佛，百弊丛生。不止恶、不行善，或从不修学，肆行轻毁；或初则外抗俗流，内纠教徒，再则出而奴此，别主异说（李政纲之流）；或妄称先进，除所奉二三外轻斥一切（老居士）；或执此宗而力排他宗（内院之流）；或藉名护法，贪欲为行（鱼肉僧众之佛棍）。大师作《论学佛者须止恶行善》，大声疾呼：

“佛法！佛法！多少人假汝之名行其罪恶，汝其奈之何！”

上来二文，一示正道，一遮邪径，使在家学佛者诚能依此为准绳，中国佛教庶乎有兴复之望！

武院春季开学，添聘张化声为教授。学科以三论为中心：大师讲《三论玄要》、《十二门论》。陈维东（善馨）笔记，成《十二门论讲录》。《三论般若讲要》，亦程圣功于此时记（自传十六）。

按:《自传》谓此年讲《百论》,有陈维东笔记,为《十二门论》之误。

四月四日("二月十九日"),汉口佛教会成立宣教讲习所,大师为所长;聘(新自温州弘法归来)唐大圆为教务主任。学生僧俗兼半,象贤(芝峰)预焉(毕业后转入武院)(海四、七"事纪";海五"武汉癸亥年鉴")。

按:《自传》以为唐大圆夏间来,误。

十六日("三月一日"),萧督军来院参观(海四、四"纪事")。

时湘省教育界有提用教产之议,大师致书廖笏堂,请联络在京佛徒,共为制止(书)。

五月二十三日,佛诞,传为佛元二千九百五十年。武汉佛教徒,假中华大学,举行盛况空前之纪念大会。萧耀南、黄季刚、李隐尘、张化声等均有演说。大师讲《纪念佛诞的意义》。是日传授三皈,数达千人(自传十六;海四、五)。海潮音社先有《对于今年佛诞纪念会之宣言》。主张:各地召开教务会议,北京举行全国教务会议,以佛教之统一为全国统一倡。

是夏,大师撰有关教育之论文,托中华大学校长陈时(叔澄),提出于旧金山第一次世界教育会议(以大同的道德教育造成和平世界;陈时《致太虚法师书》)。

年来以欧阳竟无《唯识抉择谈》之议及《起信论》(王恩洋作《大乘起信料简》以助之);而梁启超又作《大乘起信论考证》。《起信论》非马鸣作,非真谛译,殆成学界定论。梁氏本学术进化眼光以论《起信》，断为国人所作，引为民族文化之光荣。内院师资，本法相唯识以衡《起信》，断为“梁陈小儿”所作，评为“铲尽慧命”。虽立论不同，抑扬全异，而在以《起信论》为中国佛学准量者，实感有根本动摇之威胁。大师领导之武汉佛教同人，乃为集《大乘起信论研究》，刻隋慧远《起信论疏》，明《起信》为古今共信。维护《起信论》之教权，用力可谓勤矣！大师为《起信论研究》作序，衡以纯正之论辨，不无故意曲解敌论之嫌；然方便臻乎上乘，特录之以见其善巧：

“世之啧有烦言于欧阳、梁、王三君者，其未知三君权巧之意者乎！夫梁君特以比来昌言学佛，渐流为时髦之风尚，而实则于先觉遗留之三藏至教，鲜有曾用精审博考之研究，由砉然悬解佛法谛理，然后信受奉行者，大都人云亦云，就流通之一二经论，约略涉览，辄模糊影响以谈修证。夫于教理既未有深造自诣之信解，遂遽事行果而欲求其无所迷谬，其何可得乎？此梁君所以撷录日人疑辨之余绪，取今时学佛者所通依之《起信论》以深锥而痛札之。纵笔所至，且牵及一切大小乘三藏，使囫囵吞枣之学佛者流，从无疑以生疑；因疑深究，庶几高阁之宝藏至教，皆浸入学佛之心海，乃能确解而坚信耳！

至于欧阳君、王君，其意亦同。加以古德据《起信》而将唯识判为大乘权教，遂致千年来之学佛者，对于唯识无造极之研究。今欲导之壹志专究，须先将蔽在人人目前之《起信》辟除，亦势之必然者也。谓予不信，请观欧阳居士复唐大圆之书云：‘今时之最可怜者，无知之佛教徒，好奇之哲学徒，名虽好听，实则沉沦！不得已而抑《起信》，或于二者有稍益欤！《起信》是由小入大过渡之作，有《摄大乘论》读，不必读之可也！’又请观王君之料简云：‘夫斯论之作，固出于梁陈小儿，无知遍计，亦何深罪！特当有唐之世，大法盛行，唯识法相因明之理，广博精严，甚深抉择，而此论乃无人料简。灵泰、智周之徒，虽略斥责而不深讨，贻诸后世习尚风行，遂致肤浅模棱，铲尽慧命！似教既兴，正法以坠，而法相唯识千余年来遂鲜人道及矣！’

由此观之，则三君之说，皆菩萨之方便，盖可知矣。待他日‘开权’之时节因缘一到，在三君必自有‘显实’之谈，今何用遽兴诤辩哉！”

“大乘宗地图”，亦是夏创作，为大师大乘八宗无不平等，各有特胜最圆备之解说。其秋，作《三唯论图》，为唐大圆略释。一、唯识论；二、唯境论，依奘基所传说（实非空宗学者所许）；三、唯根论，依《楞严经》而创立。盖亦就唯识学者之少分认可，为《楞严》非伪著想。

七月十日（“五月二十八日”），大师偕王森甫、史一如等去庐山，主持暑期讲习会。去秋严少孚去山，以恢复大林寺名胜为由，领地修建讲堂，规模粗具（自传十七；海四、六“通讯”与“记事”）。

二十三日（“六月初十”），暑期讲习会开讲；八月十一日（“廿九日”）圆满。大师凡讲四次：“佛法略释”、“佛法与科学”、“佛法与哲学”、“佛法悟入渐次”，陈维东与程圣功笔记。大师而外，黄季刚、汤用彤、张纯一（仲如）并有演讲；令华洋神教徒为之惊异。庐山暑期佛化,似此于荆棘蒿莱中开建(自传十七;海四、六“记事”;海四、七“记事”)。

大师开讲日,入晚风雷大作,李隐尘诗以纪庆(诗存外集):

“大林峰畔讲经台,千载松阴冷碧苔。祇树孤园原未散,莲华庐社此重开。曼陀天雨纷濇采,般若灵源助辩才。十万魔宫齐震动,夜深岩壑吼风雷!”

大师于大林寺,发起世界佛教联合会。初以严少孚竖一“世界佛教联合会”牌于讲堂前(自传十七)。次有日本大谷大学教授稻田圆成,访大师于武汉不遇,特转道来庐山,因谈及世界佛教联合会事,时犹在演讲会前(自传十七;海四、六)。其谈话云:

“师:先生至中国游历甚久,对于中日佛教,有何联合进行之计划乎?

稻:中日佛教之联合,以两国佛教之情形互相开晓为先。两国佛教徒,共谋意思疏通,推广佛化,今遂有世界佛教联合之动机。我国佛教徒,已有贵国佛教巡历之计划和观光,大概今秋三十余名一团可来华。次,留学生交换亦为一法,予回国后,劝说朋友,选二三学生,拟使留学佛学院,以得如贵校之高野山留学生为幸!

师:本会之设,有联合中日佛教徒,以联合进行传布佛教于欧美之意思。……中日国民,近来隔碍殊甚!唯佛教原无国界,且中日两国素为佛教盛行之地,中日之佛教徒,当如何设法以融化两国国民间之隔碍,以发展东亚之文明,而得与欧美人并雄于世界乎？

稻：贵说同感。切希中日佛教徒亲和疏通，为两国亲善之先驱！布教世界人类，俾佛日增辉，法源常流，一洗西人神我的物质的头脑，实世界全人类之幸福也！”

迄大林寺法会开始，大为旅庐日人属目。日本领事江户，以日本佛徒名义来参加，并电日本，约派代表明年来会。大师乃着手于明年夏季召开第一次世界佛教联合会之筹备；由此地方转呈中央备案（自传十七）。大师之世界佛教运动，于是开始。

其间（“六月十六”），庐山复有世界佛化新青年会之组织；未成立时，先设汉口佛教会（海四、十“宣言”）。武汉之佛化新青年会，则大师已先期（“五月廿五日”）嘱移于北京宣内象坊桥观音寺（海五“武汉癸亥佛教年鉴”）。主持者，张宗载、宁达蕴而外，有道阶、觉先、悲观、邵福宸、杨蝶父等。不久，胡瑞霖等为之向各学校介绍：

“有京津沪各大学从根本觉悟之青年学生多人，本佛化之慈悲，作真理之贡献，共成立佛化新青年会。……加入运动者，达三千余人。此真青年学生之良药，新道德之标准也！如此大好阳春，尚恐有脚未至，特此函达，希同情共表，代将此意遍布贵学生！……胡瑞霖、梁启超、蔡元培、章太炎、黄炎培、范源濂、许丹、张慰西、江亢虎、傅铜、李佳白、庄士敦同启。”（海四、十“通讯”）

八月，大师离庐山。以湖北黄梅黄季蘅等邀请，乃偕超一、严少孚去黄梅。十五日（“四日”），大师在黄梅讲《黄梅在佛教史上的地位》等(自传十六;海四、八"事纪")。所至悉纪以诗,存《老祖山》、《黄梅吟》等五首(诗存)。

大师回武昌。二十三日("七月十二日"),汉口佛教宣教讲习所毕业,大师致训词(海四、十二"附录")。

秋季开学,大师讲《成唯识论》、《解深密经》,兼授《教观纲宗》与《古潭空月》。唐大圆笔记《成唯识论》之悬论为《唯识纲要》。《解深密经》则略叙纲要,默庵记,由唐大圆续讲(自传十六)。

大师时感禅林管训,难达预期思想;而学生程度参差,尤感教授不易。乃决缩短学程(三年)为二年,另定改善办法(自传十六)。发表《我新近理想中之佛学院完全组织》,主张:维持本院研究部现状而外,先自小学部办起,自小学而中学而学戒而大学而研究之五级,以二十四年学程,养成行解相应之僧才。整齐程度,严格训练,实为针对佛学院缺点而提出者。唯规模过于远大,事难卒行。

是秋,大觉以病回川(大觉苾刍塔铭并序)。

九月一日("七月二十一日"),日本大地震。("三十日"),大师会同武汉佛教徒,发启日灾祈安会,以表救灾恤邻之意。是日,到日本领事林久治郎等(海四、八"事纪")。

十月("九月"),汉阳水警厅长何锡蕃,请大师莅厅说法;杨开甲、孙自平、唐大圆偕行(海五"武汉癸亥佛教年鉴")。

史一如病,海刊自九期起,改由唐大圆编辑(十五年来海潮音之总检阅)。

是年秋,广东孙科大卖佛教寺产。

十二月八日（“十一月七日”），佛学院国文教师唐畏三，从大师出家，字大敬，去宝华山受戒（自传十一；海五“武汉癸亥佛教年鉴”）。时李时谙，已先期（“九月初八日”）秘密去宝华山受戒，伪称从大师出家，自号大愚。是年，大愚与严少孚（大智）、邓天民（大悲）（同皈依大师）同受戒宝华，与大敬合称“四大”（自传十一；大愚《两家夫妇同受具足戒纪略》；大愚《致大师书》）。

按：《自传》十一，忘大敬而以合大愿为“四大”，误。大悲依镇江某师出家，法名心普；大智依汉口某师出家，法名永空。《自传》亦谓二人“另有剃度师”。大愚亦大师勉予承认者。大师《自传》记此极乱，以《两家夫妇同受具足戒纪略》为正。

是冬，穆藕初来访，谘询佛法（答穆藕初问）。

《论宋明儒学》、《曹溪禅之新击节》，应是时作。大师析大程与小程（理气一、理气异）二流，以朱、陆别承之。于儒者之得于佛，出于佛，有所说明。《曹溪禅之新击节》，乃约唯识义通之。“四教先乱般若，五教尤乱瑜伽”，颇引起学者疑难。

是年，大师之佛学院，与欧阳竟无之内学院，每为法义之诤。初有史一如与聂耦庚关于因明作法之争；次有唐畏三（慧纶）与吕秋逸关于释尊年代之辨；后有大师与景昌极关于相分有无别种之诤。大师与大圆、一如、维东等，表现中国传统佛学之风格。大师告景昌极云：

“君等乍游佛法之门，能执利器（名相分别）以防御邪外，固所乐闻。若将深入堂奥，则当舍干戈而从容趣入之，未应持械以冲墙倒壁为事也！否则增自之惑，益人之迷，两害无利，何取多言！”

大师泛承旧传诸宗，内院特宗深密瑜伽一系。在大师，则辟《起信》，非清辨，类持械之冲墙倒壁；在内院，则视为显正摧邪，势不得已。彼此所说，应互有是非。其立场不同，是非盖亦难言，问题在千百年来旧传诸宗，是否俱佛法之真。

是年，商务印书馆影印日本之《续藏》（三十年来之中国佛教）。

民国十三年，一九二四（癸亥——甲子），大师三十六岁。

一月二日（“十一月二十六日”），大师致书张纯一，对其年来佛化基督之倡导，备致赞勉（书）。

十三日（“腊月初八日”），武昌正信会成立；会长杨选丞，礼请大师受菩萨戒（海五、一“事纪”）。

二十日，广州国民党第一次代表大会，宣言联俄容共。

二十二日（“十七日”），日本龙谷大学教授秃氏祐祥等来访（海五、一“事纪”）。

二十七日（“二十二日”），大勇开坛传授密法（十八道一尊法）于武院；二月二十七日（“正月二十三日”）圆满。大师基于八宗平等发展之信念，以得见密宗之复兴为志。海刊一卷，载有王弘愿译《曼陀罗通释》；三卷至五卷，载有《大日经住心品疏续弦秘曲》。比闻大勇归国，传密于杭，即以严切手书，责以速来武汉，乘寒假期中传修密法。是次就学者，有李隐尘、赵南山、孙自平、杨选丞、杜汉三、黄子理——六人，女众三人，选拔院内优秀生十八人,共二十七人。其余传一印一明,至三月十七日(“二月十三日”)止,入坛者共二百三十七人。武汉密法,忽焉而盛(自传十六;海五、一“事纪”;海五、三“事纪”)。

按:《自传》所说日期、人数,均误。

二月五日,甲子元旦,大师编《慈宗三要》。大师特弘弥勒净土,至此乃确然有所树立。序曰:

“远稽乾竺,仰慈氏之德风;迩征大唐,续慈恩之芳焰:归宗有在,故曰慈宗。三要者,谓《瑜伽》之《真实义品》,及《菩萨戒本》,与《观弥勒上生兜率经》;……如次为慈恩境行果之三要也。

夫世亲尝集境行果三为《三十颂》,回施有情;护法诸师解之,大义微言灿然矣!是曰《成唯识论》。第明境繁细难了,而制行期果,又非急切能致,慧粗者畏焉!或耽玩其名句味,乐以忘疲,不觉老至,造修趋证者卒鲜。今易以解此真实义,持此菩萨戒,祈此内院生,既简且要,洵为人人之所易能!然真实义诠境之要,菩萨戒范行之要,闻者殆无间然。至观上生为获果之要,必犹难首肯,兹申论之:

……十方诸佛刹,虽有缘者皆得生,而凡在蒙蔽,罔知择趋。唯补处菩萨,法尔须成熟当界有情,故于释尊遗教中,曾持五戒、受三皈、称一名者,即为已与慈尊有缘,可求生内院以亲近之矣!况乎慈尊应居睹史,与吾人同界同土;而三品九等之生因,行之匪艰,宁不较往生他土倍易乎?一经上生,即皆闻法不退菩提,与往生他土犹滞相凡小者,殊胜迥然矣！”

时又作《志行自述》以告众，于学佛之特重菩萨戒行，言之殊切！略曰：

“昔仲尼志在《春秋》，行在《孝经》；余则志在整兴僧（住持僧）会（正信会），行在《瑜伽菩萨戒本》。斯志斯行，余盖决定于民四之冬，而迄今持之弗渝者也。”

“云志在整兴僧会者，除散见各条议之外，关于住持僧之项，大备于《整理僧伽制度论》。而此论于佛教正信会之项，亦略曾兼举及之。”

“云行在《瑜伽菩萨戒本》者，佛法摄于教理行果，其要唯在于行。……行无数量，摄之为十度，又摄之为三学；严核之，则唯在乎戒学而已矣！何者为戒？恶止善作为戒。夫恶无不止，则杂染无不离矣。善无不作，则清净无不成矣。杂染无不离，清净无不成，非如来之无上菩提耶？而戒独能达之，故曰唯在乎戒也。彼定与慧，则戒之辅成者耳！”

“知法在行，知行在戒，而戒又必以菩萨戒为归。以菩萨之戒三聚，……饶益有情之戒聚，实为菩萨戒殊胜殊胜之点。《梵网》、《璎珞》诸本，戒相之详略有殊。其高者或非初心堪任，而复偏于摄律仪、摄善法之共戒。旧译之《弥勒戒本》，亦犹有讹略；唯奘译《瑜伽师地论》百卷中之《菩萨戒本》，乃真为菩萨繁兴二利，广修万行之大标准！而一一事分别应作不应作，又初心菩萨之切于日行者也。窃冀吾侪初行菩萨，皆熟读深思其义，躬践而力行焉！故曰行在

《瑜伽戒本》。”

“必能践行此菩萨戒，乃足以整兴佛教之僧会。必整兴佛教之僧会，此菩萨戒之精神乃实现。吾之志行如是，如有同志同行者，则何乐如之！”

时贤首家有不满大师之抑贤首者，大师乃作《略说贤首义》，以明“所崇重于《华严》者，虽不若墨守贤首家言之甚，而于平等大乘之上，别标《华严》之殊胜处，实不让持贤首家言者也”。

春季开学，大师续讲《成唯识论》；及关于净土之《弥勒上生经》，关于戒律之《瑜伽菩萨戒》（自传十六）。

大师为武院员生讲《学佛者应知应行之要事》，提出职业与志业说；有感而发，实为佛徒之针石：

“高者隐山静修，卑者赖佛求活，唯以安受坐享为应分，此我国僧尼百年来之弊习，而致佛化不扬，为世诟病之大原因也。予有慨乎是，宣化萌俗；近岁人心丕变，皈向渐多。然细按之，新起之在家佛教徒众，仍不脱僧尼之弊习，且有倾向日甚之势。此由未知学佛之正行——八正道，故不为凡夫之溺尘，即为外道之逃世也。今所应确知以实行者，……应知职业志业之分是也。学佛者，志业也，从吾志之所好，以趋践佛之淑吾身，善吾心，增进吾之德性，达到吾之乐地者也。故应以三皈之信，五戒、十善、六度、四摄之行为柢，而毫忽不得借此形仪名称以为谋一家一身之生活计者。而职业，则于或家、或国、或社会、或世界，随其势位之所宜，才力之所能，任一工，操一劳，用与人众交易其利，以资一身一家之生活者也。此因吾身借家亲国民之互助，方得生养存活，故吾应有以酬其益报其惠焉。否则，吾身于世即有所损，既增他人之累，亦加自己之责；堕落不免，胜进奚冀！故学佛之道，即完成人格之道。第一须尽职业，以报他人资吾身命之恩；第二乃勤志业，以净自心进吾佛性之德。必如是，佛乃人人可学；必如是，人乃真真学佛！"

三月（"二月"），武汉信众迎高野山学密归来之持松任洪山宝通寺方丈，学密之兴趣倍深（自传十六；海五、四"事纪"）。

四月，仇亦山、张慎盦来访，时将去英国。大师与谈政治，称美中国政治："为治之根本，皆为随顺人情之所好恶而调剂之，使之无过不及，合乎中道"；于西洋政治，立法以强人服从为未善（谈东西学术及政治；书与仇张二君谈话后）。

大师应泰东图书局赵南公请（康寄遥转请），为撰《王阳明全集序——论王阳明》。于"良知"及阳明"四句教法"，以唯识义而解其深密，颇多新意（自传十六；海五、五"通讯"）

是年春，王又农从大师出家，字以大刚。大勇则以暮春去北京，从白喇嘛进学藏密（自传十一；十六；菩提道次第略论序）。

按：《自传》以大勇初夏去北京，误。旧"四月初二"，大勇已来函报告抵京。

二十三日，印度诗哲泰戈尔抵北京。佛化新青年会道老等，于二十六日，开会欢迎，赏丁香花于法源寺，徐志摩传译，庄蕴宽等作陪（《佛化新青年》月刊《泰戈尔专号》；海五、五"事纪"）。席间，泰戈尔赞美佛法。大师乃作《希望老诗人的泰戈尔变为佛化的新青年》,勉以勿如中国“无行文人”、“无聊政客”说过完事!

大师时作《佛法之分宗判教》,立“化俗”、“出世”、“正觉”三教,遮破内院“教一乘三”、“法相唯识分宗”。

五月十一日,佛诞。武汉佛化新青年会(庐山世界佛化新青年会改名),就中华大学开成立大会。大师及宗藻生、李隐尘、李慧空等均有演说(海五、五“事纪”)。

十六日(“十三日”),日本融通念佛宗布教师清原实全,过佛学院访问大师(海五、五“事纪”)。

二十六日(“二十三日”),大师于武昌佛教会,开讲《金刚经》,六月十一日(“五月初十”)圆满。薰琴笔记,成《金刚经述记》。陈元白始从大师受皈依(自传十六;海五、五“事纪”;海五、七“事纪”)。

按:《自传》以此为十二年十月间事,误。

暑假期前,大师为武院学生“论教育”,满智记。析教育为“动物教育”、“人伦教育”、“天神教育”、“佛化教育”四类。

德国乐始尔博士来佛学院,访大师以大乘佛法,陈维东译语(与德国乐始尔博士之谈话)。

六月十五日(“五月十四日”),武院暑期毕业,得六十余名。大师初拟彻底改革办法:酌留优材生为研究部;续招新生,以比丘为限,(志在建僧)注重律仪,施以严格生活管理,模仿丛林规制,以树整理僧制之基。唯以李隐尘表示异议,未能通过,乃曲从诸董事意,一仿过去办法(自传十六;十八;海六、一“事纪”)。

十七、十八日（“五月十六、十七两日”），佛学院礼请持松来院，开坛传密（海五、七“事纪”）。

暑期前后，泰戈尔来武昌（“今来鄂渚，榴火正红”——欢迎词）。武汉佛化新青年会，参加武昌之泰戈尔欢迎会。大师与泰戈尔及徐志摩，曾作一席谈（自传十六；访记）。

按：《自传》以此，为十二年夏事，误。

是年春夏，大师门下，以狂热为教之革新精神，引起长老不安，成新旧之争。

“春月”，湖南旅鄂沙门漱芳、居士唐大定等，有《上湖南省诸山长老暨诸檀护书》，以兴办佛学院为请（海五、四“通讯”）。次有江浙同学，《致江浙各丛林寺院启》、《再致江浙诸山长老书》，以“组织江浙僧界联合会”、“办有系统之佛学院”、“设慈儿院”三事为请。时圆瑛、禅斋等，均答以赞勉之覆函（海五、七“通讯”）。北京之佛化新青年会，以“道阶、觉先、太虚、现明、明净、圆瑛、转道、会泉、性愿、持松、空也”等名义，发出快邮代电，谓佛教：

> “三十年来，一迫于戊戌维新，再挫于辛亥革命，三排于外教，四斥于新潮。若无方便护持，将归天演淘汰；此固非面壁独修者所关怀，亦非玄谈业缘者所能救也！”

于是提出八大使命，充满革命情绪：

> “第一件使命，在革除数千年老大帝国时代旧佛教徒的腐败习气，露出新世运非宗教式的佛教精神。……第二

件使命，在打破一切鬼教神教，中西新旧偶像式铜像式的陋俗迷，圈牢式的物质迷……”

电出，各方震动，北京僧界致书大师，表示“有关佛教大局，万难承认”。

此外，传单攻讦老僧，亦不一而足，如印老致唐大圆书云：

“妄造谣言，编发传单。……光生而愚拙，概不预社会诸事。而以不附和故，妄受彼等诬谤，加以第一魔王之嘉号。而谛闲为第二，范古农为第三，以马一浮为破坏佛法之罪魁。其传单有三数千言，想亦早已见过矣！”（上来文件，并见海五、八“通讯”）

佛化新青年会之动机与八大使命，应有其理论根据与时代背景。然不求以事实获取信众同情，张皇卤莽，徒欲以虚声夺人，致受打击而挫折，为可惜也！

七月七日（“六月六日”），日本权田雷斧于潮州开坛，传授密法，一星期而毕（王弘愿《震旦密教重兴纪盛》）。王弘愿得传法灌顶，为广东居士传密之始基。大师先闻权田来，曾致书王弘愿曰：

“读敬告海内佛学家书，知日本雷斧僧正将至中国，此诚一大事因缘也！以近年闻密教之风而兴起者，多得力于居士所译雷斧诸书者；而雷斧于日本密教之学者中，洵亦一代泰斗！然虽冒僧正之名，实缺僧行。闻之演华师，其年七十余时犹娶妾（闻日本僧皆如此，已成通俗），所行殆不亚居士非议于净土真宗之某某上人者。夫密教贵行，空言无行，则只能以哲学者视之，不能以密教阿阇黎视之也。故私意，当请其周行讲学，等之杜威、罗素，而不应有开坛灌顶之事。质之居士，以为何如？”

王弘愿大不以为然，且因此深植僧俗、显密之诤根。时东密勃兴，动辄以“六大缘起”为究竟，凌铄诸家。大师乃作《缘起抉择论》以折之：

“（业感、赖耶、真如、法界、六大）五种缘起，于所知法，于能知人，皆当以六大缘起为最浅！”

大师综缘起说为六，大分为三：以六大缘起、业感缘起为“色心缘起”；以空智缘起、无明缘起为“意识缘起”；以真心（法界）缘起、藏识缘起为“心识缘起”。论意识缘起，以为：

“《起信论》之缘起义，乃以登地以上菩萨心境而说。无漏无间续生无漏，无漏无间忽生有漏，可云真如缘起或如来藏缘起。有漏无间忽生无漏，有漏无间续生有漏，可云无明缘起。”

此约等无间缘说缘起，以通《起信论》，为其后《起信论唯识释》之所本。论心识缘起，以为：

“各现各种，现现增上遍诸法；顿起顿灭，起起不到摄十世。”

此二义为唯识与华严之共义。大师年来讲《成唯识论》，于唯识之缘起义，欣尚日深，故极赞：

> “立言善巧，建议显了，以唯识为最！”

是月，大师偕武汉缁素上庐山，召开世界佛教联合会。中国到湖北了尘、湖南性修、江苏常惺、安徽竺庵、江西李政纲、四川王肃方等十余人；日本推法相宗长佐伯定胤、帝大教授木村泰贤来会，史维焕为传译；英、德、芬、法而自承为佛教徒者数人（中有艾香德）（自传十七；海五、八“事纪”）。会期三日：七月十三（“六月十二日”）至十五日。商讨中日交换教授学生，唤起缅暹等联合；议决明年于日本开会，定名“东亚佛教大会”。会期中，常惺、木村泰贤、黄季刚、李政纲均有演讲。大师讲《西洋文化与东洋文化》，以为“西洋文化乃造作工具之文化，东洋文化乃进善人性之文化”（自传十七；海五、八“事纪”；海五、十二“事纪”）。其后，木村泰贤发表其观感（《支那佛教事情》）：

> “其间计划周详，规模宏远，屹立长江上游，有宰制一切之威权，操纵一切之资格者，则为武汉之佛学院与佛教会。《佛化报》、《海潮音》、《佛化新青年》等杂志，皆其宣传之机关报。对于佛化运动，甚为活泼而有力也！是等运动，不出于职业宗教家之僧侣，而出于侧面之护法精神。彼等所唱之高调，确信能救济世界之人心。”

大师以明年须出席东亚佛教大会，应合法推出代表，乃与李隐尘等发起筹组中华佛教联合会，先成立筹备处（海五、八“事纪”；五、十“事纪”）。会毕，大师偕常惺东下。时常惺嗣泰县光孝寺培安法,以寺产过丰,绅学界常与为难;因发起礼请大师讲经,以资调和(自传十八;常惺法师塔铭并序)。

大师抵沪,觅大勇未见,即晚往镇江(康寄遥《上太虚法师书》)。超岸寺主晴峰,约退居守培、焦山智光、观音阁仁山、卢润州等宴叙(自传十八)。

按:大师《自传》,忘经沪之行。

大师偕守培等过扬州,寂山(反对佛教协进会者)伴游瘦西湖、平山堂诸胜(自传十八)。

大师偕寂山、仁山、让之、守培、智光、晴峰、常惺、象贤等,抵泰县光孝寺。时大愚闭关于此;机警(大醒)始于是见大师。二十五日("六月二十四日"),大师开讲《维摩诘经》;八月十八日("七月十八日")圆满(自传十八;海五、七"事纪";五、八"事纪")。法会中,奘老自宁波来听经,法会传为盛事。

八月十三日,大师为卢敬侯等士绅二、三十人,授三皈依;一改向来轻蔑佛教之风。大师教以结念佛社,作《泰县念佛社序》,为泰县佛教居士林前身。求受皈依者接踵而至,方便开示,无虑千人(自传十八;海五、八"事纪")。

二十日,大师,应如皋绍三等请,往如皋。经净业寺,小憩说法。抵如皋,佛教利济会(读大师《志业与职业》一文而组织)潘海观等,热烈欢迎。设座县议会,大师讲"佛教与东西洋之文化"(自传十八;海五、九"事纪")。

按:《自传》之中途经姜堰西方寺,停一日;准嘿庵所记《太虚法师在泰县净业寺说法记》,知净业即西方,但留半日。

上海世界佛教居士林,先期派张纯一来如皋礼请。二十三日,大师偕常惺、张纯一等去上海。二十四、五两日,大师讲于居士林,题为"众生法"、"佛法不异世间法"(海五、八"事纪";居士林林刊七期)。

按:《自传》忘上海佛教居士林之讲演。林刊谓系二十三、二十四日,与事纪不合。林刊谓系星期日及星期一,知林刊误。

大师应约再到镇江,游金、焦、鹤林诸胜。卢润州(佛学研究会会长)请于超岸寺说法,大师讲《即俗即真的大乘行者》,象贤记(自传十八;诗存;文)。

按:《自传》忘去上海,故谓"从南通乘轮船再到镇江",误。

三十一日("八月二日"),大师回抵武院,翌日开学。新生有寄尘、机警、亦幻、墨禅、虞佛心(德元)、苏秋涛等。是期,改推汤铸新为院董长。请善因为都讲,唐大圆、张化声任教。研究部生,大师自为教导,授《大乘五蕴论》、《发菩提心论》,并发端而未竟。《四大种之研究》、《律仪之研究》、《知识行为能力是否一致》,均是时讲(自传十八;海六、一"事纪")。

是年秋,武昌佛教女众院创立(自传十八)。

九月十三日,"中秋",集院众赏月(朱善纯《甲子中秋佛学院同人赏月记》)。大师有和隐尘诗:

"万方正多难,秋月又圆明。忽悟尘劳海,原为法乐城。大悲来地狱,至德发天声!翘首瞻空际,无言意自倾!"

十月("九月"),北京佛化新青年会停顿,宁、张离京返川。

前以僧界反对；次（“七月二十八日”）有民生通信社发出消息，指张宗载为留俄共产分子（长老反对，伎俩原来如此）！虽经向中外报章声明，民生通信社道歉了事，而形势日非，迫得暂告停顿（海五、八“事纪”；海六、二“宁达蕴特别启事”）。

十一日（“九月十三日”），大勇于北京慈因寺成立“藏文学院”开学（海五、十二“事纪”）。武院之大刚、超一、法尊、观空、严定、法舫等往从之。大勇此举，得汤铸新、胡子笏、但怒刚、刘亚休、陶初白等赞助（自传十九）。

按：《自传》谓“冬间开始成立”，误。

《海潮音》自九期起，改由张化声主编（十五年来海潮音之总检阅）。

二十四日（“九月二十六日”），萧耀南往宝通寺，礼请持松修护国般若经法七日；继又开结缘灌顶法会六日（海六、一“事纪”）。

秋杪（“九月”），大师忽召集全院员生，宣布院务暂交善因代行；留函致院董会，辞院长职。即日搭轮离汉。突如其来之行动，颇滋武汉缁素疑讶（自传十八；海六、一“事纪”）。离院原因，自传谓：

“春起，我已得了胃病，入夏渐剧。……拟作短期完全休息。又因第二期系随他意办，亦减少了热心及松懈了责任。”（参看略史）

今谓：因病休养，亦其一因。大勇于去年七月十日来书，即有:“尊恙实由思考过度,脑力损伤所致。……静养数年之说,不可缓也。”大抵法务繁冗之余,体力或感不胜,遇事缘乖舛,则思退休。而办学不能如己意,实为主因。“隐尘(大部分院董)对我亦渐持异议”;其所以异议,一则信仰倾向密宗;隐尘同乡萧督,亦转就宝通寺求修密法。信仰异趣,经济亦转用于彼。去年“理想之佛学院计划”,今年暑期提出之办法,均以经费借口而不行。再则,佛化新青年会若此革新,与隐尘等转趋于神秘,宁无不快之感!武汉信众之日见离心,实大师突然离院之因!大师以见密宗之兴为幸,密宗起而大师之事业挫折。大师含容广大,卒以矛盾碍其统一,当非初料所及!

按:《自传》谓抵南京时,适“齐卢之战将作”。考是战起于九月三日,此行决不在此时;殆上次回武院时所经情形。

大师抵上海,谒士老。适奘老来沪。朗清邀住雪窦分院,始与朗清缔交。大师访赵南公,取《人生观的论战》,《科学与哲学》等书。从奘老回甬,静养于鄞江桥之黄杜岙之云石洞,凡月余(自传十八;奘老为编者说)。

欧战引起西方文明破产之说,而儒佛一时兴起,谛老、印老、大师与欧阳竟无等广事弘扬,并乘此气运而来。然西方文明破产而并未毁灭,迨五四运动起,西方文明又日见抬头。去年,以张君劢之人生观演辞,引起丁文江之驳斥,有科学与玄学之战。是年,以印哲泰戈尔来华,更转为精神文明与物质文明之争。争辩续续未已,唐钺与张东荪均有意见发表。大师静居岩洞,寻其诤论所在,乃发前“唯物科学与唯识宗学”之义,撰《人生观的科

学》(自传十八)。大师尊重科学之经验,且以一切学术根源于经验:

> “科学以能致谨于经验见长,洵为自悟悟他最良之方法。然据我的观察,宗教、玄学、哲学,亦同以感觉的征验为出发点,不过其感验有诚谛不诚谛,……依之由思念推辨所知之义理,有契当不契当。”

但一般之科学经验,未得究竟,佛法乃足以完成之。故云:

> “现时狭义的科学,犹未能扩充心觉以得全宇宙之诚验,故不足以达究竟。复次,现时狭义的科学家所用科学方法,未能自祛其能感知上的心病;又于所用方法,及所获成绩——知识及由科学知识所成之事物,不免沾沾自喜,得少为喜而生执著,故其错误仍难尽去!”
>
> “科学的方法,当以扩充感验的能力为最要。而今于视觉、听觉,虽已有扩充方法,然于嗅觉、尝觉、触觉之扩充方法既极短缺,而于意觉又只有论理训练之一法,……不能施于意觉发动幽微之际,而分解修缮之以扩充其纯正感觉之力量。……余认‘瑜伽方法’加入于现时狭义的科学方法,即为广义的科学方法。以之得成由纯正感验所获之明确理知,即为广义的科学,亦由乎此。盖瑜伽方法,不先立何标的(禅宗),但先澄静其意觉而进为分析之观察,由是得到直接之感验,而构为善巧之说明,俾众同喻。依纯正感验所构成之明确理知,此非科学,则科学复是何物?”

论及人生观,大师抨击梁漱溟之以佛法为“反复剿绝”,说明即人成佛之真义:

“人乘法,原是佛教直接佛乘的主要基础,即是佛乘习所成种的修行信心位。故并非(如梁氏说大师)是改造的,且发挥出来正是佛教的真面目。此因释迦出世的本怀,见于《华严》、《法华》,其始原欲为世人显示一一人生等事实三真相(遍觉的、律法的、调和的),俾由修行信心进趣人生究竟之佛乘。……无如仅有少数大心凡夫若善财童子等,及积行大士若文殊、普贤等,能领受其意。其余大多数科学幼稚、人情寡薄,……如聋如盲,不能同喻。为适应此印度的群众心理,乃不得已而示说人天乘福业不动业之报,及声闻乘、独觉乘解脱之道。”

“以今日征服天然、发达自我之科学的人世,已打破向神求人天福德,及向未有以前求外道解脱之印度群众心理;正须施行从佛本怀所流出之佛的人乘,以谋征服天然后欲望炽盛,及发达自我后情志冲突之救济。且可施行此佛的人乘,俾现时科学的人世,基之以进达人生究竟,以称佛教本怀,以显示佛教之真正面目!”

病愈,大师慕雪窦寺名胜,偕奘老往游。适一雨三日,竟不得出门纵观。乃翻阅山志,哦诗遣闷,《雪窦寺八咏》,皆卧游所成(自传十八)。

大师抵甬,慈溪保国寺主一斋,邀往游憩,住可一月。日居无事,又作《大乘与人间两般文化》及《起信论唯识释》二书(自传十八)。

按:《重纂保国寺志序》:“十四年冬,余寓寺经月”,乃十三之误。又《大乘位与大乘各宗》,谓:“《起信论唯识释》,是民国十三年春著”,春应为冬之误。

《大乘与人间两般文化》,曾再讲于庐山、如皋,盖针对物质文明精神文明之争而作。大意谓:两般文化,为东方西方所共有,特有所偏重。再则此两者各有利弊,应以大乘导化之使完善。此为大师融通世学之根本方式。

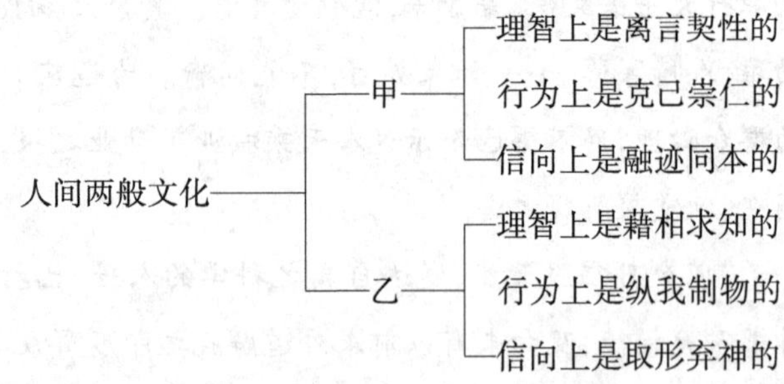

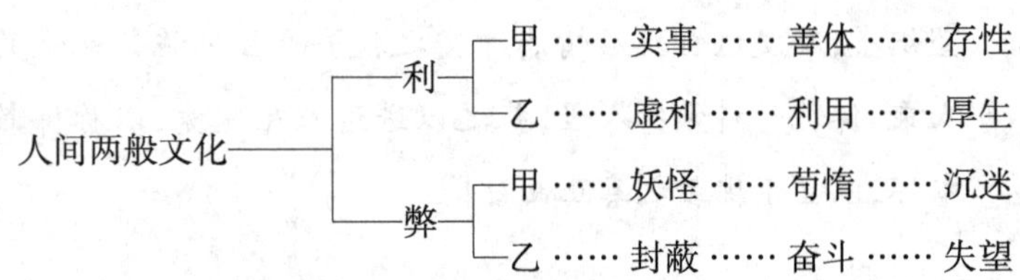

《起信论唯识释》,所以通唯识家(内院师资)之驳难者;继《缘起抉择论》之说意识缘起以引申论究之。其主要之意见,为审定论主依据之心境:

“圣位菩萨之造论,皆依自证现量智境。……则马鸣造此论之依据点，必在八地或初地以上之菩萨心境。”

“登地以上菩萨心境，……有时有漏同异生，亦有时无漏同如来；有时执障相应染法现行，亦有时智证真如而无明暂断现行。……成唯识论之说等无间缘，第七转识有漏无漏容互相生，第六转识亦容互作等无间缘；皆依此登地以上菩萨心境说。”

“此论示大乘法，谓众生心。……唯依据亦有漏可代表六凡，亦无漏可代表四圣之地上菩萨心，能说明之。此即予谓马鸣造此论依据点之所在也。”

其后王恩洋复作《起信论唯识释质疑》，大师复略答之。

十二月四日，孙中山应北方请抵津，主开国民代表大会以解决时局。

大师自谓：其时发生两种新觉悟：

“一曰，中华佛化之特质在乎禅宗。欲构成住持佛法之新僧宝，当于律仪与教理之基础上，重振禅门宗风为根本。二曰，中国人心之转移系乎欧化：于正信佛法之新社会，当将佛法传播于国际文化，先从变易西洋学者之思想入手。”

对于重振禅风，后但偶一论及。而系乎欧化，则影响于大师此后之工作方针甚大。然宗教弘布于具有高度文化之新国族，原非一蹴可跻；从复兴中国佛教着想，则难免缓不济急之感！

民国十四年，一九二五（甲子——乙丑），大师三十七岁。

一月，武院院董会推孙文楼来宁波，访谒大师于保国寺，恳回武院住持。适大勇、胡子笏函来，北京发起仁王护国般若法会，请北上讲经。大师乃允短期回鄂一行（自传十八）。

大师出甬抵沪。以《科学的人生观》及《大乘与人间两般文化》，交泰东图书局发行。晤章太炎，与谈《起信论》义，及人乘阶渐佛乘义，颇得章氏激赏（自传十八；人生观的科学后序）。

二十三日（"腊月廿八日"），史一如病卒于沪（海六、四"事纪"）。

按：《自传》以史一如卒于十二年下半年，误。

二十五日，乙丑元旦，大师抵汉口（大醒为编者说）。回武院，对院务逐加整理，为学生讲《二十唯识论》（自传十八；大醒为编者说）。《世间万有为进化抑为退化》、《以佛法批评社会主义》、《佛法是否哲学》、《佛教心理学之研究》，均此时为研究员讲。大师评社会主义，确认其目的之正确，而嫌其手段之偏谬："见环境而忘本身"，"专物产而遗心德"，"齐现果而昧业因"，"除我所而存我执"。故主"改造本身"，"究源心德"，"进善业因"，"伏断我执"，以正其偏而庶乎能实现其目的。论心理学，大师依《楞严经》，析为情的、想的、智的。时革命空气渐高，大师乃作《大乘之革命》。其"革命之工具，即二空观"。

是月，北京佛化新青年会复活，邵福宸负责进行（海六、一"佛化新青年会通启"）。宁、张在川，亦有重庆及四川（在成都）分会之设立。《张宗载宣言》，夸张犹昔（海六、一"宣言"；海六、二“宣言”)。

二月八日(“十五日”),李隐尘等约萧衡珊(耀南)、何韵香、陈叔澄等,发起就中华大学,请大师开讲《仁王护国般若经》。讲数日,讲务由善因代座。钟益亭、汪奉持等,是年受皈依(自传十九;海六、二“事纪”)。

三月六日(“二月十一日”),大师偕王森甫等一行二十余人北上。至京,莅车站欢迎者数千人,驻锡慈因寺(海六、三“事纪”;自传十九)。

按:《自传》“正月底到京”,“二月初间开讲”,误。

十四日(“十九日”),大师于中央公园社稷坛,开讲《仁王护国般若经》,听众日常千人。法尊、法芳译语兼记录,成《仁王护国般若经讲录》。四月十六日(“三月二十三”)圆满,克兰佩、卫礼贤、多杰觉拔、贡觉仲尼,均来法会参听(自传十九;海六、四“事纪”;法会《致班禅书》)。

讲次,值孙中山先生逝世,停灵社稷坛(经筵临时旁移数日)。大师往谒遗体致敬,挽云(自传十九;人物志忆六):

“但知爱国利民,革命历艰危,屡仆屡兴成大业。

不忘悟人觉世,舍身示群众,即空即假入中观。”

大觉亦于三月十二日(“二月十七日”)卒于重庆之归元寺(大觉苾刍塔铭并序)。

时段祺瑞执政,召集善后会议。通电呼吁和平,有“谁本孔子一贯之旨,凛佛家造孽之诫”语,大师乃举三义以致书执政

（书）。

太原大同学校，试验理想教育之德人卫西琴（礼贤），读及大师有关教育之论文（载《晨报》），特来京访晤，谘询佛之教育法（自传十九）。其后常通音问，友谊颇笃。

四月，大师与白普仁、庄思缄等，设中华佛教联合会筹备处于北京，呈内政部备案，以便推派代表，出席今秋东亚佛教大会（自传十九；略史；海六、四“事纪”；海六、五“事纪”）。大师作《中华佛教联合会应如何组织耶》，主在家、出家分组而后合组。

法会期间，大师兼为藏文学院讲《摄大乘论》，法尊记，仅至《所知依分》（海六、三“通讯”）。大师论及大乘三宗，于平等中显有浅深之迹：

> “一、法空观慧宗，……重破小乘法执。二、法相唯识宗，前宗虽以空慧洗尽法执，然离执之法相则未广明，故以此宗继之。……真如净德宗，凡有言说可安立者，前宗摄尽而无余。此宗所明者，乃法空观慧所生所显，法相唯识所明所证之体也。”

十九日，大师应燕京大学约，往讲“为学所以求真实”。熊东明由此发心学佛（自传十九；论）。

是春，班禅来京谒段执政（《班禅大师传略》）。

非宗教同盟，一时风起。

文殊诞（四月二十七日）左近，大师偕胡子笏（妙观）朝五台山，宿碧山寺广济茅蓬。适风雪弥天，仅礼北台菩萨顶（自传十九；诗存）。

五月，大师偕子笏抵太原。以庄蕴宽、汪大燮、叶恭绰、许世英、孙宝琦、熊希龄、汤芗铭等先容，受阎百川之招待。唯晤谈之余，意趣不尽惬洽（自传十九；海六、十“通讯”）。大师访山西村政；游晋祠（五月五日）等名胜。于洗心社之自省堂，讲“佛法与孔子之道”（自传十九；海六、六《太原四团体欢迎太虚法师之演讲录》）。

大师经石家庄回北京。时大勇决改组藏文学院为留藏学法团，专学藏密（自传十九；海六、六“事纪”）。因乞大师开示，书四偈示之：

“心佛众生，一如无别；下同悲仰，上齐慈力（本依）。

率身律仪，澡心冰雪；严己正人，住持体立（严正）。

宽消峻怨，和凝厚德；事缘吉羊，成由福德（宽和）。

随顺时机，施行法教；摄化无方，广学善巧（摄化）。”

大勇后以六月四日（“闰四月十三日”）成行（海六、六“事纪”）。

能海之入藏学密，亦是年三、四月（“三月”）事（海六、五“事纪”）。

大师离京南下，沿途经济南、南京、常州、无锡、苏州，并小住游览，所至均纪以诗（自传十九；箴新僧；诗存）。

时佛化新青年会复活，而武院同学会，是春又出版《新僧》——大醒、迦林、寄尘负责，老僧为之惊恨。大师游历归来，作《箴新僧》，以缓和老僧恶感（文）。

大师抵上海，天童寺退居净心，住持文质，已在沪迎候（海

六、五“事纪”）。偕赴宁波，礼育王舍利塔已，去天童寺讲《楞伽经》。六月初开讲，陈慧秉记录，成《楞伽经义记》（自传十九）。

经期中山居闲适，游天童诸胜，皆有题咏（自传十九；诗存）。《悲圆居士集序》、《大觉苾刍塔铭并序》，均作于此时。

大师为东亚佛教大会撰《敬告亚洲佛教徒》，蔡伯毅为译成日文（海六、八“通讯”）。

讲毕，大师抵沪。七月二十九日、三十日（“初八初九两日”），在世界佛教居士林讲演佛乘（自传十九；海六、七“事纪”）。

按：居士林说法，《自传》误为北京初回，未去天童之间。

八月四日（“六月十四日”），大师抵庐山大林寺。十日起，开暑期讲演会三日。北大教授张怡荪、台湾故友善慧，并参预演讲。大师讲世俗谛的人生观（海六、七“事纪”），发挥“仁义礼乐之仁德”：

“今虽欲行儒之行，而本之于佛而又归之于佛也。”

大师是年多以儒为方便。致段执政书：“撷华夏之文化，体佛用儒”；复卫礼贤书：“先从大乘佛化，以得到符合内外上下，浑然一体之宇宙人生实际之孔家儒化与大乘佛化，乃能收事半功倍之效”；在太原，讲《佛法与孔子之道》；其后复作《中国人用中国法之自救》。自谓：感于中国之日乱，列强之不足恃，主张发扬宋元来之“国民性道德”——三教融合之精义，淬砺而振作之。其项目为“一、建佛法以建信基”，“二、用老庄以解世纷”，

“三、宗孔孟以全人德”，“四、归佛法以畅生性”。大师晚年论发扬中国文化，要不出此。

是年夏秋，大师设庐山学寮于大林寺，以会觉、大醒、满智、迦林为学员，令习英文与佛学（熊东明从学佛法于山），为寰游欧美布教之预备（自传十七；寰游记一；略史）。大师素以振兴佛教（唯中国能振兴大乘佛教）救世界，今乃欲先着手于世界运动，格化西人，庶乎国人因西人之信仰佛法而信佛。方针一变。

是秋，唐大圆回湘；《海潮音》移庐山，九期起，改由会觉编辑（南北东西的海潮音；海潮音十五年来之总检阅）。

支那内学院，扩设法相大学。厦门南普陀寺，礼请常惺创办闽南佛学院（海六、七“事纪”）。

国民大学函商增设佛学史，或印度哲学史，请大师为教授，辞之未就（覆国民大学函）。

时东密藏密，泛滥日深。蒙藏喇嘛，“形服同俗，酒肉公开”。东密则：“曰俗形居中台也，曰定妃为女形也”，而居士据以传法；且夸“即身成佛为独具之胜义”。大师慨中国佛教渐陷混乱，有“弁髦戒行，上苴净业”之危（普陀印老同感）。

春日，大师作《今佛教中之男女僧俗显密问题》。在庐山学寮，更讲《论即身成佛》、《中国现时密宗复兴之趋势》。主张：纳于教理，轨以戒律，严其限制。望大心比丘，深入东密藏密而冶为中密。读大师致王弘愿书（七），可概见当时争论情形：

> “比年天下汹汹，人失其性，莫非值利誉则贪痴即纵，处人己则嗔慢相陵。播流四毒，构成众凶。乃知非先自降伏烦恼，则凡百皆为资福之具耳。宏法！宏法！多少人将

假此名以行其恶！语之曷胜痛心。去春雷斧之事，日僧演华等续续来信，且宣誓以证其所云之皆实。余以君等已心丧其主，客气用事，不能止恶，徒以长嗔，因之默尔而息。其意在不添火宅之焰，非有他也。近衡时局，稍发危言。乃闻门弟述君于所撰之报纸，公然恶口相加；余唯有痛自惭愧，祝君心快而已，他复何言！"

大师庐山讲学，更有《阿陀那识论》、《论法相必宗唯识》、《议佛教办学法》。大师立法相定义："空前之法执非法相"，"遮破法执之空慧非法相"，"安立非安立圆融之法界非法相"；据是遮落声闻、般若等经论，法相为慈氏系独得，而明其必宗唯识。是年，编庐山讲稿为《庐山学》，由泰东书局印行（自传十七）。

十月九日，大师由庐山过南京，大醒等随行（学窘停办）。大师访欧阳竟无，参观法相大学；受邀说法，讲"认识的地位论"。时武院研究生，有数人于此受学（自传十九；海六、十"时事"）。

按：《自传》以此事为去庐山之前，误。

十日，抵苏州。应北寺昭三及张仲仁等请，讲《仁王护国般若经》于北塔寺，有李印泉（根源）等参听。二十六日（"八日"），受皈戒者三百余人；法会圆满（自传十九；海六、十"时事""摄影"；人物志忆十二；追悼熊秉三张仲仁两先生）。当日还沪。

按：《志忆》谓：历三月余，指包冬季再来而言。

法会期中,大师于东吴大学讲《我之宗教观》;师范学校讲《人生问题之解决》;基督教青年会讲"佛法"(自传十九;海六、十"时事")。大师论及宗教之将来,以为:

"人世既长有不满足而邀求无限永存之心意,即宗教有长在之余地。"

"人心要求满足之心不一致,……由宗教要求而有宗教之存在,宗教即不能统一。"

其时,大师虽再受任为武昌佛学院院长(海六、七"事纪"),然以信众离心,未能实现建僧本意,大有舍弃之心(空也《致张化声函》;会觉满智《致大师书》)。得昭三同意,拟接收北塔寺,筹办中华佛教大学(自传十九)。庐山所讲《议佛教办学法》,即此时主张。"佛教僧伽过渡之大学办法",不办小中学而专办大学(与前年理想中之佛学院完全组织相反);不收俗众而重戒律;不分宗派以免偏注(与《僧伽制度论》异)。

按:《自传》谓"已有世界佛学苑的提议"。考海六、十《摄影》,为"中华佛教大学";《敬告亚洲佛教徒》,为"世界佛化大学"。世界佛学苑之名,始于寰游归来。

大师回沪,参加东亚佛教大会之中华代表团,全团二十六人,有道阶、持松、弘伞、曼殊揭谛、王一亭、胡瑞霖、韩德清、徐森玉、杨鹤庆、张宗载、宁达蕴、刘仁宣等;满智为侍录(自传十九)。当晚,团员赴日本俱乐部,应留沪日侨之欢迎(海六、十二"东亚佛教大会专刊")。

按:代表团于十月二十七日动身,十一月二十一日回国。《自传》谓:"(旧)十月中旬齐集上海动身";"返上海时已十一月中旬";"十四年冬杪日本游毕",均误。

二十七日,大师等全团放洋赴日。翌日,组成中华佛教代表团,道老、大师、王一亭、胡瑞霖,被推为团长(专刊)。大师以任团长故,各处致辞演讲,十九由大师任之(自传十九)。

二十九日,大师等一行抵神户。日本总招待水野梅晓、大西良庆等来迎。出席神户佛教联合会欢迎会,大师致答词(自传十九;专刊)。

三十日午,车抵东京。日本佛教联合会主事洼川,及佐伯定胤、木村泰贤等来迎,欢迎者不下万人。同赴芝公园增上寺安住(自传十九;专刊)。

十一月一日,东亚佛教大会,于增上寺大殿行开会式。午后,赴少女少年团之欢迎会(自传十九;专刊)。下午,开教义研究会,大师宣读论文——《阿陀那识论》(论下注)。晚,赴帝国俱乐部,出席日本关系中国之五团体欢迎会(专刊)。

二日,大师出席教义研究会。鉴于日本佛教之俗化,主宣传佛教之根本方法,在乎"僧格之养成"。其说得日本律宗管长同情,其后特来访晤(自传十九;专刊)。

三日下午,大会行闭会式,大师演说(专刊)。

按:《自传》以大会为七日,误。

四日,中华佛教代表团,由水野梅晓等陪导,出发各处参观。是日,游日光(专刊)。

五日，上午，参观帝国大学。大师于帝大青年会，讲《人生问题之解决》；列举不同之解决，而归宗于“正觉人生之解决”。续参观帝国博物馆；往赴日本文部大臣之盛宴。午后，超荐前年震灾之亡者。晚，应府市联合会之招待（自传十九；专刊）。

六日，参访奈川鹤见町总持寺——曹洞宗本山；及日莲宗本山，立正大学。大师于立正大学，“赞扬法华之殊胜”（专刊）。

七日，全团别东京，向名古屋进行。过静冈，有盛大之佛徒欢迎会。抵名古屋，出席市政公会所开欢迎演讲会，大师讲《佛教与吾人之现在及未来》。晚，宿日暹寺（专刊）。

八日，向福井县出发，晚宿曹洞宗本山永平寺（专刊）。大师《永平寺即景》诗：

> “东亚有高会，红叶正深秋。尘海佛光普，关山客梦悠。久怀永平寺，来作采真游。一笑忘言说，风徽仰古猷。”

九日，抵京都，欢迎者万人。晚宿南禅寺（专刊）。

十日，至奈良，参观正仓院、东大寺、法隆寺；回宿南禅寺（专刊）。

十一日，参观大谷大学，大师发表《传教西洋之提议》。继参观市政公所，应欢迎之茶会。大师讲《中日佛法之异点》。晚宿南禅寺（专刊）。

十二日，参观东西本愿寺。继至龙谷大学，大师讲《净土之要义》。次参观妙心寺，回南禅寺（专刊）。

十三日，参观石山寺。去阪本港，晚宿延历寺（专刊）。

十四日，去日吉，参观三井寺。参礼黄檗山临济大学，大师讲《临济四宾主》。次去木幡，参礼王寺；宿信贵山（专刊）。

十五日，至奈良，重游东大寺。往参观兴福寺，大师于欢迎会中，讲《从奈良说到佛法之本源》。回南禅寺宿（专刊）。

十六日，参礼知恩院、建仁寺、清水寺。参观博物馆已，往瞻礼三十三间堂。回南禅寺。南禅寺为天台一山国师来日开山，中华佛教代表团特为致祭；大师撰疏（专刊；文）。

十七日，全团赴高野山，晚宿龙光院（专刊）。

十八日，参礼奥之院，赴金岗峰寺茶会。次出席高野山大学讲演会。金山穆韶讲《弘法大师之密教观》，语中涉及大师之密教评论；大师乃出以温和之应战，讲《金山教授之说与感想》（专刊；金山教授之说与感想"附注"）。

十九日，至大阪，游观天王寺。出席各新闻社之欢迎。晚宿难波别院（专刊）。

二十日，回抵神户。赴华侨讲学会之午餐；大师讲《菩萨行先从人道做起》。次在中华会馆，出席中日联合欢迎会，大师致谢辞（专刊）。此行大会三日，游观参访十七日，大师领导团员，克成使命。水野梅晓（仰止生）撰《民国佛教界之盟主太虚法师》，以表示其观感（《支那时报》）。略云：

> "肩挑民国佛教界，胡来胡现、汉来汉现之英灵汉，我太虚法师，与记者相识，不过十有余年。……为中华民国佛教代表团团长，偕二十余缁素共来赴会，造日华两国佛教史上未曾有之记录！……法师欲依佛教主义之宣传，令欧美人改造对世界之基础观念；于谋世界人类之和平与福祉之大抱负下，不以其劳为劳，诚精力绝人之勇者也！……日本

佛教徒于法师,得一新同事,及将来发挥东方文化于世界之好伴侣。……希两国佛教徒,皆以法师为中心,互取其长而补其短,以期佛教之宣扬于世界!幸法师自重,以全此大任为祷!"

藤井草宣于《奉公杂志》之介绍,亦谓:"法师年龄,闻仅三十有七,实令人抱一非常之感!"

大师赴会期中,日本之名教授,如南条文雄、井上圆了、村上专精、大内青峦、高楠顺次郎、铃木大拙、渡边海旭、常盘大定、木村泰贤、金山穆韶等,并来访谈(自传十九)。而德驻日大使索尔夫,帝大教授(德人)毗支莫莎,并特约大师晤谈。得值参事卜尔熙(后任驻华公使),愿为介绍柏林友人,欢迎大师去德讲学,为大师西游一助缘(自传十九;寰游记一)。

二十一日,大师与刘仁宣等离日返国(道老及宁达蕴、张宗载去台湾,转厦门)(自传二十;专刊)。临行,代表团发表《留别日本诸佛教同袍文》,大师作:

"盖闻心不孤起,托事现行;教不虚张,因事施设。以欧美偏霸之动,遂孔释中和之探;启西方之哲人,慕东化乎儒佛。又闻大火燎原,发星火于片石;洪流沃野,出岷源之滥觞。由去夏庐阜椎轮,来今日蓬瀛大辂。空成规乎既往,旷进化乎将来!

"于是增上净缘,开唯一无二高会;观音浅草,留历劫不坏金身。缁素俱集,商研究宣传于法义;士女交参,议教育社会之事业。应后藤主爵茗谈,为帝大学生演说。活泼少年，欢呼雷震；庄严古佛，宴坐花飞。四座之众咸倾，三日之功既毕。

“总持访洞上高禅，本门立日莲正法。植物园张文部之宴，被服厂叩灾骨之钟。由是名古屋宿觉王山，焕然新制；福井县参永平寺，卓尔古风！见皆堪学，十年胜过读书；迎即有辞，一路欢声入洛！

“南禅创于一山，东化纽乎两国。探古正仓，隆性相之大法；博物帝馆，谒东西之本愿。两谷学府，灿梵藏缅暹之文；一心妙明，超名句言思之表。湖泛琵琶，经延厝而黄檗，山游贵信，赏深秋以丹枫。再会奈良之群麇，综揽京都之诸胜。

“高野为秘密之玄都，辉腾觉海，大阪蔚工商之大国，寺丽天王。吞佛刹于毛孔，隐显无方；历神仙之乐邦，出入以户。一语半言，心光互映；千珍百品，纪念无穷。

“喜马拉兮高何极！太平洋兮深莫测！森罗万有兮昭一心，华夏扶桑兮融大日。赋同袍兮天地宽，转法轮兮欧美入。话别情兮聊赠言，申谢忱兮欲奚说！”

大师回沪。二十五日，应国民大学章炳麟、殷芝麟约，往讲“能知之地位上之所知诸法”（章炳麟《致太虚法师书》）。

大师再去苏州，为少数人作《楞伽经》之研究（自传十九；人物志忆十二；追悼张仲仁熊秉三两先生；海六、十“事纪”）。《大乘入楞伽经释》约此时作；发端而未竟其绪。大师初拟“十月二十三日”接收北寺，为佛教大学校基，嘱大醒往为管理（大醒为编者说）。然以债务繁重，中止进行（自传二十）。是冬明春，大师常往来于上海苏州之间(自造)。

按:《楞伽经》之研究,《自传》与《志忆》,未明言为第二次来事。依《时事》,知有楞伽学社,定于《仁王经》毕讲开讲。《仁王》讲毕,大师即去日,推知必系此时所讲。

大师日本归来,撰《由职志的种种国际组织造成人世和乐国》,载诸《东方杂志》(论建立国际合众国)。其理想为:

> "一业一业皆成为一种一种之国际组织;而由此一业之国际组织的团体,以自治理其一业所关系之大事。换言之,教育界即于全人类之世上自成为一教育国,宗教界即于全人类之世界之成为一宗教国;而此一一国(即一一成为国际组织的团体)皆交互周遍于全人类世界,无人种、民族、国籍、领土之区别。譬如一室多灯,光光相网然。则世人不难由此进一步为总组织之统一,而造成为一平洽丰乐之世界国。"

本论目的,着重于"佛教徒当首先进行佛教的国际组织",此则僧伽应负其责。一则,当修养成职志一致之僧格(即"僧格之养成"),评"今世耽妻室、甘肉食而号为僧者,应知其实非僧也"。二则,当统率信徒组成有秩序之国际团体尽力于弘法利人。大师建僧而不满日本式、蒙藏式,实为一根本观点。

是月二十一日,大勇率众至康定,为藏方所拒,留康修学(大刚《致克全书》)。

民国十五年，一九二六（乙丑——丙寅），大师三十八岁。

一月二十一日，大师在上海，参加居士林之释迦成道纪念会（海七、二“时事”）。

武汉佛教同人，推大智来苏专迓，大师偕与抵汉口，讲经授皈依而回。过武院，为学生讲《能知地位差别上之所知诸法》，善长记（自传二十；佛教会《上太虚法师书》）。

二月七日（“二十五”），大师应苏州自造寺（佛学会）寺主本醒约，往寺略作开示，象贤记（海七、二“时事”；海七、三“图像”）。

大师至浙西硖×，修弥勒七过旧年。十三日，丙寅元旦，大师撰《居家士女学佛之程序》。比来之学佛者：

> “或盲从他人以附和，自无心中之所主，或好奇趋时以标榜，惟任妄情之所驰；或徒托佛以逃世；或更藉佛以沽誉。”

大师乃为明确指出：

> “居士学佛，则期以普及乎全人类，风俗因以淳良，社会由之清宁者也。由遵行人伦道德，养成人格而渐修十善菩萨行。”

按：《自传》以此为在上海，然《居士学佛之程序》末署：“丙寅元旦草于浙西弥勒阁”，其非上海可知。会觉曾偶与编者谈及：“大师行踪，间有人所未知。旧历十四年底，住某处过年。新年函庐山——会觉在山编《潮音》，邮戳盖“硖×”字样。”窃疑此或海宁县之硖石镇。今虽难确指，然决非上海。弥勒阁不必为寺名、殿名，盖从修弥勒七得名。

二十七日（“元宵后二日”），覆体参书，为论彦明《转识论之研究》（书）。

是年春，大师应刘仁宣等请，约熊希龄、章太炎、王一亭等，发起全亚佛化教育社（后改名中华佛化教育社），作佛化运动。社址设虹口，由刘仁宣编《心灯》旬刊。大师则寓雪窦分院，或育王分院（息庐），就近指导（自传二十；海七、二“时事”；海七、三“时事”）。

三月二十二日（“二月初十”），大师讲《身心之病及医药》于苏州之江苏医科大学，嘿庵、象贤从行（海七、八“采录”）。

二十八日，居士林组“法相唯识研究会”，请大师开讲《法相唯识学概论》。每星期日讲，仅三次而止（海七、三“时事”）。《楞伽大旨》、《唯识之净土》、《中国信愿行净土与日本教行信证真宗》，并去冬今春，先后于居士林讲。

是月，白喇嘛于杭州，启建金光明法会。五月（“四月初一日”）再建法会于南京毗卢寺（海七、三“通讯”）。

四月二十一日（“三月初十”），大师应杭州佛学会吴璧华等请，讲《仁王护国经·护国品》三日，设座功德林。王九龄来会参听。大师一别西湖，倏忽五年，访灵隐、昭庆、弥陀诸寺（自传十九；海七“时事”）。

按：《自传》以此为去年北京归来，将去天童寺事，误。

二十三日，大师在省教育会讲演（海七、四“时事”）。

时政局日紧，班禅于四月五日通电全国，愿有助于和平。大师亦渐注意时政，联合杭州学佛同人，向各军政长官呼吁和平（佛诞日发）（电）。大师且致书孙馨远（传芳），为论政有王道、霸道、战国之道，冀其"能从事于王霸之道"。论及提倡佛法，则告以"非今人所提倡之禳灾祈福、拜像讽经之佛化"，盖指杭州、南京金光明法会而言（致孙总司令书）。六月中，复致书云南唐继尧，勉以"睦邻以止外纷，专志以隆内治"（致云南唐省长书）。

五月十九日，佛诞。大师时在汉口佛教会，讲《佛说无量寿经》。善长、梵灯合记，成《佛说无量寿经要义》。大师过武院数日，为学生讲《佛法大系》。时多杰在汉口传密法（自传十九；海七、六"时事"）。

大师回沪时，上庐山，收拾书物，将《海潮音》移沪佛化教育社，委陈秉良编辑（五期起由唐大定编）；在山一餐而去（自传十七；二十；南北东西的海潮音；十五年来海潮音之总检阅；会觉为编者说）。

按：《自传》二次言及去年腊底上庐山。但会觉谓在此年初夏；彼编《潮音》至四卷而止。《自传》谓上山，"将《海潮音》迁上海编发"，是知大师误忆。

是夏，黄忏华初谒大师于上海之某寺分院。晤对音仪，一翻过去之误会，誓志追随（佛教各宗大意序；黄忏华《追仰太虚大师》）。

《评宝明君中国佛教之现势》，亦此时作；劝其"勿分新旧而以派别拘"。中有云：

“晚唐来禅讲律净——中华佛法，实以禅宗为骨子。禅衰而趋乎净，虽若有江河日下之概，但中华之佛教，如能复兴也，必不在于真言密咒或法相唯识，而仍在乎禅。”

大师新近觉悟：“中华佛化之特质在禅”，盖即此意。去夏天童讲《楞伽》；冬于苏州讲《楞伽》；今春于居士林又有《楞伽大旨》之说；应与“特质在禅”之心境有关。惟禅之宗重，有赖以身作则；惜大师悲心所转，未之能从事也！

六月五日，蒋中正任国民革命军总司令，出师北伐。

二十一日（“十二日”）圆瑛与宁达蕴、张宗载等十九人，自闽抵新加坡（海七、六“时事”）。

七月，大师再至杭州，应佛学会请，讲《华严经·普贤行愿品》，是月六日圆满（海七、八“时事”）。

大师在杭，作《建设人间净土论》（致苏慧纯蒋慧雄书）。缘起于山东臧贯禅之一再函请。大师所论“人间净土之建设”，为世界佛徒联合国际之组织，与建设一佛化特区以资观感。惟中国佛徒毫无组织，凭何与世界佛徒相联合？佛教未为社会中坚分子所重，佛化特区必难得政府容认。然则人间净土，从何着手建设！

是月，大师应汪大燮、熊希龄、庄蕴宽、胡瑞霖、蒋尊祎、梁密、张相文等发起之北京讲经会电邀进京（海七、八“时事”）。过南京时，往访蒋竹庄、唐大圆于东南大学。遇王隆中，邀以偕访孙馨远，倾谈颇洽（自传二十）。

大师主持之中华佛化教育社，以是得其赞助（觉乎否乎可以觉矣）。

大师偕唐大圆入京，寓安福胡同王骧陆所办佛教阅经社。二十八日（“六月十九”），在中央公园社稷坛，开讲《四十二章经》；八月八日（“七月初一”）圆满（海七、六“法会启事”；海七、八“时事”）。是会听众签名者二千余人，可谓极盛（胡瑞霖《重印四十二章经讲录序》）。周少如、王尚菩、黄通园、骆馨吾笔记，罗庸（膺中）整编为《四十二章经讲录》。法会圆满日，（英）克兰柔夫妇，梵文学者冈和泰，（日）国本睦雅，贡却仲尼，均来会。分赠摺扇为纪念；扇系法会特制，由曹谦绘大师肖影，汪伯棠绘洛阳白马寺塔影，庄思缄书《四十二章经》历史，汤定之绘社稷坛图（海七、八“时事”“特载”）。

按：如此盛大法会，《自传》竟忘其事！

三十一日（“二十二日”），大师应弥勒院台源请，莅院为学生略示《唯识之名义》（海七、八“时事”）。京中教育界，就佛教阅经社，组佛学研究会。八月一日（“二十三日”），请大师讲《佛学概论》。听者张怡荪、罗庸、罗培常等，均为各大学师生。罗庸笔记成书（海七、八“时事”；自传二十）。论以“因缘所生法”为五乘共学；“三法印”为出世三乘共学；“一实相印”为大乘不共学。条理佛法之义理为三阶，为大师晚年定论。

发表《论华日当联布佛教于欧美》，主以日本退还庚款为之（文）。

时大师将有南洋之游，因为宣传欧美之筹备。十五日，大师与胡子笏等，议设世界佛教联合会北京办事处于万寿寺；拟筹资先办寰球佛教图书馆（寰游记一；海七、九“时事”）。

按:《寰游记》作"世界佛学苑图书馆",乃其后改名。

八月十九日("七月十二"),大师回沪。次日,乘伏见丸南行去星洲(海七、十"事纪")。初以去春,厦门佛化新青年会会员蒋慧雄(剑一)、苏慧纯(鹤松)、黄慧玄(谦六)等皈依大师。夏季南游星岛,从事商业。约转道等筹组星洲讲经会,迎大师说法,规模甚大,希望甚远(自传二十;海六、七"通讯")。

按:《自传》作"六月底"回抵淞沪,误。海刊七卷十期"纪事","二十七日由沪南下",七字疑衍,或一之误。

九月二日,大师抵星洲。欢迎至福州会馆,与华侨信众相见,大师为《祝南洋佛教之联合》(海七、十"事纪")。

五日("二十九日"),大师出席假座中华总商会之欢迎大会,讲《略祛世人对于佛法之误会》(海七、十"事纪")。

六日,大师应许公遂领事之欢宴。席间,议及南洋佛教联合会之筹设(海七、十"事纪")。

十日起,大师于新落成之维多利亚纪念堂,开讲《觉世救人之佛法》,三日而毕(自传二十;海七、十"事纪")。

二十二日起,大师间续于江夏堂,开讲《佛乘宗要论》大意、《维摩诘经》大纲、《心经》(海七、十"事纪")。是月底,大师以不惯热带生活致病(自传二十;略史;寰游记一)。在星洲摄卧病影,戏记以诗:

"双林横卧日当空,百万人天罔测中。死活一时俱示现,一场游戏亦神通。"

大师在星洲，游宴演讲，不一而足。陈嘉庚导大师参观其橡树园、工厂、商店。胡文虎函询有关佛法与商业（四事），面晤款谈，憩息其凉屋数日。蒋剑雄、苏慧纯等，陪游柔佛（自传二十）。

大师受盛大欢迎于星岛，圆瑛适在星岛某地而未曾晤面。大师门下信众，间不满圆瑛之言论，启大师与圆瑛晚年隔碍之始。事以有记者往访圆瑛，以太虚法师学德何如为询；圆瑛意存轻抑，告以“太虚乃其学人”。消息既播，致引起少数人不满。自此以前，佛化新青年会通电，列圆瑛之名（海五、八“纪事”）；江浙同学致书诸山长老，圆瑛覆函，愿以追随（海五、七“通讯”）；十四年夏，天童推圆瑛为住持（后未就），武院学生致函称贺（海六“通讯”）；是冬出席东亚佛教大会，大师函约圆瑛同行（海六、十二“通讯”）。大师与圆瑛，虽风格志业不尽同，然以昔年盟好，大师及其学人，未尝不乐于引为同调。自后日趋疏隙，惜哉！

按：圆瑛信众，传有大师曾为圆瑛法子之说。编者特访奘老于天童（三十七年十一月一日[十月一日]，时圆瑛适自沪至天童）。奘老谓：事出有因。非光绪三十四年，即宣统元年。圆瑛大病数月，奘老亲为护侍。圆瑛之病甚奇，发则神情顿异，缠绵欲绝。时人视为鬼扰，圆瑛亦自分必死。间常哭语奘老：“从七塔寺慈运老和尚得法，未曾传出，设一旦逝去，法脉自我而斩，何以对祖师！且（宁波）老会馆数载经营，一旦付诸非人，亦属唐丧全功。望太虚能接其法派，愿以老会馆相交。”奘老以语大师，大师不可。奘老以为：彼此友情素笃，应通权允之，稍慰其临死苦迫之情。如病愈，圆瑛自当知其乱命（分属盟兄弟，如何倒作师资）而一笑了之。是事，奘老一手包办；圆瑛于病中，曾书法卷、字据与之。字据有"生西之后，老会馆交与太虚，他人不得争夺"之语。其后病竟愈。当年或隔一年，奘老将法卷与字据交还。奘老又谓：圆瑛长于太虚十一岁，无论佛法与诗文，大师出家之初，俱对之大有助益；且常有经济援助云。奘老率真，对圆瑛友情，更非泛泛。其言如此，应可信也！

十月八日，大师出席江夏堂之欢送大会。大师原拟游历宣化，远去欧美；以不惯热带生活，乃决意回国（自传二十；略史；寰游记一；海七、十"事纪"）。

十日，国民革命军克武昌。佛学院及汉口佛教会，均陷于停顿。善因离佛学院返湘；学院由大敬守屋（佛学院院董会略史；自传十一）。

十一日，大师乘德加大轮船启程回国。与前厦门大学校长黄琬（孟珪）同舟，倾谈颇不寂寞（自传二十；海七、十一"事纪"）。

十五日，重九，舟过香港。大师偕黄琬登太平山顶。次日，曾星瑚等陪游青山寺。值寺中开戒，寺主显奇率众欢迎，请为开示（自传二十；记归舟过香港之所感；从香港的感想说到香港的佛教）。

十八（九？）日晚，轮过厦门，会泉、转逢、常惺、王拯邦等来迎，强大师小留。曲从众意，上岸宿日光岩（自传二十；海七、十一"事纪"）。

二十日，过厦门，经市场向南普陀寺，沿途受盛大之欢迎。

洪鸿儒、余超、缪子才、神田慧云等，预欢迎之行列。至寺，赴闽南佛学院之欢迎会（自传二十；海七、十一"事纪"）。

二十一日，南普陀寺，柬约绅商学僧界领袖，举行隆重之欢宴。与大师同席者，林文庆、周树人（鲁迅）、孙贵定、张颐（真如）、沈士远、庄泽宣、顾颉刚、陈定谟、罗培常、缪子才等（自传二十；人物志忆十）。鲁迅对大师之印象，为"和易近人，思想通泰"（孙伏园《鲁迅先生眼中之太虚法师》）。陈定谟由是发心学佛。

按：《志忆》以此为十八年欧美归来事，误。

二十二日，大师偕常惺、蕙庭等，赴厦门大学参观，应约为讲《缘起性空之宇宙观》，常惺记（自传二十）。

二十三日，各界假教育会，欢迎大师说法，大师为讲《大乘佛法的真义》，为现实与精进（海七、十一"事纪"）。

二十五日，观音诞。大师往游白鹿洞、虎溪岩等（海七、十一"事纪"）。时有《南普陀题石》一律：

"南海普陀崇佛刹，虎溪白鹿拟匡庐。千岩百洞奇难状，陨石飞星古所都。水鸟皆谈不生法，云林巧绘太平图。山狮十八惊呼起，一吼当令万象苏！"

大师抵沪之翌日，送别日本之中华佛教视察团于轮中（自传二十；法舫译《日本佛教徒之现代中华佛教观》）。由佛化教育社，约集上海新闻界戈公振等，大师发表南洋游化之谈话（自传二十）。

十一月十四日，大师应尚贤堂李佳白约，讲《佛法应如何普及今世》，李氏译之以载《字林报》。其中论及天神创造说等之谬妄，引起西人之难问，大师复为文答之（自传二十；爱之崇拜；海七、十二"言论"）。韩人玉观彬，因听讲而发心皈信，大师名以"慧观"（自传二十；海七、十二"时事"）。

某星期日，大师于尚贤堂讲《爱之崇拜》。李佳白以中国当时之反宗教运动，由于缺乏爱之观念。大师乃谓：不应盲从我执之爱，爱亦为战争苦恼之因，故应崇拜依觉悟人生万物而起之大慈悲（文）。

其时，大师电孙馨远，就其辖内，宣传佛化教育；得孙氏赞许。大师乃约王一亭、刘仁宣、张煌等会商，决定五项办法（《大云》七十四期）。后联军刘参谋催往讲演，大师携嘿庵同行（致嘿庵书）。

十二月二十六日（"十一月二十二"），大严卒于宝华（《华山大严上人事略》）。

时大师有《论贤首与慧苑之判教》之作。所论大乘三宗，有以"法性空慧"为不了之意。

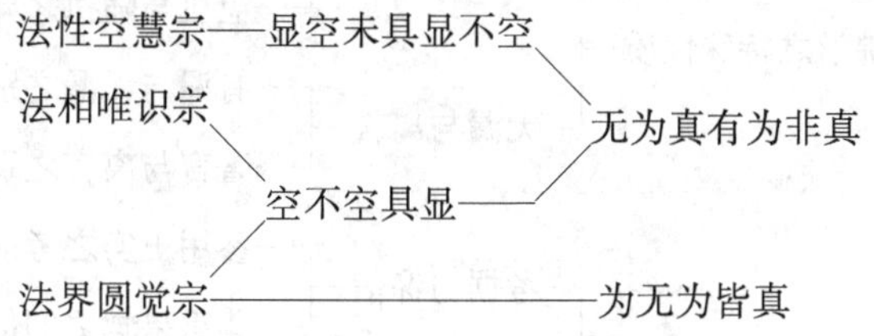

是年冬，两湖佛教陷于革命之大混乱中。僧界组湖南民众佛化协会以适时，有"佛法不是宗教"、"拥护佛法即是拥护革

命”、“要以大慈大悲救人救世的精神努力革命”等口号。晓观、开悟等，集僧侣千余人，一致加入国民革命会（海七、十二“现代佛教史料”）。然占寺夺产之风未曾稍戢。

时大愚掩关庐山，痛心湘鄂赣间之大混乱，悲心激切，志求速得神通以救世（自传十一）。

民国十六年，一九二七（丙寅——丁卯），大师三十九岁。

一月九日，日人石井澄来沪视察佛教，访大师于佛化教育社（海八、一“佛教时事月纪”）。

十六日，大师开讲《佛之修学法》于尚贤堂，凡三讲（逢星期日）（李佳白《致太虚法师书》），唐大定记。大师对佛法之重要意见，悉摄于此，兹列为科目表以见一斑：

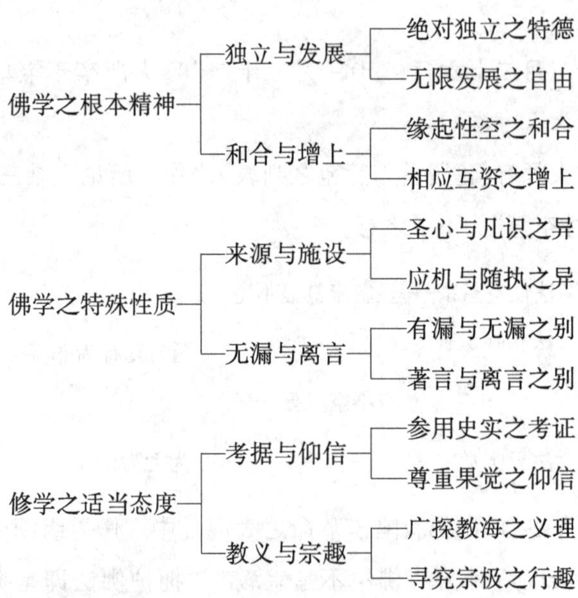

时教难因革命军事扩展而日益严重。显教、大醒、悦安等，集询应付办法。大师知“僧伽制度论”已失时效，乃作《僧制今论》（自传二十一；略史；整理僧伽制度论跋）。定僧数为二十万人，合教区为五区，析僧众为长老、学行、服务、尼——四众；析信众为皈戒、研究、女——三众。论曰：

“今佛化重心移信众。而时代趋势又侧重生计，僧众亦不能不为生利分子以谋自立于社会。”

“此七众：一者、可广摄学理之研究者；二者、可别开僧众中之从事于资生事业者。此依今此佛化众情状，及适应现社会，不得不然也。”

按：《自传》与《整理僧伽制度论跋》，以此为十五年（或冬）作。《中国佛教革命僧的训辞》及《建僧大纲》，则谓十六年作。十五年冬，应是指旧历说。

二月二日，“丁卯元旦”，大师于上海筹备之“法苑”，举行开幕礼。章太炎、王一亭、谢铸陈、王森甫、陈维东等，并来参法会。法苑乃本《整理僧伽制度论》而设立，为一改良经忏（除去其迷妄，扩大其内容）组织。谋于此获得经济基础，以作新僧运动。经济之援助者，为玉慧观。助理进行者，为嘿庵、悦安等（自传二十一；海八、一“破天荒之新僧运动”）。时革命风暴，迫在目前，大师不依《僧制今论》，与研究佛学者相联络，导一般僧众从事资生工作，乃欲借改良愚迷陋习之经忏生活以谋发展，似非善策！使当年三民主义革命而真能实现，则“经忏”决为取消而非改良也！

是年，大师多与章太炎晤谈。章氏书（陈白沙赠太虚上人诗句）“性空彼此无差别，力大乾坤可跌交”一联以赠（人物志忆二）。

二十四日（“二十三日”），法苑之祈祷息灾会开始，凡七日。大师略说《楞伽大意》。时李开侁、陈元白、汤芗铭等，并因战事集沪，时来法苑。李开侁从持松修密（自传二十一；薝蔔集序；海七、十二“时事”；海八、二“佛教时事月纪”）。

大师于法苑，为张歆海及王森甫依佛式婚仪主婚，引起旧派之猛烈反对，甚或指法苑为共党机关。法苑之经忏来源，因以大受影响（自传二十一；退休僧《致太虚法师书》；臧贯禅与唐大定往来书）。

三月，国民革命军入上海、南京。南京法相大学解体；内学院亦陷入窘境。

时张宗载西抵武汉，忽以锄奸会名义，遍发传单，大骂僧尼，诬加罪状（孙荣嘉《致太虚法师书》）。在汉口办《无畏》月刊，以涉及顾净缘，被捕多月（自传二十一；乐观为编者说）。佛化新青年会，于是而息。佛化新青年会，初意未尝无建树之热忱（陈维东、宁达蕴、邵福宸，始终未失信仰）。然以经济来源之不正常，佛教信解之不充分，而大师又未尝予以坚强之领导，乃于革命潮来，灰飞烟灭！

大师感于政教之失序，发表《以佛法解决现世困难》，“告强资阶级”以施舍，“告贫弱阶级”以戒忍；“告摧残道德文化者”，“告保持道德文化者”；“告毁坏佛教者”，“告佛教内外护”。告保持道德文化者之言论，可发人深省：

"勿空言以保持道德文化为号召！不发真切慈悲之意，不求适宜方便之行，徒以陈腐古板、违时鸣高为保持，则愈招反动之摧残；名为保持，实销灭之矣！慎之！勉之！"

《海潮音》自第四期起，由楞伽山民（悦安）编辑（十五年来海潮音之总检阅）。

四月二日，南京开始清党。

时厦门南普陀寺，住持会泉任满；大众感于僧寺之危机，因常惺推荐，公举大师为住持。转逢、常惺、转岸来沪礼请。法苑适陷于维持为难，遂允就其请；而法苑宣告结束（自传二十一；常惺法师塔铭并序；海八、四——五"佛化时事杂记"）。

大师偕常惺先去福州，谋定护持福建僧寺之本。晤方声涛、陈石遗等，语以维护。军政当局欢宴大师于功德林，大师为说信仰佛法与从事革命之相成（为军政当局开示）。

值胡任支，因得李子宽（基鸿、了空）从中调护，闽省僧寺稍安。大师在福州，应青年党（般若）社、圆觉学社等信众之欢迎；兼游鼓山、怡山诸胜（自传二十一；海八、九"杂记"）。

二十九日（"三月二十八日"），大师于厦门南普陀寺，行住持进院礼，兼任闽南佛学院院长。寺务，以转岸、觉斌为监院，转逢为都监以统理之（自传二十一；海八、四——五"佛化时事杂记"）。

大师为闽院员生讲《行为学与唯根论及唯身论》，蕙庭记。大师不满行为派心理学之强调行为以代替心理，以其为佛法之大障。特引《楞严》之唯根论，范缜《神灭论》之唯身论，明行为心理学近似于佛法；然此为不了义说，究竟则为阿陀那识为本之唯识。是年一月，大师有《行为学与心理学》之发表；冬，有《再论心理学与行为学》、《候尔特意识学与佛学》之作。大师于唯物论之行为派心理学，严切注意如此！

五月初（七日前），大师回沪（自传二十一；叶青眼《致太虚法师书》）。

六月五日，大师于上海作《说革命》（文）。

大师时撰《以大同的道德教育造成世界和平》，将偕陈定谟出席坎拿大之世界教育会议，进而游化欧美。由杨明尘兄弟及南普陀寺助以旅费。濒行，以事未果，乃托郭秉文代为提出（寰游记；自传二十二；文）。此为理想教育之又一型。虽缘饰于《礼运》之"大同"，孙中山之"天下为公"，而目标则仍在佛教：

> "宗教修养，即大同的道德教育之纲骨。"
>
> "修养之究竟，莫过于圆成正觉，普济群生。"

是年夏，谢慧坚（铸陈）编成《太虚法师文钞》。初集凡三编：雅言，世论，佛学；交中华书局印行（无言《太虚法师文钞初集跋》）。

大师约晤胞妹于上海敬心寺。时止安将往厦门，于敬心寺亲见之（止安为编者说）。

考《自传》原稿，于生母病卒下，有"母亲遗在李家的三个弟妹，也更无消息。在民国十六年，偶过长安，闻一熟人谈及"。书至此，即勾去之。大师必从是得弟妹消息，故一度约晤。

七月，大师至杭州灵隐寺休夏，得住持慧明、监院玉皇之厚遇（自传二十一）。时欧阳竟无发表《论作师》一文，主在家得为

出家者之师,得受出家者之礼拜。大师不以为然,作《与竟无居士论作师》,决言住持佛法为出家者之责。结论云:

“于秽土中,七众律仪,大小共遵。非别出家在家即为小乘,而大乘无出家在家之分宜也。于此七众律仪,不惟住某众不守某众戒条为毁犯,其住某众不安某众之分,如以近事凌躐比丘,尤为毁坏七众全部律仪,亦即为毁一切菩萨律仪。故具大悲方便而护法护有情者,此宜知慎!”

大师编《佛法救世主义》,亦名《净化主义》,十九为剪裁旧作缀辑而成。

论以“心的净化”(立志、修行、成德)、“器的净化”、“众的净化”为次。

时大师休夏灵隐,“静居观物变,浑欲入山深”(诗存),态度颇为消极。《潮音》编者云(海八、八“图”):

“友人造访归来言:法师近似抱有消极之观念。尝曰:今佛法既衰,僧亦不振,外摧内腐,其何以自存哉!余虽力竭声嘶,其奈如聋若哑之僧徒何!”

七月十五日,武汉政府反共。

八月十二日,蒋中正辞职下野。

夏秋间,浙江省府有逐僧之议。上海程雪楼、施省之、王一亭等,组佛教维持会,向当局呼吁(追念王一亭长者)。时弘一在杭,致书有关当局,推荐由大师与弘伞出为整理(林子青《弘一大师年谱》)。

九月，蒋中正电邀大师游奉化雪窦寺（黄膺白时称道大师于蒋氏之前，因有此约）。

大师抵雪窦，与蒋氏长谈竟日。因相偕（及吴礼卿，张文白）游千丈岩。翌日（十日），"中秋"，大师寓溪口文昌阁。相与赏月，为蒋氏夫妇（经国之母）及张、吴等略说《心经》大意（自传二十二；诗存）。大师即景赋诗，有"千古相知有明月，一生难忘是中秋"句。国民政府下之佛教，得以从狂风暴雨中复归安定，得以泄沓混日，确与此夜此人有关。大师和玉皇赠蒋归隐诗以赠（诗存）：

"党国安危系，青山未是归。出曾惊鬼侮，退岂贻人讥！此日藏云豹，他年缚海豨。大雄能大忍，莫使素心违！"

十一日，大师返甬，致函申谢，并告以赴欧美游化之意。蒋氏因嘱陈果夫，以三千元为助（自传二十二；寰游记）。

二十七日（"九月二日"），大师于厦门主持闽院秋季开学礼。时常惺以王竹村邀，先于暑期离闽，赴滇弘法；教务由蕙庭主持，会觉、满智为教师（自传二十一；常惺法师塔铭并序；海八、十"佛化新闻"）。

大师留厦期间，于闽院讲《救僧运动》，谈玄记。大师极言：住持佛教，"必须有出家的真僧"。所论救僧之道，积极则："真修实证以成果"，"舍身利众以成行"，"勤学明理以传教"。消极则："自营生计以离讥"，"严择出家以清源"，"宽许还俗以除伪"。《帝主于神民主于佛之根据》，亦此时讲。

十月十四日，观音诞。大师致书常惺，劝以勿去西藏学密：

"融摄魔梵，渐丧佛真之泛神秘密乘，殊非建立三宝之根本。'经书十倍华土'，'圣证多有其人'，藏僧夸言，未堪保信！且试探藏密，僧俗已有多人；法师自可游心三十七菩提分法，以之奋追千古，宏范三界，何用门头户底去依傍之也！因有相知之雅，敢尽进言之责。非太虚不能言此，非法师不足信此！若息缘之处，则泉州雪峰亦上选也。愿法师决之！"

大师偕会泉、陈定谟，游漳州南山寺，访白云岩朱熹解经处（自传二十一；诗存）。

时湘省佛教，以唐生智老师顾净缘组佛化会，秋初办两湖佛教讲习所，强力接收寺院财产，逮捕住持，枪杀佛学院学生素禅，全湘骚然。迨唐以十一月下野，佛化会解散，僧魂乃得稍定（海九、三"通讯"）。

十月，大师回杭，住灵隐寺，潜心著述。撰《现实主义》（自传二十一）。后改名《真现实论》，且以当时编集，为《真现实之宗依编》。本论规模宏大，极其量，足以贯摄一切佛法，破摄一切世学。大师独到之思想，多含摄其中。其以现实论为名，盖深有苦衷。如《救僧运动》云：

"今时从唯物论产生出来的科学思想，根本与佛教异趣。……现代最普遍之思想，则有人本主义与实验主义。这二种，立足在人身眼耳鼻舌所能见能闻能嗅能味之上。佛法'以心为本'，而所说的三世因果，五趣流转，几成为他们射矢之的。"

大师为此而论现实，论彻底之现实。即当前具体之变现事实而析其因素（现变实事——无始恒转），因素非事变外，故不得执色等质素为本以成事。据此变现事素而明实性（现事实性——无性缘成），实理非事素外，故不得执实理为本以起事。即此现事理性以如实觉（现觉实性——无相真如），则如理实证，不偏不谬。本此现觉以观实变（现觉实变——无元心枢），则变非心外，乃显“无元心枢”之不思议现实。此本现实如是，而唯佛能实证实说，唯佛法能尽现实之量：大师如此以成立“以心为本”之佛法。进言之，则唯佛法乃为真现实，如云：

“何谓现实主义乃佛陀无主义之主义耶？除佛陀外，莫不为非现实而有主义之主义故。宗教执唯神故；哲学与科学，执唯我或唯物故；实验主义或实际主义、实用主义、又现实主义、实证主义，似为现实主义，然未脱唯我或唯物之执；孔家哲学似为现实主义，然未穷现实之量而犹有拘局；故佛陀为无主义主义之现实主义者。而现实主义，虽镜涵万流，含容一切，要非佛陀不足以正其名也。以简别世俗现实主义，故名曰真现实论。”

十一月，基督将军冯玉祥，下毁佛令，河南佛教被摧残殆尽。

十二月，大师著《自由史观》，为大师名作之一。大师谓：

“第三活动系（有情），完备‘聚散变化’、‘死限生殖’、‘永续统摄’、‘自觉进化’之四潜能也，故有充分自由活动而表现为有情类也。”

“动物而至人类，其自由性遂臻高度，然其被囚之桎梏犹在焉。得身体而生也，则为身体饥寒、淫疲、病死所囚；依社会而存也，则为社会制度、习惯、风尚所囚；藉根境而知也，则为心境、时空、名数、事物所囚。故吾人正当之所为，唯自用自由源泉之心知活动，自解放重重被囚之桎梏，以增进其自由而完成其自由之本性耳。”

大师以为：专权而反自由之原理，为唯神、唯我、唯物。近代史上之自由运动，为唯神、唯我、唯物之各式帝国主义所障碍而未能完成；故应以佛陀现实主义之自由原理——四真观境、八正道行、三德藏果——而完成之。其要在：创建自由史观之世界教育、社会经济，国际政治。而“真社会主义之经济，与真民治主义之政治，皆待真共和之世界教育而成功”。此项思想，盖仍民元以来社会革命观点而完成之（自传四）。

是冬明春，大师多评论世学之作：《评郭沫若论文化》，《评（迈格文）佛家哲学通论》，《说四度以上的事》，《论（韦尔斯）世界史纲》，《评（渡边秀方）中国学术史概论》，《东方杂志短评四则》，《评胡适的戴震哲学》等。大师于《论世界史纲》，提出“无始进化说”，有其独到之见：

“其法，应剖三史：曰人文史，曰地质史，曰天体史。以现今实际之人物地球星系天空为立足点。从作史之年，逆推而上。……先广搜地球人类一切文语传记，旁参诸现存之古刹古物为材料，细心推析，以忠实之纯客观，察果求因，以叙其后先之变嬗。上推至无复文语传记而止，约六千余载，曰人文史。从是，石器岩层更上推之，曰地质史。远至地球由日裂生、与各星及天空中无数恒星系；且观此太阳系未成以前，此处为一空洞无物之以太电子界，曰天体史。于是为察因求果之推断，结论今此地球人类之果，由若何演成；并预言今后之人物地球当若何，以至今后此一太阳系终当坏灭，再为空洞无物之以太电子果。”

如此，则世界为无始恒转之世界，不断流转于“成住坏空”之历程，进化仅为片面之真理。

时吴稚晖受梁漱溟等影响，误会佛法，以佛法为“人死观”，大师特致长函，与论佛法及政治（书）。

发表《告徒众书》。大师初冬有《海潮音》停刊之议，徒众多有筹商维持者。大师因指出佛教运动之重大危机，为“俗之僧夺”、“僧之俗变”，而告觉社以来之根本主张：

“夫此（佛法救世）运动之失败，旧佛徒不足责，独责出家在家之新佛徒，昧于分宜耳！在家新佛徒昧其分宜，不及者，则腐化僻化于旧僧，于是遂欲以斋公斋婆放生念佛了之；或由有钱及欲发财以过安闲生活了之；江浙之在家佛徒比比然也。太过者，则以僧之无能而不足崇也，欲夺住持佛教之僧位而代之，为法相、真言之学者又比比然也。殊不知其分内所宜为者，当上摧隐逸之僻化，下破迷俗之腐化，敬佛法僧，信业果报以安定心志，行十善法、作四摄事以立身处群。”

“出家新佛教徒昧其分宜，不及者，亦腐化僻化于旧僧，遂欲以当寺职、充院主了之；或欲以逸居无事，念佛等死了之。太过者，则唯知以办学、宣传、服务、作工为事，而欲取僧之寺院产业，皆化为基督教青年会式而后快。无法以达之也，则纷纷退僧而返俗，以自寻其新式之生活。殊不知其分内之所宜为者，固当以持戒、忍辱、苦行为本，深入僻僧中以自为出世之修证，而开发彼为法为众之悲愿；深入腐僧中以潜行应世之教化，而引起彼求学持戒之惭愧。"

觉社以来对于佛法之一贯宗旨，即三宝观。今摘其第一项：

"佛之根本观念，必在释迦牟尼佛。"

"一切经律，皆源本佛所宣说之声教，由佛徒历次结集而成者。"

"胜义僧宝，虽在三乘圣众或贤众中，但此土之住持僧宝，必在出家五众，尤在苾刍众。"

《海潮音》，后得泰县信徒钱诚善、王诚普发心，移泰县居士林编发，第九卷得以续刊（第九卷《海潮音》续出之新希望）。

民国十七年，一九二八（丁卯——戊辰），大师四十岁。

一月九日，大师一度来沪，与玉慧观、山田谦吉等，作中日佛教徒联谊之聚餐，希予创办中之寰球佛教图书馆以协助（海九、一"佛教史料"）。

大师度旧年于祖籍之崇德（明耀——古华法子——为佛性说）。今存《崇德访古华禅兄咏福严寺四景》（诗存）。时大师心情陷于极度失望,大有民初光景。出关来以佛法救世之雄心,民十受挫于净慈,知凭借禅林以改进之不易。十三年再受挫于武院,知凭借信众资助之不易。革命洪流澎湃,而新起之法相真言学者,唯日争住持佛教之分;新起之出家众,则唯宣传虚嚣而甚或离佛以去。何以适应大时代而扶佛法!大师颇有舍僧入俗之意趣。十六年,过长安;夏,约晤其胞妹;兹又度旧年于崇德。大师与故乡、俗眷而生关系,唯独此年。贯串以寻,不难见其心迹。且此固大师所明确论及者,如《告徒众书》云:

"就出家之新佛徒言:余近在闽南演说之《救僧运动》:一、真修实证以成圣果,二、献身利群以勤胜行,三、博学深究以昌教理。……就在家之新佛徒言:……能有一领袖以团结之,皆十善菩萨为中心的新社会也。"

"余则徘徊瞻顾于积极救僧运动之第二(献身利群)第三项(博学深究),或转身从事于十善菩萨行,犹待观机再为选定焉。"

"或转身从事十善菩萨行",即入俗之意。然大师信愿真切,决非一般舍佛之类。就大师观之,佛法唯是随宜适化。如出家而有益于佛教,则出家;使在家而更有益于佛教,则在家。出家在家,胥视适应而异。而其本则造次弗离。了解大师对于佛法之心境,此固无可非议者也。

二月十二日("正月廿一日"),武昌佛学院院董会改组,推王慧力(森甫)为院董长(海九、二"武昌佛学院新生命")。

按:《佛学院院董会略史》误以此为十八年事。

十四日,《立春有感》(诗存):

"微雪明明见,寒云密密封。远山增黯淡,流水自叮咚。人已度新岁,天犹带旧冬。乾坤不终蛰,一震起潜龙!"

是月,大师命大醒、芝峰先后去闽南佛学院,主持学务。去冬,闽院发生学潮。会觉离院去南山寺;蕙庭解决乏术,事态恶化,寺务院务均陷停顿。蕙庭及学生代表传戒(巨赞)来杭迎大师;大师委大醒、芝峰往为整理。下学期始复正轨。其后数年中,闽院遂为大师教育事业中心(自传二十一;略史;大醒、会觉、巨赞为编者说)。大醒去厦门不久,编行《现代僧伽》,多涉人之臧否,为老派痛心。如净心致大师书云:

"旧派意见,不难化除,而新派恐非易融洽。……昨阅《现代僧伽》一书,批评谛老、印老、及王一亭、黄涵老等。……任意污谤,云是猪头长老,蛆虫居士。"

按:《自传》以蕙庭离厦,至夏初闽院发生学潮,全误。又闹学潮之主要者,为怀璞、悟开,《自传》所记之慈航、谈玄等,实无多大关系。盖大师未曾亲处其事,仅泛忆有此几人耳。

是春,大师仍住灵隐。德人卫礼贤于佛郎府大学组中国学院,函聘大师为院董,并请往讲学(自传二十二;寰游记)。

按:《自传》以此为去年秋冬事,今姑依当时之记。

(一月)蒋中正复任总司令职。春,游杭之灵隐。与大师、玉皇(却非)合影以为纪念(自传二十一;海九、三"图")。

按:此照片流传甚广。不知何人剪去却非,仅留二人相。三十七年,编者亲见三人合影照相于灵隐寺。

程演生、赵寿人,过灵隐相访(诗存外集)。

暮春,一别十年之老友昱山,重晤于灵隐,盘桓三日(人物志忆九),大师和其韵三首(诗存),一云:

"春满湖山花满林,连朝阴雨阻探寻。老天不解如人意,何日方能慰此心!傥得狂风腾虎啸,尽教枯木作龙吟。浮云扫却晴空现,涌出红曦换绿霖!"

大师于失望中雄心犹昔,与前立春有感诗同。昱山赠诗慰之(诗存外集):

"性定曾经悟上乘,廿年煅炼更相应。青莲火里光华灿,信是人间第一僧!

"佛法双肩早自承,青年逸气逐云腾。道宏世浊相知少,欧海波澜展未能!"

时大师集抉择大乘,或抑或扬以导归中正之旧作,编为《大乘宗地引论》,交光华书局发行。

是春多评内院之作:《生活与生死》,对吕澂《印度佛教史略》作;《论掌珍论之有为空量》,对吕澂《因明纲要》作;《再论唯识与法相》,对欧阳竟无《摄大乘论大意》作。

三月,内政部长薛笃弼,有改僧寺为学校之议(海九、四"佛教史料")。中大教授邰爽秋,有庙产兴学之具体方案,拟向全国教育会议提出(常惺《僧界救亡的一个新建议》),僧界大受震动。现代僧伽社等呼吁反对。大师以“中国信佛的革命民众领袖”名义,发表《对于邰爽秋庙产兴学运动的修正》。时革命空气尚存,即专志净土之印老,亦考虑僧制之整建,谓:“佛制固不可不遵,而因时制宜之道,亦不可不亟亟研求,以预防乎世变时迁。”(海九、二)然时佛教犹无政府认可之合法组织,交涉殊感不易!

四月二十一日,大师作《对于中国佛教革命僧的训词》。大师计划之佛教革命方案,《我的佛教改进运动略史》曾略述谓:

> “最根本者,为革命僧团之能有健全的组织。其宗旨为:一、革除:甲、君相利用神道设教的迷信;乙、家族化剃派法派的私传产制。二、革改:甲、遁隐改精进修习,化导社会;乙、度死奉事鬼神,改资生服务人群。三、建设:甲、依三民主义文化,建由人而菩萨的人生佛教;乙、以人生佛教,建中国僧寺制;丙、收新化旧成中国大乘人生的信众制;丁、以人生佛教,成十善风化的国俗及人世。”

就其建设次第,称为三佛主义——佛僧、佛化、佛国;即“建设”之乙丙丁三项。大师首重建僧,故极力抨击抛弃佛僧主义而空言佛教之社会化。如云:

> “中国的佛教革命,决不能抛弃有二千年历史为背景的僧寺,若抛弃了僧寺,以言广泛的学术化、社会化的佛教革命,则如抛弃了民族主义而言世界革命一样危险!”

大师自谓:《训词》本以作革命僧团运动之纲领者,惜为大醒、芝峰公开发表,致革命僧团未曾实行组织(略史)。

二十三日,沈嗣庄以克鲁泡特金译稿相访,因作《克鲁泡特金的人生善行学》。一般所称之伦理学、人生哲学、道德学,大师以为名"人生善行学"为当(文)。

大师应之江大学约,讲《生命之研究》。

春杪,大师病神经痛,移沪医治(自传二十一)。

五月三日,日兵于济南造成惨案;七日陷济南。大师以"中国全国佛教会议代表"名义,与莹照致电日本佛教联合会,望其劝日本当局撤兵(致日本佛教徒电)。

时大师在沪,发起"全国佛教徒代表会议",主消除僧界之歧见(新旧之争),容纳各种提案,成为全会决议,然后成立佛教统一机构以资执行(恭告全国僧界文)。

时江浙有江浙佛教联合会之组织,圆瑛入京请愿(叶性礼《圆瑛法师事略》)。大师应上海俭德储蓄会请,讲《人生的佛学》。以后人生佛教之甚多讲述,内容不外乎此:

> "佛法虽普为一切有情类,而以适应现代之文化故,当以'人类'为中心,而施设契时机之佛学。
>
> "佛法虽无间生死存亡,而以适应现代之现实的人生化故,当以'求人类生存发达'为中心,而施设契时机之佛学,是为人生佛学之第一义。
>
> "佛法虽亦容无我的个人解脱之小乘佛学,今以适应现代人生组织的群众化故,当以'大悲大智普为群众而起义之大乘法'为中心,而施设契时机之佛学,是为人生佛学之第二义。

“大乘佛法，虽为令一切有情普皆成佛之究竟圆满法，然大乘有圆渐圆顿之别，今以适应重征验、重秩序、重证据之现代科学化故，当以圆渐之大乘法为中心，而施设契时机之佛学，是为人生佛学之第三义。”

六月二十三日，大师应蒋总司令之邀（以大师电告放洋日期），偕莹照自上海赴南京，寓毗卢寺，谒蒋于总司令部。翌日，偕游汤山。大师谈及：

“佛学为世界人类最高理想之表现，其救世之精神，非其他学术宗教所可及。必适应时代之思潮，国民之生活，方可推行无阻。际此训政伊始，百度维新之际，最好能组织一能统一僧俗两界之佛学团体，俾收民富国强，政修俗美之效。”

蒋氏赞同其说，因为作函介绍，往晤谭组安、蔡孑民、钮惕生、薛子良（笃弼）、王儒堂（正廷）、李协和（烈钧）、张子珉（静江）诸氏，洽商进行（自传二十一；略史；海九、五“佛教要闻”）。

按：“佛教要闻”谓：大师与蒋氏同车晋京，盖传闻之误。

七月二十八日，大师于南京毗卢寺，成立中国佛学会筹备处，开预备会三日。此即得蒋总司令介绍访晤之成果。初拟称佛教会，以蔡孑民、张静江等，谓此时不便提倡宗教，以设立佛学会为宜。至此，国民政府下，中国佛教始有正式组织雏型。尚不能揭出“佛教”名义，其艰苦何如！会中决议：推观同、惠宗、王一亭为筹备主任；成立“佛教工作僧众训练班”，远行及唐大圆负责;编《中国佛教》旬刊,由宁达蕴负责(恭告全国僧界文;中国佛学会会名说明;略史;海九、八"佛教史料")。

其间,大师发《恭告全国僧界文》,告以决先组佛学会,催开佛教徒代表会议。大师列举意见,且告以即日出国。佛教会事,希各方好自为之(文)!时大师为维护佛教,先后多所论述:《佛教僧寺财产权之确定》,《条陈整理宗教文》,《为礼制官制致薛部长书》,《呈五次中央执监会、国民政府请愿文》。

八月一日,大师在南京毗卢寺,开讲《佛陀学纲》,凡三日而毕。李烈钧来参预法会。黄忏华、宁达蕴记(文"注";略史)。《学纲》虽简单,实集大师思想之综汇。大目为:

一　原理——现实主义(法尔如是)

二　动机——平等主义(大慈悲)

三　办法——进化主义(由人生成佛)

四　效果——自由主义(无障碍)

大师回沪。偕陈维东访问证道学会(陈维东《证道学会访问记》)。

十一日,大师偕译人郑太朴(松堂)、赵寿人,乘安特雷朋号,离沪西游。民国十四年以来筹备之游化欧美,至此乃告实现。先一日,王一亭、程演生、张君劢、李国杰、黄警顽、吴贻芳等,为大师饯行于沧州别墅,与会士女六、七十。临行,孙厚在、赵充和、黄警顽、黄忏华、谢铸陈、大醒等来送别。为大师介绍欧美友人者,英人克兰柔、德使卜尔熙外,蔡孑民、张君劢、胡适之、程演生、王正廷、金纯儒等(自传二十一;寰游记;海九、七"法界通讯";海九、八"佛教史料")。

十四日晨,舟过香港。登岸,访老友潘达微及证道学会(寰游记;由上海至西贡一瞥;从香港的感想说到香港的佛教)。

十七日,舟抵西贡,留三日。寓大观园。《南圻日报》总编辑陈肇琪来访,意致殷勤。邀往李卓人家午餐,参观中法学校,晤校长罗珀(寰游记;由上海至西贡一瞥)。

按:《由上海至西贡一瞥》,以李立(卓人)为校长,误。

十九日晚,船复行。同舟有英人翰密登、美人希尔筏,精研佛学,将往暹罗出家。大师乃约与深谈(寰游记)。

二十二日,过星洲。中印两佛教会代表胡治安、黄锡权等,及转道、瑞于诸师来欢迎。赴中华佛教会演说,旋即登轮复行(寰游记;海九、九"消息")。

约经五日,舟抵锡兰哥仑布。大师登陆,参观佛寺及佛教大学(寰游记)。

九月,经苏彝士运河,泊南口。大师偕郑赵二君登陆,游埃及首都之开罗。渡尼罗河大桥,至古开罗,观金字塔之雄胜(寰游记)。

十一日,船入地中海。先时,路式导、江镜如、张作人等,发起中华国民同舟会,大师为撰缘起。至是,正式开会。会后,编"同舟录",(十三日)大师复为作后序(寰游记;阮毅成《彼岸》)。

是行凡月余,大师不病风浪,日与同舟华人晤谈,若路式导、阮毅成、何锐滨、孙世杰、张作人等。加尔各答大学教授达塔,信释迦为圣人,与谈特多(寰游记;阮毅成《彼岸》)。

十四日晨，舟抵法之马赛，东方文化学会赵冠五来迎。相偕乘车过里昂，翌晨遂抵巴黎（寰游记；海九、九“消息”）。

按：《寰游记》作十五日抵马赛。“消息”作十四日抵马赛；而大师《致海潮音社书》则云：“今已至巴黎二日矣。……九月十五日”书，则是十三日抵马赛；三说互异。今谓十四日抵马赛为正。“至巴黎已二日”，殆即至法国二日之意。

十六日，大师偕丁雄东，首访中国驻法使馆。余乃仁假法人俞休将军第，设蔬欢宴大师。席间，大师发表《西来讲佛学之意趣》（寰游记；海九、九“佛教史料”）。

“一、欧人所知之佛学之偏谬：仅知小乘上座部巴利文一派之偏狭；用欧人历史眼光考证之谬误；译大乘经典一二麟爪之偏谬。

“二、欧人未知真正佛学：梵文大乘沦没不全，藏文亦偏蔽于混杂婆罗门行法之密教；真正佛学，今仅存于华文及华人之实证者；欧人鲜能畅达中国文语，精研佛学，及虚怀访问于佛学有实证之华人。

“三、欧人今有闻真正佛学以实行修证之根基：以哲学之批评及科学之发明，已渐摧神教及空想之迷执，而接近佛学所显示之宇宙人生实相；牺牲一切以专心试验，求证真实，及向变化中前进，以期造成美善之果；习于有组织有规律之社会生活，能轻身家以为国群民族人世之公益。

“四、对欧人信受佛学后之期望：以坚忍勤勇之精神，于佛学得成实行实证之效果；以哲学的科学的方法，洗除佛教流行各时代方土所附杂之伪习，而显出佛学真相；以有组织有规律、轻身家重社会之品德，能阐扬佛学真理，以普及世界人类，造成正觉和乐之人世！

“五、在欧讲佛学之态度：当仁不让，以攻破偏谬而显示真正；及时无间，以应付机遇而实现期望；开诚布公，以待求真正佛学者之访问。

“欧洲今富圣人之才而缺圣人之道，吾人今有圣人之道而乏圣人之才。有道乏才，则不足以证其道；富才缺道，则不足以尽其才。得圣人之才以授圣人之道，是为吾至欧讲佛学之总意趣。”

旬日间颇为闲适，余乃仁、赵冠五、昆仑、马古烈辈，时导大师游巴黎名胜，一一纪之以诗（寰游记；诗存）。

某日，东方语言学校校长马古烈，为大师约诸东方学者，设茶会于东方博物院（寰游记）。

二十七日，东方文化学会邀大师讲学于巴黎哲人厅，题为《佛学与科学哲学及宗教之异同》。胡咏麟译语，周逸云、徐公肃记。次偕胡咏麟、赵寿人，赴齐代办驻法使馆之欢宴。同席者，有刘文岛、巴黎大学教授葛拉乃、东方语言学校校长卜也（寰游记）。

二十八日，卜也约往参观东方语言学校。为大师介绍与法国天主教大主教相晤见，论及中国之反宗教运动及信仰自由问题（寰游记）。

是日，卜丽都女士造寓相访。以听讲发心学佛，乞受皈依，乃名以信源。日人友松圆谛、藤冈正隆、山口益、大谷馨、浅野研真、冈本贯莹等亦相偕来访(寰游记)。

二十九日,大师参观东方博物院,院长阿甘导观说明(寰游记)。

是月,国内佛教,仍一无起色。一日,佛学会常会,议决另设佛教会(致宁达蕴书)。

盖以南京会议时,圆瑛犹多和同。迨返沪,为沪、杭名流居士所包围,竟主佛会设上海觉园(便于控制),南京设办事处。佛学会分子,乃主别设佛教会,保留佛学会以观其变(闻黄忏华说)。王一亭致书钟康侯,亦谓佛会应设首都,以设觉园为不妥(海九、十一"佛教史料")。前此本有江浙联合会之设,是时居士全体辞职。一以常务办事者多为居士;二以浙江诸山别有兴树,为江苏方面所不满(海九、十一"佛教史料")。王一亭以维护佛法,面请于蒋总司令。蒋谓(海九、十"佛教史料"):

> "一、真正依佛教行持的僧徒,可以保存。二、借教育以造就有知识的僧徒,可以保存。三、寺院须清净庄严,不可使非僧非俗的人住持。且对于社会,要办有益的事业,可以保存。"

政府于佛教,固予以新生之机,其如老上座、名居士之别有会心乎!

十月,某日,胡咏麟为设茶会于某旅社,因识中国法律顾问爱斯嘉拉,始谈及发起世界佛学苑事。爱氏以告葛拉乃,葛邀大师过其家商议(寰游记)。

九日,陈济博自比利时来见大师(寰游记)。

十日,国庆。中国驻法公使馆招待外宾,大师被邀出席。晚,大师应国民党驻欧总支部招,参观庆祝(寰游记)。

十一日,法国信佛者马格尔、里维也等来访。大师语以组织巴黎佛教会,以联络信佛同志(寰游记)。

十四日,应法国各界请,于东方博物院,讲《佛学之源流及其新运动》,院长阿甘译语(寰游记)。讲稿分"佛学的发源"、"佛学在印度的流行"、"佛学在中国的流行"、"现今佛教在世界上的三个中心"、"余之佛学新运动"——五目。论"佛学在中国的流行",揭露大师对于中国佛学之激赏:

> "从中国民族第一流人士,自尊独创的民族特性,以达磨西来的启发,前不见古人,后不见来者,而直从释迦未开口说法前的觉源心海,打开了自心彻天彻地的大光明藏,佛心自心,印合无间。与佛一般无二的圆明了体现了法界诸法实相,即身便成了与佛陀一般无二的真觉者。然后应用一切方言的俗言雅语,乃至全宇宙的事事物物,活泼泼以表现指示其悟境于世人,使世人各各直证佛陀的心境。此为佛学之核心,为中国佛学之骨髓。唯中国佛学握得此佛学之核心,故释迦以来真正之佛学,现今唯在于中国。"

论及"余之佛学新运动",举其特色为:"人生的佛学","科学的佛学","实证的佛学","世界的佛学"。大师法音既播,报章多对之有好评(寰游记)。

十五日,访法国有名印度学者(新自日本归国)希尔筏勒肥,与谈发起世院事(寰游记)。

其间,曾任驻华法馆职德礼克之夫人,发心为大师画像,永留法兰西画苑为纪念(寰游记)。

二十日,大师召集巴黎友人,于东方博物院,商世界佛学苑事。宗旨为:"昌明佛学,陶铸文化,增进人生之福慧,达成世界之安乐"。发起人:太虚、(法国为)希尔筏勒肥、阿甘、葛拉乃、胡雪、爱斯嘉拉、马古烈、腊尔华、伯希和、马格尔、龙舒贝勒等二十余人。商定设通讯处于东方博物院;大师先付五千法郎为筹备费(寰游记)。由大师担任,中国南京毗卢寺,设中国通讯处,并邀集发起人(告海内佛学同志书)。大师乃发:《告国内佛学同志书》、《致蒋总司令书》,报道经过而希望奋起提倡。

二十一日,大师讲演于灵智(证道、通神)学会,讲"有情与流转之进化",信源及胡咏麟(觉始)译语(寰游记;海十、一"佛教史料")。

大师在巴黎,更有灵智学会初讲之"佛学一脔";佛教美术讲演会所讲"佛法与美",胡咏麟译语(讲稿今存);巴黎大学讲演会所讲"中国禅宗",葛拉乃译语(海十、一"佛教史料");并《游记》所未详。

大师之讲演辞,由巴黎佛学会出版之《讲演集》(英文),英人摆乃能为之序。埃而刚书店编译之《佛学》(法文),晦谬几不可读(记关于佛学之演说;覆巴黎佛学会书)。

二十二日,大师设茶会,答谢中外友人之盛意,致告别辞(寰游记)。

二十三日,大师偕马古烈、陈济博,自巴黎抵英之伦敦(寰游记）。

按：陈济博追记《与罗素先生之谈话》，时日迟《寰游记》一日，今依记。

二十五日，大师访中国驻英使馆陈秩三代办（寰游记）。

二十六日，大师赴三真社（印人）达斯果菩塔之约，略讲"我之佛化新运动"，于焌译语。别有讲耶、回、印度教义者，有混融各民族各宗教之伟观（寰游记；海十、一"佛教史料"）。

二十八日，应大英博物馆东方文书部贾尔士之招，偕马、陈同往参观，"闳富堪称第一"（寰游记）！

二十九日，贺雪夫人邀大师赴美以美会之纪念大会，晤大主教及内阁总理鲍尔温。旋由贺雪夫人，牛津大学教授苏息尔，陈秩三代办，偕赴东方文字学校，应中国学会讲演之约。大师讲"佛法之过去现在及将来"，于焌译语（寰游记；海十、一"佛教史料"）。

按：中国学会之讲演，《寰游记》作二十六日，又作二十八日。然依记推寻，应为二十九。

三十日，魏士特敏士特寺长福克士立乐立，邀大师往寺参观茶叙。寺为英皇加冕处，历代英后咸葬于此。是晚，大师与伦敦佛教会长亨佛利士，公开讲演佛学与某社（寰游记）。

十一月一日，章士钊来寓访晤，谈东西文化（寰游记）。大师游观所得，乃知"东方文化一名，所指极广。……决非举一二种可为之代表；亦非立一二种概念，如所谓西方是物质文化，东方是精神文化等类所能说明"（东方文化正名）。

三日，大师以蔡孑民之介，得罗素电约，偕陈济博访于海滨之山舍（寰游记；陈济博《与罗素先生之谈话》）。

其谈话，略云：

"师：吾为研究佛陀所说大小乘法之理论者。……于先生之学说，亦颇曾涉略。……喜先生之卓见迥不犹人！……今日深幸得与先生一谈。

罗：吾亦思研究佛学，但恨未能耳！不知吾之哲学，与佛学有相同之点否？

师：先生之哲学，颇多与佛学同点。……先生既只认有如飞而游之感觉，与感觉"今有"，而又创说有"中立特体"。此之中立特体，其即感觉或感觉今有耶？抑为感觉与感觉今有之下，更根本之另一法耶？若为另一法，则有违只认有感觉与感觉今有之主张！若即感觉与感觉今有，则何须更说此中立特体焉？

罗：此问题，吾尚在思考中，犹难更为决定。

师：先生所谓之中立特体，为各各独立存在之非因缘所生法耶？抑与若心若物等同为因缘所生法耶？

罗：此中立特体，是否亦为因缘所生法，乃如旅行到荒漠中，尚未能决定其方向一样。

师：若中立特体为各各独立存在之非因缘所生法，则近于佛学中小乘一切有部之实有法。若亦为因缘所生法，则近于大乘缘生性空之法。此有小乘之《阿毗达磨毗婆沙论》，及大乘之《中观论》等主张其说，似可供给先生之解决前二问题之参考。先生亦曾研究之乎！

罗：吾于佛学书，只看过几册英文译本。所举二论，恐唯中国文所有，惜不能研究之！吾昔年游历中国，知中国为今后世界中极有希望之一国。大师新从中国来，中国之政治情形，可言其大略乎？

师：据吾离开中国时所知者以言，则中国已统一于国民党政府。内部能融合一致而不分裂，则中国从此走上安内攘外之政治轨道。”

四日，大师应摩诃菩提会伦敦分会（秘书达耶海瓦维塔恩）之约，往讲“小乘与大乘之关系”，陈济博译语。大师勉以为世界佛教联合之组织（寰游记；海十、一“佛教史料”）。

五日晚，赴伦敦佛教会，讲“佛学联合研究之必要”，曾宪孚译语。并议定：该会所出佛学月刊，任传译中国佛学之责。由会长亨佛利士，任联络英国佛学界，筹设世界佛学苑伦敦筹备处（寰游记；海十、一“佛教史料”）。今存伦敦无线电台广播之《告全球佛学同志》，疑即此晚所讲。

六日，大师偕陈济博抵比京（寰游记）。

七日，访王公使景岐；偕赴中比友谊会之聚餐会。大师与王公使、比驻华公使华洛斯、国那社社长泰士合影（寰游记）。

八日，大师偕陈济博，应齐尔教授之约晤；会见梵文教授杜门、希腊文教授格列古尔、波多大学哲学教授兑生、星洲《新国民报》记者胡鉴民。大师与齐尔谈其自由哲学，与大师自由史观，意见为近。翌日，鉴民以所译《自由哲学》来，大师因为之作跋。鉴民作《太虚法师在欧洲》，载于《星洲日报》；介绍大师学业，颇致推崇（寰游记；跋自由哲学；鉴民《太虚法师在欧洲》）。

九日，应东方学会约，晤会长普善、荷兰佛学者费式尔等（寰游记）。

十一日，参加王公使夫人发起之海外拒毒后援会成立会（寰游记）。

十二日，大师与陈济博访滑铁卢之古战场，观战地写真之油画（寰游记）。

十三日，应东方学会之茶会。费式尔赠大师以《菩萨地经》（残片）梵文、法文、华文之会译（寰游记）。

十四日，郑松堂以德国佛郎府大学中国学院卫礼贤院长之函来迓（寰游记）。

十五日，费式尔来寓，谘访佛学。大师为略说《成唯识论》大意。是晚，大师偕郑松堂（太朴）乘车去德，王公使等均来送别（寰游记）。

十六日，大师抵德之佛郎府。寓雷博尔脱私家宿舍，幽静闲旷，乃暂息征尘（寰游记）。

十七日，晤卫礼贤。商定：郑君为大师译华成德，编书交敏兴之雪洛斯书店出版。中国学院学员詹显哲，常来为大师译语（寰游记）。

某日，大师访诗人歌德之遗屋（寰游记）。

某日，达姆斯达德城之开在林伯爵，得张君劢介绍，函约大师往游。开氏于佛学颇有所见；大师与谈禅宗（寰游记；与德人谈话鳞爪）。

二十九日，大师讲《身命观与人生观》于佛郎府大学，卫礼贤译语；听者六、七百人，多半为该校员生。大师旧识卜尔熙公使，亦专诚来听。是讲稿，以缘起之“和合”“相续”为身命，而以唯识、中观义说之。德人读此稿，多有来函商讨者（寰游记）。

按：海刊十卷一期“佛教史料”，讲题作“佛陀哲学原则”，误。

十二月一日，大师偕卫礼贤，詹显哲去敏兴（寰游记）。

按：海刊十卷一期“佛教史料”，谓大师于敏兴中国学院讲“佛学大纲”，卫礼贤译语。实为卫君代讲之误。

五日，大师返佛郎府。寓中国学院，常占一室以诵经（寰游记）。

十二日晨，大师着衣诵经次，卜尔熙公使来。卜使约大师及卫礼贤，作莱茵河探胜之游。与卜使谈及：国际间相忌相侵，终无以得人世之和乐（寰游记；与德人谈话鳞爪）。

十四日，大师讲演“佛学之变迁大势及其新倾向”于中国学院，卫院长译语。听者二、三百人，皆热心东方文化及哲学与佛学之研究者（寰游记；海十、一“佛学要闻”）。

其间，大师与卫礼贤商决：以中国学院为世院之德国通讯处，招集发起人。于院刊译载中文佛经（寰游记）。

十七日晚，詹显哲陪大师赴莱勃齐，应海里士、万灿之教授之请。至则时值寒假，乃改订后期（寰游记）。

十八日，万灿之来访。以海里士之邀，往参观东方学院，与海里士、魏勒晤谈（寰游记）。下午，应杜里舒教授之约晤（蔡孑民、张君劢介绍)。大师询其"隐德来希,为原始唯一而终归于一,抑生物始终各有其一"? 杜氏承认前说,而以始终之间,则各生物各有其一(寰游记)。

十九日,应爱吉士教授之邀晤。爱氏谓:"在科学思想上能建立世界新宗教者,唯有佛教。"(寰游记;与德人谈话鳞爪)

二十日,抵柏林。时詹显哲应国府之法院编修职,大师乃与话别(寰游记)。

某日,访中国公使馆,晤梁秘书颖文。年底无事,日与留德学生俞大维、赵懋华、周自新、钱子宁、李祖冰、邓名方等相晤谈。并晤邓演达、黄祺翔、任右民、巴玉藻诸君。游览过年(寰游记)。

民国十八年,一九二九(戊辰——己巳),大师四十一岁。

一月三日,大师赴学生总会,共庆新年(寰游记)。

四日,远东协会总秘书林待,以卫礼贤之介,约大师往晤;见会长叩尔纳等(寰游记)。

五日,以驻日德使索尔夫之介,民族博物院莱辛(曾从梅光羲学)教授,约大师往晤(寰游记)。

六日,大师应约赴德国外交部,晤东方司长脱老乎脱孟,课长密歇尔遁。脱氏以上次欧战,由于缺乏道德修养。大师告以:

> "欧洲以前本亦有宗教信仰,以为道德涵养。但因近代科学知识之进步,欧洲以前所信之宗教,在科学理智上已难成立其信仰。故应有从科学理智而上达于最高最圆满之佛法,以为现代欧洲之新信仰,促进于道德之修养。"(寰游

记;与德人谈话鳞爪)

八日,大师出席德国远东协会、外交部、大学院、柏林大学之联合欢迎晚餐,商世界佛学苑事。获悉驻日索尔夫大使不日回德,因决留柏林小住(寰游记)。

其间,叠应哈勒、莱辛诸教授之茶会与晚餐(寰游记)。

十六日,大师四十初度,摄影自题(诗存):

“浮生四十今初度,幻质飘零尚未央。风烛无常愿无尽,海天云水正茫茫!”

旋偕郑松堂,应(张君劢介绍)倭伊铿夫人约,去耶纳,寓倭伊铿纪念室。晤倭夫人,甚致慨于近代之欧化,而表示仰慕中国古文化之热忱。晚,开演讲会,大师讲“佛法与哲学”,郑松堂译语。听者以倭伊铿哲学会会员为多(寰游记;与德人谈话鳞爪;海十、一“佛教史料”)。

十七日晨,参观大学及击剑会。午后,赴莱勃齐。晚,讲“佛法与科学”于莱勃齐大学,郑松堂译语,听众近千人。杜里舒、爱吉士、海里士等,送大师回寓,设茶点再作长谈(寰游记;海十、一“佛教史料”)。

十八日,还柏林(寰游记)。是日,国务会议议决,公布“监督寺庙条例”二十一条,有以全部寺产充社会公益趋势(略史;海十、一“佛教史料”)。

二十日,维德海伯爵来访,询禅定与神通(寰游记)。

二十一日,博尔士满教授,邀过其家茶叙(寰游记)。

二十二日,莱辛陪大师赴普鲁士教育部长伯克之约晤。伯克允为世院发起人；有成立佛学院意，大师乃以佛学之内容，应分教理与行果二部，由莱辛译成德文以告之（寰游记）。

二十四日，闻蒋雨岩公使来柏林，大师偕万灿之往访（寰游记）。

二十五日，大师讲学于民族博物院，莱辛译语，听众六、七百人，以柏林大学师生为多。旋赴柏林佛学者司泰恩凯成立之柏林佛学会，讲"人生佛学"，听众百余，并信佛士女（寰游记）。

按：《中国近代之民族生活》，原注"在德国耶纳城讲，余乃仁记"。考《游记》，耶纳既无此讲，余乃仁亦未至德国。据题推察，疑即于此民族博物院所讲！

二十六日，大师应留德学生总会约，集有志研究佛学之中国学生，为之讲演（寰游记）。

二十七日，司泰恩凯来访。司氏于禅定颇多熏习。卫礼贤来访，知征求世院发起人，已得各国六十余人之赞允；大师乃与话别（寰游记；与德人谈话鳞爪）。

二十八日，大师以法国外交部电邀等事，乃与柏林友人话别，离德去法，蒋公使来送行（寰游记）。

三十日下午，大师还抵巴黎，余乃仁、胡咏麟、杨娄峰、信源等来迎（寰游记）。

二月一日，大师访齐代办。晚应希尔筏勒肥之约晤。时日本闻风兴起，亦派僧侣来法传教。希氏素与日友善，欲设法日佛教学院（寰游记）。

二日，大师奉藏佛及佛画二帧，张供巴黎佛学会（设龙舒女士别墅)。集会员,与之商订章程(寰游记)。

三日,大师至东方博物院,应法国外交部之欢迎会,到伯希和、葛拉乃等。法国外交部代表比勒致欢迎辞,谓:法政府令巴黎市政厅,即捐地为世院基址。大师致谢,语以待商诸发起诸君(总院是否设巴黎),惟当以法政府之盛意,通告各通讯处。会毕,大师与伯希和互致倾慕。时法国允为发起人者,已三百余(寰游记)。

八日,旭佛乃尔夫人供午斋。夫人为女交际家,任职国际联盟会。席间为谈佛法要义,信心大发(寰游记)。

十日,"己巳元旦",巴黎佛学会开成立会,大师出席指导。为诵《弥勒上生经》,导唱三皈依,略示《上生经》大意。龙舒女士与旭佛乃尔夫人,乞授皈依,乃名以德贞、德亨。大师以慈宗三要,嘱为译传流通(寰游记)。

十二日,德贞等来送别;德贞致供养美金三百元(寰游记)。

十三日,胡咏麟陪大师至血部耳港,乘亚美利加号去美(寰游记)。

二十二日晨,轮抵纽约,屠副领事汝梅、沈有乾、黄恩孚、司徒一平来接;寓勃来斯冷旅馆。是夕,应郭秉文之欢宴。同席有张伯苓、朱继生、孟君治等。为论佛教及与中国之关系(寰游记)。

二十三日,纽约宗教学院休谟教授,以汽车来,偕听福斯登牧师之讲道。休谟奉基督教,略知佛教;大师为述历游欧美之旨趣。休谟与黄恩孚,偕大师去宗教学院晋餐(寰游记)。

二十四日,访总领事馆,游唐人街。晚,应领事馆欢宴(寰游记）。

二十五日，印人达斯来访。应而里特夫人茶会，与会者均新闻界。而里特夫人为译世院通告书为英文（寰游记）。

二十七日，郭秉文陪大师赴望在尔夫人之茶会，约有中国政府经济顾问萨立门。为大师摄一有声电影，留美纪念（寰游记）。

二十八日，著作家孙鲍恩来，请供给有关佛学之材料。爱拉博士来谈，以宗教无裨于人类之道德为言。大师告以佛法不徒为信仰，乃使人了解宇宙人生之真相，以进于道德之实行（寰游记）。

按：《游记》作“二十九日”，与此年二月平不合。

三月一日，黄恩孚陪大师往华盛顿。江亢虎来迎。晚，江夫人陪往参观国会图书馆，即赴该馆会堂讲演。讲毕，答该馆东方部主任恒慕义之问（寰游记）。

按：大师《致宁达蕴书》，署“三月一日”，而云“明日赴华盛顿”，与记差一日。其后演讲日期，约差一日。此由东西时差，故所说不同，今姑依记。

二日晨，王文山以车来，邀大师游览华市，观参众两院及总统府。次访伍梯云公使。下午，偕江亢虎、恒慕义共观涅槃造像（寰游记）。

三日，江亢虎、王文山，偕大师往观胡佛总统就职礼。当晚返纽约（寰游记）。

四日,大师乘车赴耶鲁,拉多勒教授来迎,下榻大学俱乐部。晚,讲于耶鲁大学,沈有乾译语(寰游记)。

五日,白朗洪夫人以车来迎,遂赴哈福学院;晤何乐益、路思义等诸教授。学生会公赠花束,颇热心讨论宗教。旋韩穆敦教授来,出其翻译未竟之《二十唯识论》,于佛教之唯心哲学,颇为赞赏!晚,大师演讲,沈有乾译语,听者四、五百人(寰游记)。

按:《游记》之"哈福学院",即曾见前记之"初五日哈脱福特宗教学院"也。大师《致宁达蕴书》(二)云:"六日赴哈脱福特大学,七日赴哈佛大学讲演。"然《游记》明云:"哈佛大学约于三月二十六讲演,并请于四月初四日参加中国学院之成立。余以日期过迟辞却。"可知哈福即哈脱福特,而哈佛则其后未去。大师发致宁书,盖预告而未确定,或西名记忆为难,致有此误。

六日,大师返纽约(寰游记)。

七日,以陈焕章、晏阳初与大师晤谈,郭秉文特为设筵木兰,大师为谈佛学与共和国民及未来人世之关系(寰游记)。

八日,赴阿立尔夫人午餐约。某老天主教师,未知佛学为何义,多不必要之辩诘;大师赠以英文讲演集,令其研阅(寰游记)。

九日,上午,赴摩诃菩提会纽约分会之欢迎会,大师讲演,黄恩孚译语。达斯甚望佛教能与印度教为联合之运动,以促人世之和平实现。四时,应万国(学生)公寓之约讲,沈有乾译语;即于寓中聚餐(寰游记)。

十日,应门罗博士约,沈有乾陪大师往哥仑比亚大学。与门罗谈大同之世界教育,颇得其同情。次赴施乃德哲学教授之晚餐会,富路特、薛维林、芳春熙、戴闻达四教授及休谟同席。次赴讲演,沈有乾译语,听者多哲学系及宗教学院学生。讲毕,略有问答(寰游记)。

十一日,大师离纽约去芝加哥,沈有乾、黄恩孚、林松柏等来送别(寰游记)。车次,赋"闲吊时哲"(孙中山、黎黄陂、康南海、梁新会)四律(诗存;人物志忆)。

按:《人物志忆》以此为自芝加哥至旧金山车次,误。

十二日晚,大师抵芝加哥,赵之远、林我将来迎(寰游记)。

十三日,赵之远偕访费尔特博物院长罗特,与作长谈。商决:设立世院美国通讯处于是。该院藏中国佛教及儒家、道家与通俗之古物及模样甚多;大师摄古弥勒像一帧(寰游记)。

十四日,曾任意大利广州总领事之佛弼执礼来访;论及世界佛学苑,主设于中国(寰游记)。

十五日,匈牙利佛学家佛意来访,大师为解说有关于佛教之问题。次赴讲演会,座设西北大学商科之讲堂;克利尔译语,听者多为芝大及西北大学师生,及研究东方文化与佛学者(寰游记)。

十六日,大师离芝加哥,往三藩市——旧金山(寰游记)。

二十日,抵三藩市,龚总领事与日僧千崎如幻、美佛教徒伏伦贝来迎,寓大观楼。当赴总领事馆,及如幻之东渐禅窟。如幻留此布教二十余年,颇得美士女之信仰,大师深许之(寰游记)。

二十一日,如幻偕游。晤同源会沙志培,沙以车陪游,遇

《世界日报》伍宪子(寰游记)。

二十二日,周铭三、萧孝荣、高翰来访。萧究心理学,大师因从询美国现时之心理学派。那文、华轲来,邀游金山之顶,并参观斯丹福大学(寰游记)。

二十四日晚,沙志培偕大师赴某夫人之茶点,来宾二十余人,论佛学及宗教甚久(寰游记)。

二十五日,大师偕如幻,渡海赴卜技利,应(成都华西大学教授)费尔朴博士之约。费方著《菩提达磨论》,因举数事以就正。晤山达须教授,其后为编译《太虚佛学》(寰游记;记关于佛学之演说)。

二十六日,彼岸与真如,陪大师游金山全市。次赴神田家,出席弘法大师奉赞会(寰游记)。

二十七日,费尔朴以车来,迎大师去卜技利(山达须教授之)宗教学院讲演,沙志培译语。大师与费、山及学生讨论颇久。旋赴嘉州大学之公宴,晤及李佳白公子约翰、日本佛教青年会之常光浩然、本愿寺僧锄野光藏。四时,大师讲演,萧孝荣译语,听者近千人。次由华轲偕赴柯克兰之学生名誉会晚餐,同席有林同济,郦吉利等。大师演说,周铭三译语(寰游记)。

二十九日,大师赴东渐禅窟讲演(寰游记)。

三十日,赴卞司脱夫人之灵智学会讲演(寰游记)。

三十一日,大师赴基督教青年会,为华侨讲演,刘展伯译语(寰游记)。

四月三日,如幻偕大师赴日本布教师波多泰严之约讲(寰游记)。

五日，林华耀、沙志培、赵澄波来寓，拟购地建精舍，与刘展伯等组佛学会。大师为草缘起及简章。下午，大师登范朋总统号，离美返国；彼岸及龚总领事、高副领事，并来送行（寰游记）。

十三日晨——舟行七日，舟抵檀香山。本愿寺开教师今村惠猛，佛教青年会干事植田政市，美佛徒海脱三，及中岛裁之来迎。大师赴十字架教会之讲演，李绍昌译语。讲毕，颇多讨论。次至中华会馆——商会讲演，李绍昌译粤语。晤杨棣棠，惜隔于语言，不克畅谈。次赴华侨之公宴。次偕植田、中岛、杨棣棠，赴佛教联合会，到日印美英佛徒五、六十人。大师略述游历经过，中岛译语。旋登轮而别（寰游记；海十、四"佛教史料"）。

十二日，中国佛教界切感于中国寺庙条例之苛虐，由中国佛学会（谢健、黄忏华等）会同江浙佛教联合会，召集十七省代表，开全国佛教代表会议于上海，决成立佛教会。拟定章程，呈请党部及内政部备案，并请修正管理寺庙条例（略史；海十、五"佛教史料"；常惺《寺庙管理条例与宗教委员会》）。

十四日，武昌佛学院关系人（先得大师函示）于武院开世院第一次筹备会，推唐大圆为筹备主任（海十、四"佛教史料"）。时武院以大敬离职回湘，改由法舫管理。妙阔、唐大圆俱来院，因有研究部之设，学员有尘空等少数人（法舫致编者书）。

二十五日晚，轮抵日本之神户。翌日，佐伯定胤来轮造访。大师约以同为世界佛教之新运动，而佐则特关心于中日佛徒之亲善（寰游记）。

二十九日晨，大师还抵上海。莹照、体参、墨禅、王一亭、程仲英、徐醒忱等来迎(寰游记)。大愚、孙厚在来见,欢宴大师于功德林,同席有蒋维乔等(《大云》九十三期)。

三十日,大师应(大愚之)印心精舍之欢迎,讲《去欧讲学及经过之一斑》,体参记(海十、五"佛教史料")。时大愚在沪弘法,由陈元白为之揄扬。自谓庐山闭关念佛,得见普贤现身,授以心中心咒。好言宿命,以神奇惑世,哄动全国(自传十一)。是夏,王森甫等颇为所惑,大师告以:

> "大愚偶言人宿命,事无可稽,徒益人疑谤,皆不应传述。凡此鬼神亦优为者,佛法行人勿存心念将以为逗人方便!其被此等方便引生之信心,大抵迷信,徒长鬼神教之焰,反蔽佛光。"(致王森甫陈仲嗜书)

大师以大愚"多预言世事,谈人宿命,以神相骇异,遂屡书戒之"(海十、九"大师启事")。不听,其徒属且有诽毁大师者。时印老("五月二十九日")复某居士书,痛斥大愚,亦引起大愚徒属之诤论。迨阎冯之战失败,大愚始铩羽潜形。

五月四日,大师赴报本堂,出席上海各界之欢迎会(海十、五"佛教史料")。盟兄圆瑛致颂词(海十、六):

> "佛法有幸,杰出斯人!于末法世,乘大愿轮。童真入道,脱俗超尘。学通三藏,智冠同伦。具无碍辩,融旧合新。降魔制外,裁妄续真。遨游欧美,广度迷津。遄归本国,唯愿扬我佛教之精神!"

五日,大师应世界佛教居士林之欢迎,讲《寰游之动机与感想》，晦盦记（海十、五“佛教史料”）。

六日，大师赴杭，住灵隐寺。十二日，杭州佛教界惠宗、却非、钟康侯、范古农、常惺、蕙庭等，假浙江僧学院（常惺、蕙庭主办），开欢迎大会。大师讲《佛法对于现代人类之贡献》（海十、五“佛教史料”）。

大师小住灵隐，稍事游憩，审读九卷《潮音》，作《第九卷海潮音之回顾》（文）。其时，留藏（西康）学法团大勇等，发《劝请全国居士如律的护持三宝书》，于印老倡导净土而杂以儒说，有所批评（文）。

大师回甬，省奘老（叙觐言）。

按：《叙》署“六，三于甬江”。然大师于三日出席上海佛教会，三疑二之误。

六月三日至五日，大师在上海，出席中国佛教会第一次执监委员会，大师被举为常务委员（略史；海十、五“佛教史料”）。中国佛教会章程，先期由大师与王一亭联名致书，且由王一亭亲谒蒋主席，乃得内政部准予备案，党部则犹未能批准（略史；追悼王一亭长者）。行政院六月三日批云：

> “呈及会章均悉。此案前准国民政府文官处公函开：奉主席谕：交行政院，转饬内政部查照备案，等由，业已由院转饬内政部查照备案矣。仰即知照，此批。”

大师与王一亭之一番苦心，中国佛教会乃得略奠基础；然僧界懵懵，固难以有为。如王一亭致大师书云：

"震屡与僧界陈述各情,请各丛林诸山大发慈悲,将佛教会及佛学会有一种真实办理。僧界事负责者少,内部问题,更难于对外。……五月一日。"

"僧界中,于佛法真宗旨不能实行,深为可惜!即负责办事者,亦少能如法师之眼界!……七月三十日。"

大师以管理寺庙条例之不利佛教,而该条例五月中已交立法院审核,法制委员会长焦易堂以询大师,乃作《佛寺管理条例之建议》(略史)。

二十六日("五月二十日"),李隐尘(年来以政局丕变,息心从持松学密)卒于汉口(法舫《李隐尘先生追荐记》)。

七月,度夏灵隐寺。十九日,跋《王小徐佛学之科学的说明》(跋)。

八月十日,湘主席何键来灵隐寺造访(海十、十"图")。

上海有佛学书局之创办。大师以昔(六年)购得于日本之《观心觉梦钞》,序而嘱为流通(叙观心觉梦钞)。

九月一日,大师出席上海中国佛教会第二次执监常会(海十、八"佛教史略")。

武汉信众,推陈仲喈来沪亲迓,大师乃偕以俱行(海十、十"佛教史料")。

过苏州,吴县佛教会欢迎(海十、九"佛教史料")。游灵岩诸胜。大师出家于灵岩附近,故有诗云(诗存):

"廿载灵岩忆旧游,苕峣塔寺望中收。前尘影事模糊甚,山自凝然水自流。"

大师过镇江，列席江苏省佛教会（海十、九“佛教史料”）。

沿江西上。十七日，“中秋”，大师游九华山。时寄尘在山主办九华佛学院。容虚等陪游，大师有《九华杂咏》十首（海十、十“佛教史料”；诗存）。

二十二日（“二十”），大师抵安庆。时慈航住持迎江寺，会觉为策划佛教革命（不久失败离去）（海十、十“佛教史料”）。

二十七日，大师乘大贞轮，抵一别四载之汉口，驻锡佛教会（海十、十“佛教史料”）。

二十九日，大师受各界盛大之欢迎。到会者，李子宽、张纯一、唐祖培、王民朴等七、八百人（海十、十“佛教史料”）。大师讲《甚么是佛学》，法舫记。以教理行果统摄佛学，为大师西游归来所组成（世院）之体系：

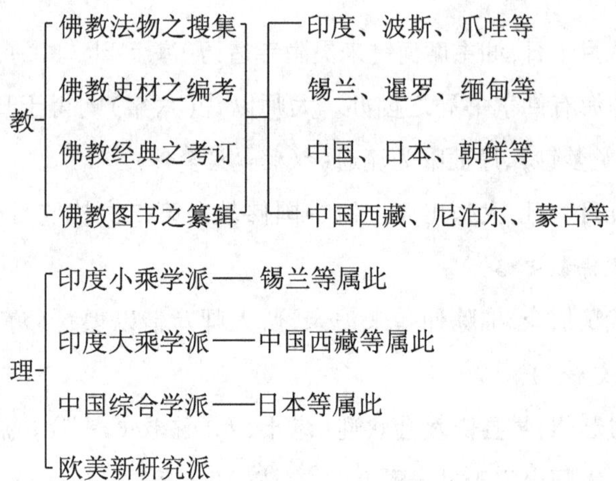

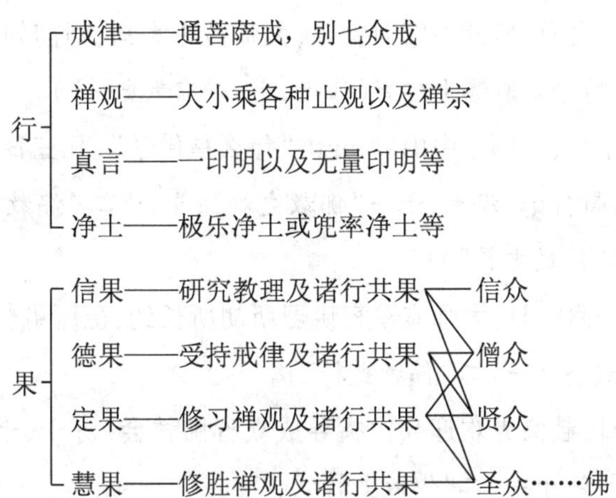

是月十二日（“八月初十”），大勇卒于甘孜（传震《致大师书》）。

十月一日，大师于汉口佛教会，开讲《大乘法苑义林章·唯识章》（“观唯密二派行者学者，近有偏执，故讲此章”），约两星期而毕。法舫记，成《法苑义林章唯识章讲录》。李子宽始于法会依仪皈依（能断金刚般若经释序；海十、十“佛教史料”）。

十日，国庆，大师于汉口文化学院，讲《文化人与阿赖耶识》，斯继唐记（论）。

大师回武院，住一星期。时院中驻兵未去，未能积极进行。为研究员讲“大乘宗地图”（海十、十“佛教史料”；法舫《大乘宗地图释后序》），及《研究佛学之目的》。

佛学院院董会，征得钟益亭、王达五、罗奉僧等加入；仍推王森甫为院董长，以李子宽为院护（佛学院院董会略史）。

二十七日，大师依《整理僧伽制度论》，指导改组汉口佛教会为佛教正信会（海十、十一“佛教史料”）。

二十九日，应湘主席何键请，大师偕唐大圆、刘彻如等抵长沙，绍奘侍录。驻锡上林寺（海十、十一“佛教史料”）。

三十日，大师于中山堂，开讲“什么是佛学”，凡三日；大圆、罘月、莘野合记（海十、十一“佛教史料”；十、十二“佛教史料”；十一、二“佛教史料”）。

十一月一日，大师应军官讲习所胡所长约，莅所讲《怎样去作军官》（海十一、二“佛教史料”）。

二日，赴僧界欢迎会。指导成立省佛教会（海十、十二“法苑艺林”；海十一、二“佛教史料”）。

三日，大师去宁乡——大沩山，市政府备车专送（海十一、二“佛教史料”）。

七日，大师回长沙。晚，大师于第一师范（后改中山堂），开讲《瑜伽·真实义品》，凡四日（海十一、二“佛教史料”）。

十日，大师应华中美术学校约，往讲《佛学与美术》（海十一、二“佛教史料”）。

十一日，大师偕何主席、曹厅长等，游古开福寺，视察佛教慈儿院；院为大师昔年莅湘所发起（海十一、二“佛教史料”）。

十二日，大师离湘返鄂（海十一、二“佛教史料”）。

大师离鄂回南京，中途上庐山一宿（自传十七）。是年，约竺庵来大林寺，住持经理（大林寺募修佛殿法堂序）。

二十九日，南京中国佛学会（万寿寺）开成立大会，大师当选为会长（海十一、二“佛教史料”）。

大师鉴于旧僧之蓄意诽毁，佛教会务之难于开展，决专心于世苑（世院改名）及佛学会之建设。函辞中国佛教会常务委员及学务委员长之职（海十、十二“启事”）；佛会坚留。

是月（“己巳十月”），大师摄影，颇为庄严。

十二月一日，大师于中国佛学会星期研究会，讲“一切法因缘生唯识现”（海十、十“佛教史料”）。

大师留京期间，访欧阳竟无（欧阳竟无《致太虚法师书》）。游栖霞、宝华山诸胜（诗存）。

大师抵厦门南普陀寺。时学僧责难诸山丛林甚力，黄健六等大不满（海十一、四“法界通讯”）。江浙寺僧，于学院时播谣言，大师乃致函钱诚善，于海刊报道学院消息，以免淆惑听闻（致钱诚善书二）。

大师于闽院，开讲《瑜伽·真实义品》，默如记（默如《瑜伽真实义品讲要附识》）。又讲《中国学僧现时应取之态度》。

上月卅一日，立法院通过修订监督寺庙条例十三条。大师以建议未为采纳，而有此听任佛教自生自灭之条例（建僧大纲；略史），乃作《评监督寺庙条例》。

按：该条例，《略史》误作“十九年公布”。

大师作《三宝歌》。时弘一住南寺，为之作谱（林子青《弘一大师年谱》）。其歌曲颇为流行。

三十日，大师应集美女中何达安等邀请，往游集美，为讲《佛学的人生观》，宏度记（海十一、一“通讯”）。

民国十九年，一九三〇（己巳——庚午），大师四十二岁。

一月十九日，《太虚大师寰游记》编成，作跋，付大东书局印行(跋)。其《杂观》中,有“宗教观”、“社会观”、“国俗观”,可据以见西游之观感。其“宗教观”,随顺西人之说,改易前义,而视马克思之共产主义、孙文之三民主义为宗教。

大师偕转逢、芝峰、苏慧纯等游泉州,驻锡开元寺。游泉州三刹——开元、承天、崇福;参观叶青眼主办之孤儿院。大师于泉州民众教育馆,讲《从无我唯心的宇宙观到平等自由的人生观》,芝峰记(自传二十一;诗存)。以缘起无我说平等,唯识熏变说自由,后乃时时说之。又应晋江县佛教会欢迎,讲《佛教会是本慈悲心和智慧心所组成的》,亦芝峰记(文)。

按:《自传》作“十八年冬”,指旧历而言。又《自传》所记行程,简略不尽。

二十九日,(“己巳岁尽”),大师游洛阳桥(诗存)。偕弘一、转逢、芝峰等,去小雪峰寺度旧年(诗存)。拈偈《赠弘一律师》:

“圣教照心,佛律严身,内外清净,菩提之因。”

大师回厦,途经安海一宿,应安海养正中学请,为拈《安海与养正》讲之(文)。

二月二十八日,大师开始为闽院学众作课外讲学(“闽南佛学院本年大事记”)。先后讲有《大乘位与大乘各宗》(即《起信论》唯识说之意而扩充之)、《佛学之宗旨及目的》、《僧教育要建立在律仪之上》、《西洋哲学与印度哲学概观》;宝忍、岫庐、慧童、默如等记。

大师以丛林之精神尽失，而政府未能扶助佛教，佛教会亦难得改善，觉得："非从一般佛徒中，吸取一部分真正于佛法有修学，而且具有弘法愿行者为重新之建设，不能振兴佛教于今后。"乃重新议订建僧计划，讲题为《建设现代中国僧制大纲》，简称《建僧大纲》，大醒记。以"三宝之信产生僧格"，"以六度之学养成僧格"。建僧四万人，分学僧、职僧、德僧三级；学僧则经"律仪院"二年、"普通教理院"四年、"高等教理院"三年、"观行参学处"三年之学程。此于《僧伽制度论》颇有修正，如僧数之大减少，及知各宗已失其寺院之意义。然昔年所提倡"人工之新僧化"、《僧制今论》之服劳众，悉弃而不论，盖取法于西洋神教之僧制（略史；复李哲生书；文）。

按：《僧制大纲》，主建僧四万人。别存《建立现代中国佛教住持僧大纲》，则主建二万人。大师秋冬去川，与刘甫澄、蒋特生、李哲生，均论及"拟有建立现代中国佛教住持僧大纲"，盖摘取讲记修正以备提出者。《略史》以此为二十年作，误。

时印老移住苏州之报国寺（真达等《中兴净宗印光大师行业记》）。

三月十三日，大师于闽院讲《弥勒经》大意（"闽南佛学院本年大事记"）。十六日，大师于南普陀寺，开讲《普门品》。十八日，观音诞，圆满（"闽南佛学院本年大事记"）。

二十五日，上海开第二次全国佛教徒代表大会；时省佛会组织，犹未得内政部许可（海十一、四"佛教史料"）。

时闽院研究部，大师分为"法相唯识系"、"法性般若系"、

“小乘俱舍系”、“中国佛学系”、“融通应用系”——五系，由研究员选习（海十一、四“佛教史料”）。大师于漳州南山寺，成立“锡兰留学团”，习英文以备留学（海十一、四“通讯”）。

四月一日，大师以任满，辞南普陀寺住持。经大众恳留，允为连任（“闽南佛学院本年大事记”）。

八日，佛诞纪念，大师讲《纪念释迦牟尼佛》，默如记（“闽南佛学院本年大事记”）。

是月，大师创议为《华文佛学分科研究编辑》，由佛学书局印行。其方法与目的为：

“依大藏佛典为原料，从各种科学之立场，分门别类以为采集之研究，更凭其研究之所得而组成各科学；乃可提供现代思想界中各科学学者之参考，又使研究各科学者，皆得分途进入于佛学。于是乎佛学乃成科学之哲学，佛教乃成科学之宗教；以之综合现代之思想而建立现代人类之新信仰！”（文）

其后，唯有周某之《经济学与佛学》应世，而内容直不知所云！于此实不禁佛教无人之慨！

大师留闽期间，应世界书局之约，改编《佛学概论》为《佛学ABC》以行世。

大师应厦门大学之约，往讲《佛学在今后人世之意义》，芝峰记。大师以为：“人类的文化，是依各宗教为集中点而彼此有歧异”，故主以耶、回、佛为三大文化总线索而研究之。欧美澳以耶；亚西及非洲以回；而亚南亚东之文化，则以佛教得以见其总线索。分别研究，再“将三大系的文化，熔冶在一炉，使之铸成为全人类瑰玮灿烂的新文化”。而近来之哲学，如新实在论之“中立元子”而“论理构成”；唯用论之“纯粹经验”而“知识雕成”，大师论为渐近佛法之“诸法众缘生”与“诸法唯识现”。时又讲《民国与佛教》于双十中学，亦芝峰记（记者“附识”）。《评（西田几多郎）善之研究》、《书（菊池宽）复雠以上以后》、《附从译本里研究古禅法及禅学古史考之后》，盖闲阅闽院藏书而作之短评。

十一日，大师离厦回沪（“闽南佛学院大事记”）。

大师游天目山。《纪游》十二绝，有“桐花满地着春痕”之句。

五月，大师过杭，作《灵隐寺慧明照和尚行述》。慧明卒于二月，却非乃继任方丈（文）。

十一日，大师以北平杨明尘，代表朱庆澜、齐耀珊等来沪欢迎，因偕赴北平（海十一、五“佛教史料”“礼请法师疏”）。

十八日，抵平，驻锡柏林寺，受住持台源及大众之欢迎（海十一、五“佛教史料”；海十一、五“图”）。

二十日，北平佛教界于华北居士林开会欢迎，大师讲《学佛的下手方便》（海十一、五“佛教史料”）。其后，更讲有《国家观在宇宙观上的根据》、《人生的自由问题》。

大师应华北居士林请，开讲《华严经·普贤行愿品》（海十一、五“佛教史料”）。

二十八日，四川省佛教会来电，欢迎大师入川弘法（海十一、六“通讯”）。以本年初以来，刘文辉（自乾）以私事致嫌隙，提卖寺产，防区内四十五县，悉遭摧残（海十一、七“佛教史料”)。

六月,三时学会韩清净等,招游香山别墅(诗存)。

大师择定北平北海内小西天寺为世界佛学苑苑址(致蒋特生书;法舫致编者书)。

有持陈公博唯物论文以询,大师乃作《什么是物》以破之,载《大公报》(缘成史观一)。

大师回沪,顺道游青岛(诗存)。

二十五日,大师在上海,出席中国佛教会第二届执行委员会第二次常务会议(海十一、七“佛教史料”)。

时法舫以世苑事,奉召自汉口来沪,谒大师于净业社(法舫致编者书)。

时康藏留学团团员恒演(大慈子),编有《略述西藏之佛教》,大师为序于“觉园”。宗喀巴之三士道次,教团基于律仪,密宗之纳于教理轨于律仪,与大师意见相合,而受世信毁不同。叙中有曰:

> “宗师以行修果证,与宗继有人之故,久成胜业。吾乃徒托空言,不唯为世所嘲侮,而从予起信入佛门之弟子,亦有违越而不听受者;则又不禁悲惭塞心,而俯仰无以自安者也!”

盖以康藏留学团,大勇卒后,由大刚率领。山居乳食既久,乃不知今日何日!不满大师弘化苦心,建设世界佛学苑本意,迭陈两电,望大师先往西藏修学正法,再事弘通。大师门下而显露叛离情绪者,此为其开始。武汉王森甫、罗奉僧、张纯一,驰电折之:

“两电奉劝虚公,殷殷以先学后教为请。用意虽佳,而为计已左。同人等一再讨论,未便冒昧转呈。……区区藏文,何足劳虚公一盼!即令含义宏深,已有法师及诸同学,留学多年,专精研究,自能负网罗介绍之全部责任。更不烦虚公舍全就偏,拘于一隅,有碍世界佛学苑之进行程序也!”

大师去甬,转慈溪保国寺度夏(重纂保国寺志序;莹照《致大师书》;亦幻《致大师书》)。

时圆瑛初任天童寺住持,大师往访之(诗存)。

游奉化雪窦寺,有《雪窦为石侯画师题山水》、《仿宋觉范禅师画梅赠奉化蒋公》二诗(诗存)。

按:《潮音草舍诗存》,编次于辛未年,误。十九年海刊已载此诗。

七月七日,川省僧众,向刘文辉大请愿(海十一、七“佛教史料”)。

八月,大师应莹照约,偕李了空(子宽)游普陀,卓锡息耒院(诗存)。

九月,北平世界佛学苑(华英文系)柏林教理院成立,台源、常惺任院长。闽南“锡兰留学团”,移柏林寺。法舫(武昌停办研究部,会觉为管理)偕尘空抵平,移世苑设备处于柏林寺。胡瑞霖主财政,法舫任书记,兼柏林教理院监学(世界佛学苑图书馆开幕纪;法舫致编者书)。

十三日,大师偕克全,乘直航重庆之福顺轮,自沪入川弘法

（海十一、九“佛教史料”）。

按：觉群社《太虚大师行略》，作“二十年入川弘法”，误。

经汉口、宜昌，并登岸为信众开示，兼授皈依（海十一、九“佛教史料”）。

二十四日晚，大师抵重庆，慈云寺住持云岩等，迎宿南岸狮子山（佛教中医慈济院缘起；海十一、九“佛教史料”）。

二十五日，过江，赴长安佛学社之欢迎会（海十一、九“佛教史料”）。大师略示“佛学”，克全记。

二十八日，大师应冯均逸（县长）之请，于旧县议会议场，讲《破妄显真》，克全记（海十一、九“佛教史料”）。

其间，于报恩寺川东中等佛学传习所，讲《僧教育之宗旨》，克全记（文）。

十月四日，重庆南岸狮子山，延诺那喇嘛，开西南和平法会，凡四十九日（海十一、十一——十二“佛教史料”）。

大师离重庆去成都。六日，“中秋”，大师等抵遂宁。赵伯福（参谋长）与臧县长等，留度中秋，驻锡梵云山。于遂宁公园，讲《佛法之原理及其建立》。大师与赵伯福，商谈整理佛教事（文；诗存）。

九日，大师抵蓉（成都），驻锡文殊院（海十一、十“通讯”）。

十一日，大师赴四川省佛教会之欢迎会，与会者七、八百人。讲《建设适应时代之中国佛教》，克全记（海十一、九“通讯”）。

十二日，赴少城公园，应成都佛学社（社长皮怀白）请，讲《诸法众缘生唯识现》，听众千余人（海十一、九“通讯”）。

十三日，大师偕曾普馨等赴峨嵋，瞻礼普贤道场。十八日，至接引殿。凡所游礼，悉纪以诗，存《自成都至峨山用谭晴峰峨图记胜三六韵》（诗存；海十一、九"通讯"；诗存外集）。下山，至峨嵋县佛教会，就游观所得，讲《峨山僧自治刍议》，以供僧众参考（文）。

二十四日（"初三"），大师还成都道中，经嘉州，游大佛、乌尤诸胜。翌日，于嘉州公园（佛学社）讲《改善人心之渐教》，克全记（果瑶《上太虚大师书》）。

二十九日，大师于成都文殊院，开讲《瑜伽菩萨戒本》，克全与普超记。十一月五日圆满（海十一、十"佛教史料"；来富隆《西来演说集弁言》）。大师峨山返蓉，函刘自乾，建议整顿峨山，筹设僧自治会（海十一、十一——十二"佛教史料"）。

十一月一日，中央大学部爽秋等之庙产兴学运动复活，发表宣言，成立庙产兴学运动促进委员会。案经国民党第三届第四次全体会议议决："本案经教育组审查，认为应送政府，发交教育部，会同内政部及古物保管委员会，妥拟办理。"于是僧界又复震动，佛教会、现代僧伽社等，一致呼吁反对（《现代僧伽》）。

五日，大师应四川大学中国文学院约，莅院讲《大乘渐教与进化论》，濮冠云记。某日又讲《佛学的现实论》于川大外国文学院，袁辅臣、王天中记（西来说法集；海十一、十一——十二"佛教史料"）。

按：此依《西来说法集》；"史料"则讲题彼此互易。

六日，大师移锡公园成都佛学社，开讲《华严经·普贤行愿品》，王普照、余苍一、楼维克合记，成《大方广佛华严经入不可思议解脱境界普贤行愿品讲录》（西来说法集弁言；海十一、十一——十二“佛教史料”）。

十一日，莅成都大学，讲《寰游所得之佛法程序》。下午去新繁龙藏寺，于体育场讲演《中国今日所最要者是何事》，克全记（西来说法集；海十一、十一——十二“佛教史料”）。

十四日，刘自乾、邓锡候、田颂尧（马瑶生、王瀛泉代）三军长，假通俗教育馆，设蔬欢宴，大师讲《佛法之真精神》，克全记（西来说法集；海十一、十一——十二“佛教史料”）。

十五日（“二十五日”），经期圆满，大师授瑜伽戒（致蒋特生书四；来隆富《西来演说集弁言》）。

十七日，大师赴成都临时执法处，应处长刘辅周请，为政治犯讲《缘生史观》，克全记（海十一、十一——十二“佛教史料”）。

其间，以华西大学费尔朴相约，莅校讲《佛法之理证与事行》，克全记（中国需耶教与欧美需佛教；西来说法集）。

讲稿，皮怀白嘱来隆富集为《西来演说集》，由刘肇乾施资刊行（《弁言》）。十八日，大师离蓉赴重庆。经叙府，于叙府佛学社讲《佛教之新趋势及其修学方针》，克全记（致蒋特生书四；川东讲演集；诗存）。

二十七日（“初八日”），大师于重庆佛学社，开讲《心经》。续讲《瑜伽菩萨戒本》，隆贤记（海十一、十一——十二“佛教史料”）。

大师在渝，于重庆大学讲《菩萨的人生观与公民道德》；四川第二女师讲《怎样做现代女子》；巴县监狱讲《缘成史观》（文；

佛学与宗教哲学及科学哲学)。

游老君山、佛图关、华岩寺诸胜(诗存)。

某日,刘甫澄(湘)于杨柳街招待所,欢宴大师。谈次,刘拟选派汉僧入藏留学,以通汉藏之文化友谊。大师因告以世苑之组织,不如先就川省设学校,集汉藏僧青年而训教之为便。潘仲三、何北衡、王旭东、王晓西等韪其议;何北衡建议,以衰废不堪之缙云寺为院址。汉藏教理院,即缘此发起(汉藏教理院缘起;汉藏教理院碑;王晓西《悼忆大师》)。

大师乃复溯嘉陵江而上,游北碚,参观江巴璧合峡防局,受卢作孚之招待。大师讲《创造人间净土》,克全记。游北温泉,望缙云山之雄胜(新中国建设与新佛教;诗存)。

按:《新中国建设与新佛教》,以此为二十一年事,误。又吴从周《太虚大师在缙云寺之前后的我见》,谓:"在渝出发后,首先即到北碚缙云寺。"不但《诗存》编次于成都归来后,且《川东杂咏》之《由重庆赴合川道中》,有"一日轮舟三百里,合川城已到东隅";及《沿嘉陵江赴成都》之《小三峡》,有"温泉二岩合,浮石半滩边;饶有园林趣,遥瞻意兴骞"之句。则知由重庆去合川,中途并未登北碚及北泉游览。

大师在渝在蓉,颇望能就川省施行"建立中国现代佛教住持僧",与刘自乾、刘甫澄、蒋特生、赵伯福,李哲生等均有论及,然卒无成(致蒋特生书;复李哲生书;致刘甫澄及川东各信佛者书)。

十二月,大师离重庆至汉口。"十一月十五日",为王森甫五秩之庆。佛教正信会,乃于二十三日("初四日")请大师开讲

《维摩诘经》为寿(维摩诘经序;《王森甫五十初度恭请太虚大师讲演维摩诘经缘起》)。

民国二十年,一九三一(庚午——辛未),大师四十三岁。

一月一日,大师被邀参与汉口律师公会之新年团拜,讲《法与佛学》,周文澜记(文)。

大师以中国佛教会函催东下(海十二、二“法界通讯”)。过南京,晤梅撷云(光羲)(相宗新旧两译不同论书后)。

大师偕李子宽去宝华山,访戴季陶,商世苑建设事。值宝华山戒期,大师为示《戒为定慧之基》,李子宽记(文)。

十六日,大师出席上海中国佛教会第一次常务会议。议决:三月十五日,召集江浙诸山开特别会议;四月八日开全国佛教徒代表大会,约各省区、蒙藏、四大名山、佛学院、居士林等派代表来会(略史;海十二、三“佛教史料”)。

是年,《海潮音》改由满智编辑(南北东西的海潮音)。柏林教理院创刊《佛教评论》。

大师抵厦门南普陀寺——闽院。

二十三日,大师应鼓浪屿武荣中学陈存瑶校长邀请,莅校讲《释迦牟尼的教育》,芝峰记。中华中学所讲《亚欧美佛教之鸟瞰》,亦此时讲;宏度记。

二月,大师应闽南信众请,就蔡慧诚(契诚)涌莲精舍,讲《唯识三十论》。岫庐记,成《唯识三十论讲要》(附记)。

十五日,大师作《相宗新旧两译不同论(梅撷云作)书后》。以为:

“旧译(流支、真谛译)之异于新译(玄奘译)者,……当视为传泛世亲学或误传者,而正世亲学乃应以新译为准。”

十七日,“元旦”,书《维摩诘经中正信会员格言》(文):

“‘执持正法摄诸长幼’:谓深信佛教之正法,以摄化若长若幼之群众也。此为总句,本会会员皆应本此以行;而总务部、修持部员,尤须身体力行之!

‘一切治生谐偶虽获俗利而不以喜悦’:谓经营实业,治理生产,而能轻财乐施也。本会会员皆所应行!

‘游诸四衢饶益众生’:谓作社会教育家、公益家、慈善家也。本会慈济团、宣化团员所应行!

‘入治正法救护一切’:谓政治家、法律家、军事家等,当存救世护民之心也。本会护法社社员所应行!

‘入讲论处化导以大乘’:谓入诸学术研究院、研究馆、讲演会、讨论会等,皆以大乘佛学融贯之也。本院研究社社员所应行!

‘入诸学堂诱开童蒙’:谓开办小中大学,教育青年,启发佛慧也。本会宣化团团员所应行!”

二十一日,撰《成实论大意》(文)。

二十八日,大师于闽院,开讲“大乘宗地图”,宝忍记(法舫《大乘宗地图释后序》;海十二、三“佛教史乘”)。

三月十六日,大师为闽院学僧,讲《学僧修学纲要》(文),以“立志的标准”、“为学的宗旨”、“院众的和合”、“环境的适应”为训。

是春，李子宽以受派赴台湾考察台湾财政之便，来厦晋谒，大师偕以登五老峰。李氏因发心筑“太虚台”以为纪念（海十二、三“佛教史乘”）。

时常惺还江苏任光孝寺住持。

四月一日，大师应南京中国佛学会请，假觉林讲《法与人之研究》，凡三日，胡法智记（文“注”）。大师晋京，为世苑苑址事。太平门外佛国寺住持如民，愿让寺址寺产为世苑苑址。四月六日，由李子宽洽商成议，代表世苑接收。地处首都，胜于北平（略史；海十二、八“通讯”；海十三、二“史料”）。

八日至十日，大师出席上海之全国佛教徒会议，被选为执行委员。会议中，大师提出《告全国佛教徒代表》，坚决表示：敷衍之教会，有不如无。略云：

> “庙产兴学已打销，再言整顿僧寺、兴办教务等，徒惹人厌！”
>
> “本会第二届以来，经费益枯窘，人才益凋敝。常务委员开会，每不合会章。如委托非本会委员为代理人，及一人同时代理二人之违反办事细则第八条。他若开会不推定主席、记录，不具开会仪等。又名为佛教会总办事处，而办事员中甚至无一僧人或正信居士，如此何能构成为全国佛教最高机关，而期其能得全国佛教徒之信托，振兴佛教事业耶？今谓如中国佛教会要续办者：一、必须精选才德僧伽、正信居士，以构成常务委员会及总办事处。每半月须将议办之事，通知全体执监委员与各省佛会，以凭纠察。二、最少须筹有确定之常费三万元，除常委及办事员能有安定之

办事经费外，并办一万不可少之会报，及急需之“全国各级佛教会办事僧员训练班”，以期各省各县佛教会，陆续可得有能贯彻本会宗旨之办事僧员。否则，空挂一招牌，而每徒耗讨乞得来之数千元经费，反为佛教增加许多不合理不体面之情节，倒不如从速将中国佛教会自动解散取销之为愈！”

“不能振作，应即取销！愿先决，然后改选。”

会议改选结果，大师一系获胜利（一向包办操纵之沪杭名流失败），仁山、台源、谢铸陈、黄忏华并任执委。黄健六、钟康侯等落选（海十二、四“史乘”）。新旧之间，显然趋于破裂。如黄健六致满智书云：

“开会三日中，一再详观详审，一方面（旧派）则精神涣散，一味忧愤；一方面则抱定决心，惟知一意孤行。虽以常惺法师之稳健，平日议论最能持平，而此次亦骤然急进，意志异常坚决！”

十一日，中国佛教会开第三届第一次执行委员会议，闻兰亭来函辞职。当推举太虚、圆瑛、仁山、台源、德宽、王一亭、关炯之、黄忏华为常委。下午，开第一次常务会议，圆瑛来函辞职（海十二、四“史乘”）。大师与仁山、王一亭、谢铸陈等，全部接管中佛会，移至南京毗卢寺（略史）。

大师作《由第二次庙产兴学运动说到第三届佛教徒全国代表大会》（文）。

是春，大师募款捐助摩诃菩提会——兴复鹿野苑之建筑

(复大菩提会秘书维利申喀函)。

大师驻锡南京佛会办事。

五月,国民会议开会,大师《上国民会议代表诸公意见书》,拟就保护寺产之建议,经班禅代表提出会议通过。十三日(“元”),致电达赖,请其来京与班禅修好(盖时大师与班禅晤谈,知班、达间之隔碍,起于徒属)。其后八月一日,国府乃公布维护寺产之明令,谓:

“以后无论军警,以及机关团体个人等,如有侵夺占用佛寺僧产者,概依法律办理。”

中佛会之成立,至是始获得中央党部之认可(略史;呈行政院维护佛教僧寺;电邀达赖来京)。

大师驻京期间,随时弘化:讲《心经》于中国佛学会,李了空与胡法智记,成《般若波罗密多心经讲义》;讲《佛学与国术》于中央国术馆,传戒、胡法智记;讲《现代人生对于佛学之需要》于基督教青年会,谈玄、胡法智记(文)。

时以圆瑛等辞职,诸山承认之经费抗而不缴,不合作运动,陷会务于无法进行(略史)。而黄健六致书大师,且印刷分发,指会议选举为不合法,建议中佛会移沪办事(略史;黄健六《致满智书》)。

六月三日,大师鉴于事之难行,亦于(《申报》)声明辞职(《黄钟》)。

十四日,上海部分执委,以协和挽留名义,于上海功德林,召开第三届第二次执行委员会。议案如下:

"一、王一亭居士提议：请辞职各执监委员一致挽留，请求复职。议决：通过，去函敦请。

"二、王一亭居士提议：南京设立会所，上海仍应设驻沪办事处，并于四届大会提出追认。议决：京会请太虚法师、谢铸陈居士主持会务。上海设驻沪办事处。常会由会召集，或即在上海开会。公推圆瑛法师暨王一亭居士为办事处主持，有事开会公议。又公推钟康侯居士为本会驻沪办事处秘书长，每月致送车费五十元。"(《现代僧伽》四、三)

此非协议挽留，实乃偷天换日，弃京会于不问。大师佛教会之工作，完全失败。圆瑛为江浙诸山丛林、名流居士所拥戴，以反对佛教之革新，大师与圆瑛间，乃不可复合。

二十一日，大师主持中国佛学会之改选，加强组织(海十二、九"史乘")。

二十八日，大师离京抵北平。七月二日，发出退职之通告，以明今后之责任。时云南、四川等省佛教会，攻讦黄健六而挽留大师之函电，编集为《黄钟》。兹录有关函件二种，以略见当时情形。大师复黄健六书云：

"惠书展悉。虽则溢誉之辞，才追绣虎；其如无悔之意，德跃亢龙。然此个己之间，亦何关于得失！忆前者华札朝至，芜缄夕复。亦既披陈实情，冀祛疑滞。并云：如有良方，愿承明教；傥求改进，尽可提商。乃遽尔印刷分发，挑起教内之斗争；报章腾播，引来俗间之非毁。致令已认之半数经费，抗延不缴；议决之会务僧员养成，设办莫从。百事阻挠，群凶肆扰。不惟口吐刀矛，上摇监察院之听；直欲身为屠脍，下挟流氓帮之威。弟兄反目，邪外快心。庙产兴学，虽打销于国民会议而又促成立；佛会许设，虽通过于中央党部而仍莫进行。事至于斯，势安可为！宣布退出，夫岂容已！纸老虎戳穿，不堪再用；破沙盆扶起，但逞偏锋。卤莽为能，未尝非法而竟成非法；骈枝乱设（指上海办事处），已是糟糕而更成糟糕！未见调晒有方，硬为拉扯奚益！应移居士之热诚，从事众顽之感化。稍解唯我唯私之痴，微发为教为众之意。勿存把持，重谋组织。欲建僧宝之住持，必为僧制之整理；斯言决定，可喻金刚！实施方案，能立初步基础；新进危言，本只什一希冀。若得提携之道，不难和合以行。吾自审舍身舍心，救僧救世，慧德无让古贤，福缘乃逊时伦！每逢随俗浮沉，可括囊无咎无誉；才一发心拯拔，辄招致疑神疑鬼。进无可许，退犹不容！憎嫉所加，滥小报詈为修罗；颠倒之极，捏名信诬为郃（爽秋）党。纵无伤吾之毫发，亦可觇世之响趋。出任劳苦，徒损自他，则不惟我应忘世，而世亦应忘我矣！嗟乎！居士！亦能永忘之欤！”

黄健六致满智书云：

“不得已，始致书太虚法师，有所商榷。意图挽救于万一耳。而昧者不察，一味以私心妄想测度，先后以谤书十余种纷投沓至，捏词诬陷，遍发传单。举凡人间之卑劣手段，皆不惜引而用之。或盗用安庆迎江寺之名；或假托正信会三万余人之众；或捏称安庆佛教会改组促进会名义。无中生有，尽情诬辱。一时知名之彦谢铸陈居士……，来书亦斤斤于职负去就为辞，何示人识量之不广耶"？

大师抵平，驻锡居士林。当晚为大师洗尘，到靳云鹏、祁大鸣、熊东明、胡子笏、汪波止、台源等四十余人（海十二、九"史乘"）。

七月一日，大师应华北居士林暑期佛学讲习会请，讲《能断金刚般若波罗密多经》，胡继罗、继欧、继木合记，成《能断金刚般若波罗密多经释》。后又讲《大乘入道次第章》大意（能断金刚般若波罗密多经释序；海十二、九"史乘"；法舫致编者书）。

三日，大师讲《僧教育之目的与程序》于柏林教理院，化城记（文）。

五日，大师开始于柏林教理院，讲"大乘宗地图"。逢星期日星期一开讲，凡三十小时而毕。法舫记，成《大乘宗地图释》（法舫《大乘宗地图释后序》）。本《图释》，为大师八宗平等各有殊胜之极则，分"教法"与"宗义"而广明。一切佛法，概从第六意识为中心而观察之，盖深得唯识学之心髓。然此为大师过去之佛法统系，讲时已心不在是，故曰：

"此图为华文佛法之总纲，总持华文所诠表之一切佛法也。最近创世界佛学苑，其研究佛法之根据，又较吾昔根据华文者大有扩充。"

"今后之佛学，应趋于世界性，作最普遍之研究修证与发扬。……今后研究佛学，非复一宗一派之研究，当于经论中选取若干要中之要，作深切之研究，而后博通且融会一切经律论，成圆满精密之胜解。”

“上不征五天，下不征各地”之拘局，时已大为解脱。昔拟作《大乘宗地之引论、本论、余论》（大乘宗地引论），仅成《引论》，且以此《图释》作《本论》，而《余论》不出。其后，以“现实主义”为本，改名《真现实论》，以前所出者为“宗依”，且将作“宗体”、“宗用”论，以完成其全体思想。

其间，以梅立德之约，大师讲《宗教对于现代人类的贡献》于协和医院华文学校，法舫记。又于弥勒院佛教学校，讲《现代学僧毕业后的出路》，台源记（文）。

八月十二日，《申报》有慧空、大觉等声明，攻讦大师，不数日，慧空等联名否认。盖时黄健六本师谛老，讲《涅槃经》于上海玉佛寺。现代僧伽社员，多愤黄健六之作梗。适心道以谛老十六年所作《金刚经新疏》——诩为老人三十年持诵之独到者，实为清溥畹经疏之抄袭，告于芝峰，乃以“觉道”为名而揭发于《现代僧伽》。谛老徒属不忍，因有捏名慧空等意外之诽毁。大师知系《现代僧伽》招来反向，置之不理（与康寄遥书三）。此为中佛会事件之余波。

十八日，靳云鹏（翼青）从大师受皈依，请于华北居士林讲《八识规矩颂》为纪念。胡继欧记，成《八识规矩颂讲录》（海十二、九“史乘”；法舫致编者书）。大师先明顺转杂染分，以第六、前五、第八、第七识为次第；次明逆转清净分，以第六、第七、第八、前五识为次第。悉以意识为出发，颇便初学。

时大师于居士林，更讲有《从世界危机说到佛教救济》、《念

佛往生的原理》。《佛教应办之教育与僧教育》、《从中国一般教育说到僧教育》,当时佛学院之僧教育,不尽如大师理想,以为:

“仿办(世俗学校)的佛学院,亦几于为‘寺僧社会’添造出不切实际、不符宗旨的游僧!”

“今日的僧教育,应速为两大支:一支为汰除的僧教育,使之退为沙弥或优蒲,以习农工而自食其力。一支为考取的僧教育,使之入律仪院二年、教理院七年、参学处三年的学僧;养成弘法利人的职僧;由选拔为职僧,推定为德僧者以主持佛教。”

大师以为:不如是,则兴办佛学院,非功德而实为罪过!大师理想中之建僧教育,始终未得少分实行;一般侈谈僧教育者,似绝少领解于此!

九月一日,大师以夏秋间大水遍十六省,武汉尤甚,作《告武汉民众书》(谈玄《致大师书》)、《敬请全国僧寺努力救灾启》(文)。《根本救灾在全国人心的悔悟》,亦先后作。是日,又作《告全国僧寺住持书》,主组织“僧寺联合会”、“佛教护法社”,僧俗各别组织,“勿为鱼肉僧寺之劣绅土豪”所得便。

十八日,沈阳事变发生(十月发),大师撰《为沈阳事件告台湾朝鲜日本四千万佛教民众书》,勉以秉承佛训,起而革日本军阀政客之命。书云:

“现代欧洲国家,走上帝国主义极端而被民族革命所反抗,走上资本主义极端而被共产革命所反抗;于是欧洲文明陷入于全体崩溃之末路。吾人方期以智悲兼充,福慧双隆,自他俱利,心色交融之佛法,为亚洲各民族文化之总线索,以之复兴亚洲之民族文化,复兴亚洲之民族国家,相资互助,济弱扶倾,以成为讲信修睦之大联合,进而化转欧洲之立国精神,同趋入国际和平世界大同之盛轨。而可为亚洲各民族之导率者,要唯印度、中华、日本之佛教民众。乃不图佛教徒确占过半数之日本民族,今竟不能自抑其贪欲嗔恚,迷昧因果之理,造作凶暴之行。妄动干戈,强占中华民国东北之辽吉两省;复运其海军陆战队,威胁天津、青岛、海州、上海,以及长江各都市;且强迫满人蒙人为傀儡而诳言独立。十恶五逆,一时俱作,以残毁五族共和之中华民国,亦即为逼令东亚以至南亚全亚佛教民众,入于自相残杀之一途。将亚洲民族之活路突然堵塞,亦将进于世界和平之基础忽尔摧坏。若循日本最近对中国之行动而进展,诚思以地大人众、新兴蓬勃之中国民族,又岂能为日本完全吞灭!则势须出于兵连祸结,相持不下;甚而引欧美各国,相率来此东亚以作战场,发生二次世界战争。中国固首受其害,而日本数十年来所造成之政治的经济的优势,殆将一举而归于毁灭,亦宁日本之利!进言之,不惟东亚以及全亚各民族联合复兴之机缘为破坏,即国际和平亦为之崩裂,使世界常陷于纷争而莫出。

“然此盖日本少数贵族军阀政客之所为耳,不惟非日本全国民众之公意,而明达事理人士且多反对之者;特处于军阀政客暴威之下,无可如何而已!可怜哉!日本以及朝鲜台湾之民众!日本之军阀政客,将迫之永归沦灭,何可不速起自救乎?《瑜伽师地论·菩萨地戒品》云:'又如菩萨见有增上增上宰官,上品暴恶,于诸有情无有慈愍,专行逼恼。菩萨见已,起怜愍心,发生利益安乐意乐,随力所能,若废若黜增上等位。由是因缘,于菩萨戒无所违犯,生多功德。'因此,我台湾朝鲜日本四千万信佛民众,应速速成为一大联合,以菩萨大悲大无畏之神力,晓谕日本军阀政客因果之正法,制止其一切非法行动。如劝阻而不听从,则进而与东亚南亚以及全球之佛教联合,组织成佛教之国际,以联合振兴亚洲各民族皆获平等自由为职志,亦以联合世界上平等相待各民族,实现永久和平为归趣;起而若废若黜日本军阀政客之增上名位,使不能凭藉以施行其上品之暴恶,逼恼中国五族以及台湾、朝鲜、日本一切无辜之有情民众。咄!咄!我台湾朝鲜日本之四千万'从佛口生,从法化生'之同胞,君等其真为信佛民众乎?君等其真以佛菩萨之心为心乎?君等其真正奉行佛菩萨之教训者乎?将以君等对日本军阀政客能否制止其非法行动以决之。咄!咄!我台湾朝鲜日本四千万佛教同胞其速起!速起!速起!"

是年,大师在平,游温泉、明陵、南口、汤山、红螺山诸胜(诗存)。

二十八日,大师应陕西辛未讲经会之请,离北平南下,化城为侍录(海十二、十一"史乘")。

三十日,大师受郑州各界之欢迎。讲《从地理上交通的中心说到国家社会的中心》于商会,净严与化城记。赵际五(处长)与黄县长,招待甚殷(海十二、十一"史乘")。

十月二日，大师以张伯英等电请，及净严、袁西航、马一乘、黄寿椿、余乃仁等来郑欢迎，故折往开封一行。即日，偕余乃仁、邱寄苹、袁西航等，游龙亭、繁塔、相国寺诸名胜。于河南佛学社开示《显示真实相所开的三重方便门》，净严与袁西航记（海十二、十二“史乘”）。

三日，应刘峙主席之欢宴。下午，应省立水利工程学校及河南大学农学院约，就水专大礼堂，讲《对于学生救国之商榷》，慧轮记（海十二、十二“史乘”）。

四日，上午，讲《佛法之四现实观》于河南大学，乐天愚记。下午，各界假人民会场开欢迎大会，刘主席夫妇、李局长夫妇等均来与会，听众逾万。大师讲《中国之危机及其救济》，净严、化城、心海合记。翌日，离开封西行（海十二、十二“史乘”）。

七日，大师抵洛阳。马青苑师长欢宴于西工。翌日，游龙门、白马寺诸胜（海十三、二“史料”）。

十日，大师过临潼，就浴于华清池。傍晚，偕康寄遥至西安（海十二、十一“史乘”；海十三、二“史料”）。

按：大师过洛阳与临潼之游踪，见“史料”康寄遥之《太虚法师弘法记》。惟该记日后追记，时日参差，今概依“史乘”所记为正。

十一日，西安佛教界及善团，假卧龙寺佛教会，举行欢迎会。大师讲《西安佛教复兴之希望》（海十二、十一“史乘”）。

十二日，大师往城南，瞻礼大荐福寺、大兴善寺、大慈恩寺。翌日，往兴教寺，礼玄奘、窥基、圆测之塔。归途，礼杜顺塔（海

十三、二“史料”）。

十六日，大师在寂园——康寄遥母坟园，开慈恩宗寺创立会，大师被举为宗长（海十二、十一“史乘”）。

十七日，大师讲《佛教对于中国文化之影响》于西安高级中学（文“注”）。

十八日，上午，民乐园开各界欢迎大会；大师讲《大雄大力大无畏之佛法》（海十二、十一“史乘”；十三、二“史料”）。下午，杨虎城主席欢宴大师于西关新城大楼，与王参谋长一山，来秘书长等晤谈。大师为讲《心理革命》（海十二、十一“史乘”；十三、二“史料”；文）。

大师在陕，与陕中缁素，“为日本犯中国电告其国佛教徒”（电）。

十九日，大师开讲《弥勒上生经》于慈恩寺（海十二、十一“史乘”）。

二十三日，大师再游临潼（海十三、二“史料”）。

二十六日，大师于卧龙寺，开讲《金刚经》；十一月六日圆满（海十三、二“史料”）。

十一月一日，大师诣大慈恩寺，开慈恩宗寺第一次檀护会（海十三、二“史料”）。

三日，大师至第一中学，讲《旧新思潮之变迁与佛学之关系》。七日，参观竟化小学（海十三、二“史料”）。

八日，大师应西安建设厅养成所之请，莅所讲《心理建设》（海十三、二“史料”）。

十日，大师偕康寄遥游终南山，十五日还，赋《终南游》以纪之(海十三、二"史料")。

二十二日,西安佛教界公举大师为崇仁寺住持。二十六日入院,以化城为监院(海十三、二"史料")。

十二月八日,大师至佛化社说法(海十三、二"史料")。

大师还南,经南京,至上海。与玉慧观等筹备佛慈药厂(净严、袁西航《上大师书》;海十三、二"史料")。

是月,北碚缙云山汉藏教理院筹备就绪,大师撰《汉藏教理院缘起》(文)。

柏林教理院,以"九一八"事故,经费无着停办。世苑设备处移南京佛国寺。大师命法舫离北平,率学生尘空、本光、苇舫等,回武昌佛学院。会觉则于腊八离去(海十三、十一"史料";法舫致编者书;会觉为编者说)。

是年冬,圆瑛以泉州开元寺转道传戒,抵泉州。

是年,朱庆澜、叶恭绰、范成,于上海影印碛沙版宋藏(三十年来之佛教)。

按:《自传》二十一云:"余十八年至二十一年,冬间皆到南普陀度岁";然此年实未尝去闽。

民国二十一年,一九三二(辛未——壬申),大师四十四岁。

一月,大师游奉化雪窦寺。时蒋中正(十二月)辞职还里。大师有《雪窦赠某君》诗(诗存):

"四登雪窦初飞雪,乍惜梅花未放梅;应是待令寒彻骨,好教扑鼻冷香来!"

游普陀度旧年,住莹照之息耒院(李子宽同住多时),将及二月(莹照《上太虚大师书》;宽道致编者书;人物志忆七)。

按:《人物志忆》作二十年,盖约旧历而言。

二十八日,上海日军夜袭闸北,有淞沪之役。

时汉院即将进行筹备开学,大师命满智入川主持,《海潮音》改由法舫编辑(十五年来海潮音之总检阅)。

去年武汉大水,正信会救护甚力。至是年一月,凡成立灾童识字小学十所,收容灾童二千五百人(海十二、十二"史乘";海十三、三"史料")。

大师在普陀,指导成立南海佛学苑。出莹照(前寺住持)、宽道(全山知众)之议,以柏林教理院学生宽融主持之,以后实未能有所建树(宽道致编者书)。

沪战将作,圆瑛以转道之约来厦门。时闽院负责人大醒、芝峰,在闽数年,闽僧殆以不满其处理寺务,不满其学院之少闽籍学僧,不满其主持县佛教会,乃渐多隔碍。圆瑛来,乃引入于斗诤之途,至夏而转烈(自传二十一)。

按:此是二十一年事,《自传》作二十年者误。

三月九日,日本导演之满洲国成立。

十三日,普陀山僧众,公议奉禅那庵为大师休憩处;大师为易名"太虚兰若"(海十三、七"图")。

十八日,大师痛心于中日民族之自残,作《因辽沪事件为中日策安危》。列论战则必致两败,和则得相助之益。结论所说,

以今思之,诚不胜惨痛之感:

“余为中日国民与东亚黄种共免祸害计,为全世界人类咸享福利计,敢本我佛‘我不入地狱谁入地狱’之大无畏精神,不惜受全国人民之所忿恶,大声疾呼,将系铃解铃之议(即先恢复‘九一八’以前状态)陈之日本当局,孙中山先生对于中日之遗策(大亚洲主义)献之中日国民。如得中日大仁大智之士,察择施行,则余虽万死亦忻乐焉!否则,‘不归美,即归俄’,恐中日非复东亚之主人矣!”

四月五日,大师作《评印顺共不共研究》,时驻锡杭州之灵隐(文)。

时国府迁都在洛阳,戴季陶等发起兴修白马寺(海十三、六“史材”)。

是月,《正信》周刊出版于汉口。

六月十二日,大师于南京中国佛学会开讲《圆觉经》;胡法智记,成《圆觉经略释》。法会期间,丁超五、蒋作宾、彭养光、赵翊邦、李子宽、李亚军、高尔登等,均先后来访(海十三、九“史材”)。

二十日,法会圆满(海十三、九“史材”)。大师作《佛教纪元论》。专采锡兰说,以为:“中华民国二十一年,佛教历二五五六年”(文)。虽所推差失一年,然取意则有可参考者。

二十五日,大师抵汉口,驻锡佛教正信会(海十三、十“史材”)。

二十六日,大师于正信会,开示《学佛之简明标准》,李慧空与周慧毓记（海十三、十“史材”）。

二十八日，大师过江回武院，时驻军交涉且去（海十三、十“史材”）。

三十日，大师挈佛学院员生，游珞伽山，参观武汉大学（海十三、十“史材”）。

七月一日，大师赴汉口佛教正信会之欢迎会。翌日，大师于正信会，开讲《佛说十善业道经》，四日圆满。苇舫与清虚记，成《佛说十善业道经讲要》（海十三、十“史材”）。

八日，武昌政法学各界，欢宴大师于抱冰堂。大师即景为题，讲《清凉世界》（海十三、十“史材”；《正信》一、九）。

是日，大师应武昌正信会请，讲《佛说观弥勒菩萨上生兜率天经》，苇舫与清虚记，成《讲要》（文）。

十七日，大师偕李了空赴庐山度暑（海十三、十“史材”）。

三十一日，大师以李协和、许俊仁、张治中、何叙甫、蒋仲雅、刘一公等发起暑期讲演会，就大林寺开讲《佛学讲要》三日，克全记（海十三、十“史材”）。

是月，大师议于大林寺建层楼，作大殿法堂（大林寺募修大殿法堂序）。游庐山大汉阳峰（诗存）。

是年夏，戴传贤、李济琛、朱庆澜、孙洪伊等，发起就北平雍和宫，修建金光明道场。大师作《论时事新报所谓经咒救国》（文）。

八月三日（“七月二日”），天台宗耆宿谛老卒，年七十五（宝静《谛公老法师年谱》）。

某日，回汉口，偕李了空乘飞机去重庆（诗存）。

二十日，重庆北碚缙云山，创办世界佛学苑汉藏教理院，正式开学。大师主持开学典礼，以“澹宁明敏”为院训，岫庐记（海十三、十“史材”）。赋诗二律，一云：

“温泉辟幽径，斜上缙云山。岩谷喧飞瀑，松杉展笑颜。汉经融藏典，教理叩禅关。佛地无余障，人天自往还。”

二十九日，大师致书留藏学僧法尊，着回川主持（与法尊书一）。盖以汉院教职，时唯超一、满智、遍能、岫庐、慧松诸人，未足以副汉藏教理之实。

九月，大师过重庆。三日，于重庆反省院（佛学组），讲《人性之分析与修证》，慧松记。大师约其义为一偈（文）：

“一反自性成真佛，三省吾身学古人。悟得本空好勤拂，永令明镜绝纤尘。”

某日，再讲《佛学与宗教哲学及科学哲学》于反省院；又讲《人欲之分析与治理》于求知俱乐部，皆慧松记（文）。

大师回武汉。二十三日，应武昌文化公学约，讲《如何建立国民的新道德》（文），大师以为：中国国民所最需要之道德，为俭朴、勤劳、诚信、为公。而人类道德之原理，为“一、众缘主伴之互成；二、唯识因果之相续”。

二十五日，世苑图书馆开幕。大师世界佛学苑之运动，总苑地址，去夏始确定于南京佛国寺。适以长江流域之大水，继以“九一八”、“一二八”之事变，因缘乖舛（德国卫礼贤亦卒），进行不易。是夏，武院驻军撤去，大师即进行图书馆之筹备；至是始告成立。到孔庚、方耀庭（本仁）、夏斗寅、王森甫、罗奉僧等。院董会改推方本仁为院董长（略史；海十三、十一“史材”）。图书馆成立研究部，分编辑、考校二室。研究员有谈玄、尘空、苇舫、本光等；其后陆续来者，有力定、守志、印顺等。馆务由法舫主持，凡六年。

大师留武昌期间，讲《贤首学与天台学比较研究》，法舫记（文）。

二十八日，大师于正信会作《临别开示》，即登轮东下（《正信》一、十四）。

是月，“寺庙兴办慈善事业实施办法”公布（海十三、十二“史材”）。

十月八日（“重九”），大师应奉化蒋公延请，住持雪窦寺，行进院礼。莹照、宽融、玉慧观，均上山观礼（海十三、十二“史材”；玉慧观《浙东名山雪窦寺纪游》）。以克全为监院，后改以又信任之。

二十五日，大师赴厦门（海十三、十二“史材”）。

二十九日，大师于闽院开示：《现代僧教育的危亡与佛教的前途》，灯霞记（文）。极力抨击士大夫式的法师养成，勉学僧以：

> “现代学僧所要学的，不是学个讲经的仪式，必须要学能实行佛法，建立佛教，昌明佛法，而养成能够勤苦劳动的体格，和清苦淡泊的生活。”

十一月十二日，大师应新青年会之请，讲《新青年救国之新道德》（与前《如何建立国民的新道德》同），芝峰记。后引起丘斌存、丘非山等之批评，有芝峰等与之论战（芝峰《道德的小论战》）。

其间，大师应厦大教授所组文哲学会之约，讲《法相唯识学概论》，虞德元（佛心）记（海十四、一"佛教要闻"；守志《潮汕弘法一周记》）。本论，昔年初讲于世界佛教居士林，未竟而中止。虽粗陈大纲，未必即能折世学而张唯识之法幢；然概叙要义，颇有条理。纲目为：

一 法相唯识论之略释

二 法相唯识学之由起

甲 出发于究真之要求者

乙 出发于存善之要求者

三 法相唯识学之成立

甲 其余唯心论不成立之故

乙 法相唯识论能成立之故

1 独头意识与同时意识——虚实问题

2 同时意识与第八识变——象质问题

3 自识所变与他识共变——自共问题

4 第八识见与第七识见——自他问题

5 八心王法与诸心所法——总别问题

6 能缘二分与所缘三分——心境问题

7 第八识种与前七识现——因果问题

8 第八识现与一切法种——存灭问题

9 一切法种与一切法现——同异问题

10　前六识业与八六识报——生死问题

11　诸法无性与诸法自性——空有问题

12　唯识法相与唯识法性——真幻问题

13　染唯识界与净唯识界——凡圣问题

14　净唯识行与净唯识果——修证问题

四　法相唯识学之利益

是论,王恩洋、张化声、唐大圆、彦明、梅光羲、罗灿、密林、法尊、胡妙观、黄忏华等为之序。

十二月一日,大师于闽院,讲《佛教的教史教法和今后的建设》,守志记(文)。乃综合年来对于佛法之条贯统摄,及对于改进佛教之主张而论之。

三日,大师辞退南普陀寺住持,由常惺继任,举行交接礼(海十四、一"通讯")。时大师连任六年将满,而负责主持之大醒、芝峰,以年来烦累于无谓纠纷,不愿再留,乃议推常惺继任(自传二十一)。

按:《自传》"推定次春请常惺法师继任",非也。"通讯"作"十一月二日",考系十二月二日之误。

九日,以潮汕缁素推澄弘为代表来厦门欢迎,大师乃偕会泉南行,守志为侍录(自传二十一;守志《太虚大师潮汕弘法记》)。

按:《自传》误以此为十九年冬事。

十日晨,抵汕头,智证、周觉空等来迎。赴六邑会馆之欢迎会,大师讲《存心与择法》。晚,大师至商会,开讲《心经》,凡三日。其间,有丁沧波、马杰三等来访(守志《潮汕弘法记》)。

十三日,大师等至潮州,驻锡开元寺。晚,讲《心经》大意(守志《潮汕弘法记》)。

十四日,上午,出席欢迎会,大师讲《佛法与救国》。晚,略讲《十善业道经》大意(守志《潮汕弘法记》)。

按:《佛法与救国》原注"一二、一六,记于潮安",与事实不合。

十五日,大师为开元寺念佛会,讲《阿弥陀佛经讲要》。又应第四中学之请,莅校讲《佛学的色法与物》。是日,大师访唐大颠之叩齿庵(守志《潮汕弘法记》)。

按:《净土宗月刊》以《阿弥陀佛经讲要》为二十三年讲,误。

十六日,大师等还汕头。晚于商会讲《阿弥陀经》大意。

翌日,离汕还厦门(守志《太虚大师潮汕弘法记》)。

二十三日,大师于闽院,开讲《大乘本生心地观经》,胜济、窥谛、东初、灯霞、雪生等合记,成《大乘本生心地观经讲记》(文)。大师誉此经为"法备五乘,义周十宗",颇为推重。

二十五日,厦门各界来受皈依,因发起慈宗学会(海十四、一"佛教要闻";十四、二"图")。如《慈宗要藏叙》云:

> "转逢长老,自小雪峰携古铜弥勒菩萨像至,乃就兜率陀院,设慈宗坛以奉之。民二十一、二十二之交,旦夕禅诵其中,皈依者浸多,有慈宗学会之设。"

是年冬,曾琦过厦门访大师,以世出世法不易会通者三事

（世法不能无执著，不能无爱憎，不能无杀戮）相询（无名《世出世法之融会》）。

时拥护班禅者，有用回兵攻入西藏之议。毕朋寺僧罗桑年札等发“血泪书”，表示反对。大师乃作《读西藏比丘血泪书告中央政府及国民》，以平息班禅、达赖间之争端为善法（文）。

民国二十二年，一九三三（壬申——癸酉），大师四十五岁。

一月一日，庆祝元旦，大师开示（庆祝元旦）。

时熊十力出《新唯识论》，学出欧阳竟无而大反欧阳竟无之唯识。大师许其“不失为真如宗之属，以其提撕向上，主反求实证相应，鞭辟入里，切近宗门”。但其“推尊大易，傅合儒言”；“不用圣比量以排除非量的凡情直觉，而反引凡情直觉以排除圣比量，又适成颠倒”！因于去年底，作《略评新唯识论》，举大乘三宗义以通摄之。适内院刘定权之《破新唯识论》至，九日，大师读而复附识数语于后：

“作《略评新唯识论》旬有余日，获阅刘君定权之《破新唯识论》，破之固当矣。欧阳居士序之，深致慨熊君十力之毁弃圣言量。然履霜坚冰至，其由来者渐。夫《起信》与《楞严》等，殆为中国佛教唐以来相承之最高圣言，居士虽未获融会贯通，而判为引小入大之不了义说，犹未失为方便。乃其门人王君等，拨而外之，居士阴许而不呵止。殊不知即此便开毁弃圣言之渐！迨令千百年来相承《起信》、《楞严》学者，亦敢为遮拨法相唯识。仿佛中论，依傍禅宗，爰有瞽僧狂士，攻讦窥基护法而侵及世亲无著。今刘君犹曰:‘除《起信论》伪书外’;居士亦未拣除。徒责熊君之弃圣言,所谓有知人之智而无自知之明欤!”

十二日,戴季陶等请班禅于宝华山主持药师法会,会众有发(十二)愿文(药师法会发十二愿文序)。

十八日,大师辑《慈宗要藏》竣,为之叙(文)。

“腊”,大师应厦门大学心理学会之约,讲《梦》,虞德元记(记者“附识”)。

时芝峰离闽,大师命去武院编《海潮音》(南北东西的海潮音)。

二月一日,大师讲《学佛先从人做起》于思明县佛教会,灯霞记(文)。

十一日,支那内学院交来《佛诞纪元论刊定书》,对大师《佛教纪元论》,有所指摘。大师作《复内学院书》(书)。

二十八日,大师返沪(海十四、四“佛教要闻”;《正信》二、五)。

三月十二日,大师于上海永生无线电台,广播“佛法大意”(海十四、四“佛教要闻”)。

十九日,大师于雪窦寺开讲《出生菩提心经》。开题后,由宝忍代讲(出生菩提心经讲记跋;海十四、五“通讯”;《正信》二、五)。大师拟以雪窦寺为世苑禅观林,草《禅观林大纲》(海十四、五“通讯”)。然主持无人,迄未能如法进行。

大师读“教育部为中国佛教会佛教学苑组织大纲复内政部咨”(见二月十一、十二《时事新报》),叹为“民国以来政府对于佛教第一有意义有价值之公文”,乃为《论教育部为办僧学事复内政部咨》(文)。于中国佛教会之主持者,“不知僧教育,又不知国家教育制度”,胡拟“佛教学苑组织大纲”,为政府责为:“妨碍国家教育制度之统一”;“不识大体”,致其无限之感慨(参《略史》)。

是年春,吕万来山,大师偕之游四明山心,历访雪窦诸胜(诗存外集)。

夏初(四月二十顷),大师至宁波,展礼受经故居之永丰寺(宁波七塔寺岐昌老和尚八十冥寿启)。

四月二十九日,锡兰佛教之复兴运动者达磨波罗卒(寂颖《达磨波罗的死》)。

五月五日,大师在沪,作《现代佛教周刊之路向》,以示大醒。《现代僧伽》,自二十一年改为《现代佛教》月刊,失其初创之特色。是年四月,大醒至潮州,改办《现代佛教》周刊,大师乃勉以:

> “办为周刊,应益注重改善僧制之运动,而尚论佛教之时事,收惩恶劝善之效,开拨乱反正之路;建立现代僧伽以住持现代佛教,庶乎其有希望耳!”

六日,大师于上海世界佛教居士林,开讲《八大人觉经》,八日圆满(海十四、七“佛教要闻”)。

七日,大师于永生无线电台,播讲《佛教与护国》(海十四、六“佛教要闻”)。时日人占榆关,侵热河,国难日深。大师信众之普仁(余乃仁)、普勇、普德,商诸大师,拟创组“青年佛教护国团”。大师乃电“劝全国佛教青年组护国团”(海十四、六“佛教要闻”)。主部分从军抗暴;部分则助捐,及组救护队、慰祷队、运输队等。

十二日,大师抵南京,驻锡(万寿寺)中国佛学会(海十四、七“佛教要闻”)。

十三日,大师访随甘地绝食而绝食之谭云山(海十四、七“佛教要闻”)。翌日,致电甘地,劝其进食(电劝甘地进食)。时甘地(八日起)于狱中,为贱民阶级实行绝食三星期(甘地运动成败关系世界文化)。

十四日,大师于中国佛学会,开讲《三十唯识论》。来会参听,有黄攻素、张大千、汪培龄、范本忠、张仲如、姚雨平、周仲良、谢健、黄忏华等百余人(海十四、七“佛教要闻”)。

三十一日,大师作常熟之游,历游破山、宝岩、三峰诸胜;约六月二日返(海十四、七“佛教要闻”;诗存)。

六月七日(“五月半”),宁波佛教会所落成。礼请大师于佛教会讲《三十唯识论》,凡七日(海十四、八“佛教要闻”;《正信》二、九)。

二十二日,大师抵汉口。翌日,大师于佛教正信会,开讲《大乘理趣六波罗密多经·皈依三宝品》。苇舫与绍奘合记,成《大乘理趣六波罗密多经皈依三宝品讲录》(海十四、八“佛教要闻”;《正信》二、十一)。

二十九日,法会圆满。大师偕方本仁、钟益亭等,参观孤儿院(海十四、八“佛教要闻”;海十四、九“通讯”;《正信》二、十一)。

三十日,大师巡观八敬学院,院为今春新创,大师为题名者

（与正信会诸居士书；海十四、九“通讯”）。

七月四日，大师移住武昌世苑图书馆（海十四、九“通讯”）。

是年春夏，同师日本权田雷斧之曼殊揭谛与王弘愿，对居士是否可以传法灌顶，大起争论。

二十六日，大师在庐山。偕戴季陶游含鄱岭、望南山之胜。戴氏有于此建佛刹之愿。初抵谷口，浓雾迷漫。忽而开朗，四山形势，一览无余。欲行，则云从天下，依然满谷，戴氏叹为佛力（戴季陶《有感寄太虚上人（诗注）》）。

三十日，大师就大林寺，开讲《金刚般若经》；戴季陶、蒋作宾、张默君等均至。是日发题，论佛法大意——《因缘所生法义》，苇舫记（慧慈《庐山大林寺金刚般若法会日记》；海十四、九“通讯”）。适大林寺开白莲花一枝。后戴氏来讲，续放一枝，戴氏以诗纪其瑞（诗存外集）：

> “初见白莲为师发，继来再见白莲开。南山重雾随声散，应有神龙运巨材（指含鄱岭之游）！”

八月一日，玉慧观为暴徒殂击殒命，年四十二（冯明政《玉慧观略历》）。慧观于大师事业，多所臂助，壮年早殂，大师悼之。

六日，大林寺欢迎戴季陶，并开讲演会。戴讲“药师七佛法会会众所发十二大愿”；大师讲《倒果觉之下化起因行之上求》，源辉与黄暄初合记（海十四、九“通讯”；文）。

十三日，金刚法会圆满，再开演讲会。适王揖唐来庐山，因参与讲演。大师是日讲《发扬中国文化与佛教以救国救世界》

（慧慈《般若法会日记》；海十四、九“通讯”）。

是夏山居，多与赵敬谋、许公武等唱和（诗存）。七日，张文白（治中）招集花径分韵，大师得“恨”字：

> “花开花谢异欣厌，春到春归纷愿恨。岂知万化总乘时，荣悴总是天行健！”

黄凌霜（中央大学社会系主任）休夏大林寺，读大师《真现实论》——以唯生的中国哲学、唯物的西洋哲学、唯识的印度哲学为类，因为大师言及：陈立夫近在中央政治学校讲唯生论，颇近大师之说。故分韵一绝，约大易“生生”之义以为说（唯生论读后）。

九月二日，大师再度至武汉（海十四、十一“佛教要闻”）。

二十四日，大师于世苑图书馆，为馆员讲《世界佛学苑之世界佛法系统观》，苇舫记（《正信》三、二）。

时汉藏教理院，以满智烦动，不孚众望，群为不安。大师勉任为院务主任，俾安其心。迨满智离职去，大师因命遍能主教务，常恩主事务，渐归平静（致满智书；致汉院员生书；致遍能常恩书）。

二十八日，大师游九峰（《正信》三、五）。

《海潮音》自九期起，改由大醒于汉口编辑（南北东西之海潮音）。芝峰还宁波。

十月一日，大师应汉口律师公会、佛教正信会、红十字会请，于汉口市总商会，讲《怎样来建设人间佛教》，谈玄、苇舫记；三日圆满（海十四、十一“佛教要闻”；文）。

国庆日，东还（海十四、十一“佛教要闻”；《正信》三、四）。

是年，李梅石从大师出家，字以德瑛（尼）（吕九成致编者书）。

十一月十八日（“十月一日”），大师应杭州灵隐寺（弥勒佛开光）之请，开讲《弥勒上生经》（海十五、二“通讯”；《正信》三、八）。

二十四日，法会圆满。上午应之江大学之约，往讲《宗教构成之元素》，何惟聪记。晚应青年会约，为各界说法（海十五、二“通讯”）。

大师在杭期间，游三生石、六和塔诸胜（诗存）。故友王芝如来访，大师偕之往吊许铁岩墓（人物志忆三）：

> “越州故友王芝如，得得云林访我居。忽忆铁岩许烈士，玉泉亭畔一长嘘！”

二十六日，大师经杭甬道返奉化雪窦山（海十五、二“通讯”）。

十二月，大师指导雪山植树，纪以诗：

> “溪风习习水淙淙，曳杖飘然过伏龙。寺内曾栽司令柏，桥边待补翰林松。翠光迎纳山曈暖，寒色飞侵瀑雪浓。老树不删成古趣，且将新植课寒冬。”

十七日，西藏达赖喇嘛卒。大师作《达赖逝矣西藏将奈何》。

是年秋冬，大师多论时小品，如《论大学教授救国宣言》；

《世运之转机》;《内政部今颇注意宗教》;《甘地运动的成败关系世界文化》;《告暹罗国民》;《怎样平世界两个不平》。

世苑图书馆以王慧力等之筹措,成立研究预习班。学生有智藏、俨然、明智、雨昙等。

潮州以大师莅临弘法,缘起岭东佛学院,寄尘主持之;是秋开学。闽院以闽变(学院驻军)而引起学潮。闽院自十七年大醒、芝峰主持以来,内部尚称安定,唯以对外纠纷为苦。自常惺本夏实际主持以来(知非、会觉等先后任教务),不满于大醒、芝峰,思调和于新旧及本地外江之间。唯本人不常在闽,隔碍亦不易卒除,而学院内部,则学潮年必二三发。迄二十五年,常惺退住持,闽院陷于半停顿,抗战军兴始停止。

民国二十三年,一九三四(癸酉——甲戌),大师四十六岁。

一月三日,大师应镇海团桥镇永宁寺请,讲《八大人觉经》,张圣慧记,成《八大人觉经讲记》(海十五、二"通讯")。芝峰、守志自金仙寺来预法会(亦幻为编者说)。

五日晨,大师因便,偕芝峰等游慈北鸣鹤场金仙寺。寺主亦幻(武院学生),就寺开欢迎大会,大师讲《由诸行无常求合理的进步》。晚,再讲《怎样赴龙华三会》。均守志记(海十五、二"通讯")。

七日,大师偕亦幻、芝峰等,游五磊灵山寺,晤(亦幻之法和尚)静安,论及昔年佛教弘誓会事,并以延庆寺之衰落不堪为可惜。大师语静安、亦幻、芝峰,勉以再兴延庆(海十五、二"通讯";诗存;亦幻为编者说)。

八日，静安、亦幻去宁波，进行延庆寺事；大师偕芝峰游慈溪普济寺。翌日，大师重游汶溪之西方寺，兼游净圆寺（海十五、二“通讯”；诗存；诗存遗）。

十一日，大师莅宁波，参加延庆寺之交替礼。由静安任住持，亦幻、芝峰于中主持之。寺中驻兵，大师商诸奉化俞氏，乃得遣出，延庆重见清净（海十五、二“新闻”；亦幻为编者说）。

大师回雪窦寺度旧年（海十五、三“新闻与通讯”）。

去年，初以曼殊揭谛与王弘愿诤；次《海潮音》出密宗专号，责难王弘愿；王弘愿乃特出专刊以反驳。大师作《王师愈诤潮中的闲话》以再破之。

二月十四日（“甲戌元旦”），大师于雪窦寺讲《弥勒上生经》（海十五、三“通讯与新闻”）。

四月三日，大师在杭州，戴季陶来访（复戴季陶院长书）。

九日，大师由沪抵南京，与班禅面商佛事（海十五、四“通讯”；佛法建立在果证上）。晚与黄忏华谈及，知近人于佛法多诸疑难（内院对“时轮金刚”密法多有批评）。翌日，大师乃于中国佛学会，讲《佛法建立在果证上》（文）。

十四日（“三月初一日”），大师于延庆寺，开讲《妙法莲华经》，“悬论”四日而毕，守志记（海十五、四“通讯”；文“注”）。本文则付根慧与芝峰共讲之。

时戴季陶、汤铸新、陈元白等，筹备于杭州灵隐寺，请班禅重开“时轮金刚法会”（去年开于北平）。藏密流行，教内教外人士，颇多忧神鬼迷信之祸国，多诸疑诤。法会征文于大师，大师乃就《法华经》义，作《斗诤坚固中略论金刚法会》，极说“一切教法，莫不建立在佛果智证境上”。香拔拉国与南天铁塔所流出之密法，决不能以无史实可稽而斥之（文）。

时大师作有《梵网经与千钵经抉隐》，以证密典亦古译旧传。又作《佛法一味论之十宗片面观》，除素所赞仰之禅宗外，特赞密宗之殊胜曰：

> “然真空门妙极于禅宗，而假相门妙极于密宗。故行证之妙门，独以此二为崇。盖天台、华严，着重于玄妙的描写，致行证反成无力也！”

二十日，大师游横溪金峨寺（《正信》五、四）。

五月，大师抵杭州，参加时轮金刚法会。十八日圆满摄影，大师预会（灵隐寺悬相片）。时大师从班禅受金刚阿阇黎灌顶，执弟子礼。专事弘扬“人生佛教”之大师，乃应机而学“融摄魔梵”之密咒，识与不识，多为惊奇。然就大师一切皆为方便，无事不可适应之心境观之，则亦无足惊奇。其后，大师作《答或问》以自解：

> “数年来，与班禅大师晤谈多次，彼此相知渐深。春间，得超一师为译语，谈论益畅，赞余为汉地弘扬佛法第一人。惜言文隔碍，不能互相研究。因答：余亦极欲研究西藏佛教特胜之密咒。当谓非灌顶传授不可。余于佛祖古制，非万不获已，不肯违背。因谓：如能授以总灌顶，俾可自在研究诸咒部者，当从大师授之。亟蒙喜允，为专授金刚阿阇黎大灌顶法。此余为得研习一切咒法之自在，从受灌顶之意义及经过也。”

时上海报章，举发一部分佛徒，将去日本参加泛太平洋佛教青年会。二十六日《申报》标为："全系太虚之徒，与日人勾结而成"；有"太虚首先表示态度，可领数十人赴会"之说。舆论哗然，大师乃登报否认（致王一亭居士书）。事缘留日学僧墨禅，函约国内缁素赴会；而藤井草宣、神田慧云等亦活动甚力。间有少数意存两可，语涉模棱，墨禅辄以载诸日本报章。事为内院所举发，传说中之代表团团长常惺等，均纷纷否认。事出有因，特未至决定阶段。至于大师，是年故无意东行。大师乃作《论第二次泛太平洋佛教青年会》，深以列有满州国为碍。

六月五日（"四月二十四日"），大师应阿育王寺寺主源龍请，开讲《药师琉璃光如来本愿功德经》，守志记，成《药师琉璃光如来本愿功德经讲记》（致戴季陶院长书；《正信》四、五）。

大师于东方净土，颇有善巧之解释，以为释迦"将济生之事，付与东方药师；度死之事，付与西方弥陀"。于素重死鬼之佛教，特揭"资养现实人生之佛教"，可谓善巧方便矣！

法会中，美人梅立德专诚来访（海十五、六"通讯"；海十五、八"通讯"）。戴季陶以"药师七佛坛城图"贻赠，大师题而藏诸雪窦寺（题药师七佛坛城图）。

"端午"（十六日）前，法尊自西藏归，来谒大师于阿育王寺；大师命从速入川主持汉藏院（法尊《略述太虚大师之悲愿及其伟业》）。先时，汉院以遍能处事未善，教员传戒（巨赞）、熊东明（并与大师有关而又从内院学）即藉生事端，拟改汉院为内院第二院。幸院护何北衡，不为所惑，得以无事。迨法尊入川，先后得苇舫、尘空相助，汉院始入小康之局。

二十七日（“五月十六日”），药师法会圆满（讲记末注）。

七月五日，锡兰摩诃菩提会秘书法理性海，来访大师于上海雪窦分院（海十五、八“新闻”）。

十四日，大师抵庐山（海十五、八“新闻”）。是日，汉口王慧力（森甫）卒（《正信》四、十）。武汉昔年之护法居士，北伐以来，或死或散，多半又归于密；大师武汉法化得以赓续推行，慧力之力为多。大师于庐山得其噩耗，悼之以诗：

> “去今两夏庐山上，两度惊看噩电来。沪玉（慧观）汉王（慧力）相继逝，化生愿各在莲台！”

世苑图书馆预科，是秋即以经费困难而停顿。自此，大师之在家信徒，鲜有能予以经济之有力援助者。

二十七日，大师于大林寺开讲《孛经》，以《从慈悲为本方便为门以明孛经大旨》发题，法舫记。八月二日圆满（海十五、八“新闻”）。

三十日，大师为张化声之《化声集》作序。张化声初夏自湖南来武院，转来大林寺谒大师。时化声已转佛而入道，有“且待五年”，以仙学问世之豪语。大师不以为嫌而勉之，盖：

> “卫藏喇嘛……秘传之所蕴，在乎气功，与道家之命功，有异曲同工之妙！殆欲界中修习禅定之前方便欤！”

惜乎未满五年，化声已仙去！

是年夏，蒋委员长在庐山发起新生活运动，旧道德论复活，新儒家由此抬头。

八月十二日，大林寺举行暑期讲习会，到马秀芳、李协和、王一亭、梁赵懋华、阎宝琛、萧一山、韩立如、朱铎民，及德人博尔士满等（海十五、八"新闻"）。

二十九日，大师自庐山抵汉口（海十五、九"新闻"；大醒《空过日记》）。

三十一日，大师于武昌正信会，开讲《善生经》，尘空记，成《善生经讲录》；二十七日圆满（海十五、九"新闻"；大醒《空过日记》；了空《善生经讲录序》）。

按：正信会印行本，作"汉口正信会讲"，误。

时大醒于武院编《潮音》，大师书数语勉之：

"治学如朴学者，办事如职事僧，讲经师以宏法，禅和子以持身。"

九月五日，大师为世苑图书馆员生，讲《世苑图书馆之修学方针》，智藏记（大醒《空过日记》）。大师类摄佛法为六系——五三共法系，小大律藏系，法相唯识系，般若中观系，中国台贤禅净系，印华日藏密法系。

八日，大师参加汉口正信会举行之王慧力追悼会（海十五、十"图"）。

十五日，大师于汉阳正信会讲《心经》（大醒《空过日记》）。

十九日，大师应湖北省教育院约，讲"中国文化与复兴农村"（海十五、十"新闻"；大醒《空过日记》）。

二十日，大师于湖北第一模范监狱，讲《由人至成佛之路》，尘空记。又讲《佛教美术与佛教》于美术学校，苇舫记（文）。

二十一日，大师应唐大圆请，讲《唯生哲学》于东方文化研究院，尘空记（文；唯生论读后）。大师结论谓：

> “唯物论是浅的唯生论，唯识论是深的唯生论。苟善知唯生之义，则一切学术皆可作唯生论之参考，以成其唯生哲学。”

二十二日（“秋节前一日”），大师偕李了空、李慧空、法舫等游（李了空故乡）应城。大师于应城，讲有《佛法根本义与时局之关系》，法舫记。二十五日（“后二日”）回汉口（李慧空《应城游记》）。

二十四日，欧洲第一届佛教大会在伦敦开会（前二年来中国受戒之照空领导）。纳粹党人有接受佛教之表示，引起诤辩；大师为作《欧洲佛教大会的论诤》以通之（文）。

时陈立夫《唯生论》问世，大师读之，作《唯生论书后》。大师本以中国文化为“唯生”者，与陈说有所不同：

> “其一、（陈）以中国为唯心的精神文明，与西洋之唯物的物质文明对立；虽可使中山先生唯生论，增高综合东西之价值，以唯生论兼包近代西洋的物质文明，然文明之分为物质的精神的，原不过比较上有其特胜之方面，而实无绝对之区别。察中国之文化，于物质方面，固不及近代西洋之发达；但于精神方面，亦未逮古印度之深远。故不如用历来许多人对于世界文化之三分法，以唯心的归之印度，而以原来是综合心物之唯生论位置中国。推中山先生为继承唯生的

中国文化，融摄唯物的、唯心的文化，而充实之、发皇之、光大之，以成现代中国文化或世界新文化者，尤较为平实而有力。盖《大学》之格致诚正修齐治平，虽有完备之纲目，而考其内容，代表中国正统文化之儒道，其较优详者只在修齐治平。格物致知之须藉西洋物质研究为补充，而诚意正心可引印度佛学修养为资助，实为最契理契机之办法！此具摄持格致诚正为修齐治平之精蕴，亦唯物唯心为两面而唯生为总体之旨也。"

"其二、唯生论殊不宜有'元子'之概念与名称。盖以原子律说明万有之生起，虽为古代印度及希腊所同有，不仅为近代的西洋学说；然此实为唯物论物质分析之所限极，由分子析到原子，再由原子析到电子，皆不越物质之质点，故为形数之可测量，而得以'极微'、'最小'、或'无穷小'等，以小大形之。然近起而未成立之能子说，已非属质点而不可以小大形之；何况唯生论之元，可从分析至无穷小以求之，且名之以'子'哉！盖一拘小形，即落于形而下，是唯物而不成唯生唯识矣！故不如用'生元'(或生气)之一名：区别孙文学说上之生元，为通俗的生物之生元；而另以唯生论上之生元，为哲学的万有之生元。诠明此唯生论的生元，无穷小亦无穷大，非小大可形而遍为小大形；前无始而后无终，非前后时而可为前后时，则庶其近于易之太极。而太极无极无不极，则无极一名亦蛇足也！"

二十七日，大师离汉口返沪(大醒《空过日记》)。

十月六日，大师讲《应注意蒙藏间文化和国防》于××学校，法周记（海十五、九“上海通讯”）。

十六日（“重九”），大师在南京。偕诗友于鸡鸣寺豁蒙楼登高，分韵赋诗（诗存）。

十九日，大师游丹徒，以会音寺开戒，礼请开示。大师略示《瑜伽菩萨戒》纲要，作《同戒录序》（丹徒会音寺同戒录序；海十五、十“新闻”）。

大师过镇江，应省佛教会请，讲《佛法无边》于红卍字会（文）。

二十五日，大师于浙东丽水南明山仁寿寺，讲《八大人觉经》。诗存《丽水之游十绝》，游迹次第可见（《正信》五、五；诗存）。

“秋尽”，回雪窦山。玉皇（却非）来访（诗存）。

十一月七日，大师于奉化中塔寺，讲《弥勒上生经》（《正信》五、五）。

十二月二十二日（“冬至”），胡瑞霖（妙观）应大师招，来游雪窦（胡妙观《法相唯识学概论序》）。

二十六日，蒋委员长来山晤谈（与法尊书三）。

是冬，法尊译《菩提道次第广论》毕。大师一再嘱译《咒道次第》，俾窥藏密之组织（与法尊书四；六；九）。

民国二十四年，一九三五（甲戌——乙亥），大师四十七岁。

一月十二日（“腊八”），大师为奘老作《重刻地藏经序于雪山》（文）。

时有劝大师于雪窦寺开戒者，因作《论传戒》以谢之：

“今戒种断而僧命亡矣。续命之方，其惟有集有志住持三宝之曾受苾刍戒者三二十人，清净和合，阅十年持净苾刍戒律，然后再开坛为人受苾刍戒。”

大师赴汉口，有《赴汉皋舟次》诗（诗存）。

二十二日，大师四十六初度。将二十年来所留髭须，一齐剃却，殆有感体力渐衰，勉自振作为青年欤！大师剃须纪之：

“此身四十六初度，母难空添德慧无。且幸犹存真面目，莫教孤负好头颅！不因剃发除烦恼，那更留须表丈夫！此日刮磨重净尽，露堂堂地证真吾。”

是年海刊，复由法舫编辑（南北东西的海潮音）。十五周年纪念，大师作《十五年来海潮音之总检阅》。

二十九日，大师于世苑作《答或问》，多涉及密宗问题。《龙猛受南天铁塔金刚萨埵灌顶为密宗开祖之推论》，亦是时作。

二月十一日，大师作《阅儒佛会勘随笔》。以“比来尊孔崇儒，成一时风尚；此文以禅摄儒，实应机妙品”！

二十六日，墨禅等为中日佛学会事，发表《敬告全国佛教民众及全国同胞》。署名者，“释谈玄、释墨禅、阮紫阳、吕大椿、黄辉邦、蔡吉堂、高观如”（《佛教日报》五月）。

大师以病，返上海疗治，感衰老剧增（致法尊书八）。

四月（“三月”），大师偕沈仲钧、黄清渠游天台山（诗存）。

六日（“清明”），华东基督教教育代表团来游雪窦山，以“中国佛教趋势”，“中国佛教教育方针”，“中日佛教关系”，“佛教对基督教之关系”，“中国佛教对于世界之贡献”为问，大师一一答之,性定记(文)。

是春,十教授发表《中国本位的文化建设》。大师以为应称"现代中国文化建设"。盖一言本位,易落宋儒窠臼(中国本位文化建设略评)。

时大师召芝峰讲《楞伽经》于汉口正信会,颇望能留武汉,与法舫等同弘法化。经期毕,芝峰返甬。大醒尝谓:"中国佛教,只要有十个有为的僧伽能真诚合作,就有办法。"达居等以询大师,"大师颇有不胜感慨之意;对于这问题,好像很不愿意多所发表"(达居等《由青年路向问到佛教革兴》)。

法尊译出《菩提道次第广论》,将以印行,大师序之。于斯论不没自宗,不离余法,而巧能安立一切言教皆趣修证,誉谓:

> "从天竺性相各判三时,以至华日诸宗之判摄时教,皆逊此论独具之优点!"

十日,《佛教日报》创刊,大师在沪,作《发刊辞》。去年,大超(曾任中国佛学会干事)与邓慧载,承大师意,于上海市《民报》,编《佛教特刊》。迨停顿,大师乃促组成《佛教日报》。大师为社长,范古农任总编辑,邓慧载主其事(后改胡厚甫主持)(灯霞为编者说)。

十四日,日本好村春宣及留学僧墨禅等,为成立中日佛学会事,来访大师于雪窦分院(致欧阳竟无书)。大师与好村晤谈:

> "问:中日佛教学会,拟推中日会长各一人。日本方面,于高楠、铃木二博士孰为宜?而中国方面,法师能担任否?

答:高楠博士编印大正藏新修藏,主译南传巴利文藏,中国佛学者知之较多。闻今夏有常惺法师等将游日本,届时可就询之。余以事繁,庶未遑参预!

问:中国僧人近已渐有赴日留学者,日本僧人亦有可来中国留学之寺院否?且用费如何?

答:中国僧赴日留学,经费颇为不易!中国今某某等寺,皆附设有佛学院,设为国家所许,而日僧能遵照中国僧生活习惯者,则就某某寺等佛学院,无须纳费。

问:拟请法师赴日讲演,不知有暇否?今夏铃木博士将重游中国,庐山暑期佛学会邀讲演否?

答:铃木博士若游庐山之便,在大林寺讲演期间,当邀讲演。

问:大醒、芝峰、法舫等,今夏能赴日考察否?

答:或者能之。

问:南传巴利文藏经,已译成日文,中国最好能转译之!

答:武昌世界佛学苑图书馆中,有暹罗某亲王所赠巴利文藏经,并已订购南传藏。若得一精于此学之日本学者相助,当于馆中选华文之所无者译之。"

二十日,大师以锡兰僧纳啰达约,再由甬来沪。翌日,纳啰达偕郑铭榕,访大师于雪窦分院,郑铭榕译语,商南京世苑筹设巴利文学院,及于京组比丘僧团——律仪院(海十六、五"新闻")。

时以中日佛学会事,引起甚大纷争。支那内学院熊东明,作《辟中日佛教学会》;定公(巨赞化名)作《为中日佛教学会告国人书》。于大师及其门下，指为勾结日人，为害国族。而墨禅则作《诫支那内学院》；谈玄以“中国佛教调查团”名义，作《支那内学院之鬼蜮》。谓内院心存嫉忌，意图染指庚款。《佛教日报》为“披露关于中日佛教学会之论辩”，不作左右袒；一般报章，间有不满大师者，大师因（二十二日）作《告日本佛教大众》：

“去年日本青年佛徒，联合沿太平洋各国青年佛徒，开泛太平洋佛教青年会。自凭片面希望，于报纸宣传，可邀中国太虚之友生出席，致太虚为嫉害者乘间攻毁，全国报纸流言四起，竟令辩不胜辩。乃今年三月初，《申报》转载贵国报纸，又云：‘以日华佛教学会为中心，于太虚所办世界佛学苑，作有力之声援。’虽贵国佛徒或原出于好意，然初未与太虚商洽而有所承认，遽作此片面之宣传，又徒引起贪嫉者对于太虚为挟嫌之诋谤。此非与中日两国之佛教，有百损而无一益者耶？

“于上海一二八时，太虚曾布《因辽沪事件为中日策安危》一文，告日本佛教大众：‘虽中日两民族，不应相扼以俱尽，当谋互助以共存。’然谓：‘若非还我东北，恢复中国疆土政治之完整，则中国对于日本民族之感情，末由好转，而盼日本之佛教徒力促日本国民之觉醒。’太虚持此宗旨，迄今犹昔。故特此再告日本佛教大众：诚能力促日本朝野，入于回复中日民族感情之正轨，则中日佛教自可共图发扬。设枝枝节节，作空言无实之引诱，必致徒劳无功。尤冀对于太虚，勿再播无据之空气，以益深中日佛徒之障隔！”

中日佛教学会，由墨禅、谈玄等与日人联合组织。时中日国交，内则已趋险恶，外则敦睦邦交。大师唯以适应与否为是非，故于中日佛教学会，并不以为是而起图之；少数留日弟子之起而组织，亦未尝以为非而诫之使绝。内院与大师积不相能，一则以阴谋祸国为口实，一则以嫉忌为言，要皆意气用事耳！然以内院之攻错，泛太平洋会未出席，中日佛教学会未成立（于中国），则未始毁之而适以成之也。后以纷争不已，五月九日，大师致书欧阳竟无，望其一察其门下所为（文）。

二十四日，大师往法租界第二特区监狱说法，讲《人生苦痛之根本解除》，郁祖伦记（海十六、五“新闻”）。

二十六日，龙华开戒，大师应请一往开示：《持戒与龙华道场》（海十六、五“新闻”）。

五月七日，大师在雪窦，作《中日辽沪战事双方战死者供养塔铭并序》。日本伊藤原宗为塔，因蒋（作宾）公使来乞序，乃作此以应之。

二十六日，大师于南京中国佛学会，讲《优婆塞戒经》，罗普悟（曜青）记，成《优婆塞戒经讲录》。法会为戴季陶、居觉生、王用宾、焦易堂、彭养光、褚民谊、谢健、仇鳌等发起者（佛教为中国文化与智慧的宗教；海十六、六“新闻”；《正信》六、十一）。

按：《正信》作“十月廿六”；《佛教为中国文化及智慧的宗教》作“一月廿六”，并误。

发题日，大师论及“本人在佛法中之意趣”，为一极有价值之自白：

“甲、非研究佛书之学者：……将佛法当学问来研究者，并世虽不乏其人，而本人则读书每观大略，不事记诵，不求甚解，但资为自修化他之具。故在吾之志愿趣向上，不在成为学者。其所有著作，亦皆为振兴佛教，弘济人群之方便耳！

“乙、不为专承一宗之徒裔：在佛法中，自古即有开承一宗者。……至今皆有专承之人，系统甚严，而各自弘扬其本宗之教义。至本人在佛法中之意趣，以为由佛之无上遍正觉所证明之法界性相，为度众生应机设教，则法有多门；故法本一味而方便门则无量无边。……所以本人观察佛法之五乘共法、三乘共法及大乘不共法，原为一贯。在教理解释上，教法弘扬上，随宜施设，不专承一宗以自拘碍。

“丙、无求即时成佛之贪心：佛法原不拘限以现身此世为立足点，乃普为法界一切众生而发心。……发心修行，应不为空间时间所限，宜普遍平等，超出一切时空而涉及一切时空。于佛法如此理解信行，即能自悟悟他，精进无息，再无庸拘定要即此身成佛，盖成佛亦不过自悟悟他而已！菩萨行满，佛陀果成；但勤耕耘，自能收获，何藉刻期企求！若有拘求，心量自狭，将不免为虚荣心所驱使；为满足此虚荣心而去著相贪求，则反增烦闷，难得自在。佛法为接引一类好夸大之众生，亦尝施设‘立地成佛’、‘即身成佛’等假名，而本人则不因此假名而引起希求即身成佛之贪心。

“丁、为学菩萨发心而修行者：……本人系以凡夫之人，得闻佛法，信受奉行者。……愿以凡夫之身学菩萨发心修行，即是本人意趣之所在。盖真发菩提心已，历十信而登初住，由此经十住、十行、十回向修菩萨行，则为集福智资粮之菩萨。今人每多稍具信行，便尔心高气傲，不知尚未做到发菩提心之少分。”

是月，大醒去日本考察佛教。

六月十三日，大师讲《佛法的做人道理》于江苏第一监狱，罗曜青记（文）。

十五日，大师在中央广播电台，广播“佛学为世界和平要素”（《佛教日报》六月），其后补充为《提供谈文化建设者几条佛学》。时《文化建设》月刊编行，世人每以文化建设为言，大师乃为一论。虽所论简略，实包含大师“现实论”、“自由论”等要义：

“一、彻底的因果论与现实论：佛法的法，即指一切事事物物，莫非是因果性的。……宇宙现象，莫非因果，不索其因求其果于宇宙现象之外。其一一现象，莫非无始终无边中，而为因果铁则之所范持，显见为莫非是历史性和联系性的；亦可谓是彻底的客观论、唯物论、机械论、命定论、必然论的。然即其中任何一现实事物，莫不可为未来事物的开始，亦莫不皆是过去事物的终结；莫不皆是现存事物之边际，亦莫不可为现存余事的中心。……只从现实存在事物而推阐因果，即可从现实存在事物而把握因果。在人言人，即可从即终即始即中即边的吾人身心之活动，转变无始终无边中的宇宙一切事物因果，而为现实活力之所支配，显见为莫非是刹那性和独立性的；亦可谓是彻底的主观论、唯心论、意志论、无定论、自由论的。由因果论故，法无自性，诸法无我；由现实论故，我为法王，于法自在。

“二、彻底的平等论与差别论：一切事事物物，……莫非是因果性的，同时又莫非现实性的。故随拈一法，皆为法界；随一事物，皆全宇宙。绝无可为独待的、绝对的、最先的、最后的非果之因或非因之果——如一神教所谓的神，唯心哲学所谓的心，唯物哲学所谓的物。故为最彻底的平等论，亦即是无神论、无元论，或一如无变异论。然就每一事物现实而望其余一一事物现实，彼此宛然，自他宛然，先后宛然，胜劣宛然；则其程度之累差与形性之别异，又不可以偻指计，则又为无数之差别。……而人类身心世界，则为最完具此差别诸法，而最能转动此差别诸法者。由此，依人心于平等差别诸法之觉不觉，或不觉而创造诸退化业，因而受堕畜等诸劣果，集成苦世界；或觉而创造诸进化行，因而致升天与罗汉、辟支、菩萨、佛陀诸胜果，集成乐世界。而人生世界之意义和价值，即在能走上进化之阶程而不再退堕流落。菩萨佛及其净妙乐土，即为人格及人世界进化之阶段与最高成果。由此，故又为人神论、心元论，或进化有阶向论。

“三、彻底的社会论与个人论：佛陀证明一切法皆缘所成，任举一事物，……就其转辗能作关系之缘的，则无限极。……故随一事物，皆是宇宙性的。就人切近言之，即可谓随一个人皆是社会性的。……然此一事物是宇宙众缘成的，而于一般的众缘，别成要泛违顺差异；且缘成此一事物而非其余事物，这由其在一切生缘中有其特殊因种故。再之，此一个人是社会众缘成的，亦于一般的众缘，别成亲疏利害差异；且缘成此一个人而非其余个人，这由在生缘中各有其自然个人故。一切法缘生空义中，必明一一法种子因义，乃可全明一切法仗因托缘而生成的实相。人生本来是社会的义中，亦必明各是自然个人，乃可全明社会作成人而人亦作成社会之实相。……由此，资本主义文化核心之个人主义，虽有所偏执，不免今后之崩溃，亦未尝不握得一分的真际，故能造成近代灿烂的文化。集产或共产主义文化核心之社会主义，虽亦能把握得一分的真际，可有造成将来文化的倾向。然亦以偏执，在进行中已窒碍难行。……要之，有见于子无见于群，有见于群无见于子，皆侧倾一边，致分为两个阶段，斗争莫决。若应用佛说因缘生法，因故社会必生起于个人，缘故个人必长成于社会。复次，离缘则因不成因，个人是社会之个人；无社会以外之个人，则个人主义的资本文化可融解于社会。离因则缘不成缘，社会是个人之社会；无个人以外之社会，则社会主义之集产或共产文化可引生于个人。如是，乃能不破坏近代的文化而入将来的文化。

“四、彻底的无常论与恒常论：佛说诸有为法的无常，不但根身的活死与世界的成坏，尤在色心等一切皆刹那生灭而引续不断，演化无尽。辩证法的以矛盾的‘对立又统一，统一又对立’说明变化，……不如佛说有为诸行种现无始而生灭不住，虽至佛果，不断常与无尽常亦刹那生灭之彻底。然彻底无常又如何彻底恒如？则由有为法因缘所生，起唯缘起，灭唯缘灭，一切皆无自性。……无自性实性遍一切无常法中常恒如是，所以当处无常而当处恒如，非由常如起无常复归常如，乃于无常而即恒如。达无常性实性常如如故，……则于矛盾对立即见矛盾消解，不待阶级斗争而阶级俄已融化。”

“五、……上所论，乃为佛法建设现代文化之意义。而对于建设现代中国文化，更有何特殊之要点？一、因佛法传存中国者最为完备；二、因佛法在中国将二千年，与中国历史文化礼俗习尚早皆渗透，而尤普遍深入多数庶民心理中，成为国民的精神要素。但于佛教文献，中国人民心理中所蕴藏的大乘精义，大多尚待人掘发阐扬出来，流贯到一般思想信仰行为上去，乃能内之化合汉藏蒙满诸族，外之联合东南亚强弱小大诸族。以二千余年之佛教教化关系，成亚洲东南各民族大联合，协力将大乘佛教文化，宣达到亚洲西北以及欧美非澳，融摄近代的个人主义文化、将来的社会主义文化，造成全世界人类的中正和平圆满文化。中国于佛教文化，有可因藉之便利，有待发扬之需要，有能化合联合佛教民族复兴之关系，有可融摄创造世界新文化之希望，这是今日作建设中国文化运动的人所特须注意的！”

二十三日，《优婆塞戒经》法会圆满（海十六、六“新闻”）。

法会期间，诸筱甫以志公塔为阵亡将士委员会所掘毁，来谒大师陈述其事，其后乃得以重建（诸筱甫《由太虚大师追悼会谈到志公塔》)。

大师牙痛,初损齿一枚(致法尊书十二;己卯日记)。

七月三日,大师应上海集云精舍张孝行等欢迎,讲《佛学的简明意义》,张慧圆记(《佛教日报》八月)。

九日,嘉兴钟镜、范古农来沪欢迎,大师偕之往嘉兴。翌日,讲《楞严大意》于楞严寺,吴印若记,十二日圆满(《佛教日报》七月)。

二十六日,大师以避暑抵莫干山,黄膺白、张静江、吴蕴初、施省之、沈仲钧等,发起假公益会,请大师讲佛学三日(海十六、九"现代佛教史料";《佛教日报》七月)。

八月六日,大师复就张静江公馆,开讲佛学(海十六、九"现代佛教史料")。

九月八日,大师应无锡佛学会请,于佛学会开讲《大乘理趣六波罗密多经·发菩提心品》,性定记,经期凡六日(海十六、十"现代佛教史料")。

十二日,大师度"中秋"于鼋头渚广福寺(诗存)。

大师游无锡惠泉等诸胜;又游宜兴善卷子、庚桑楚二洞,受储南强之招待。又作铜官、石砾之游,悉纪以诗(诗存)。

十月十日,大师访章太炎于苏州(人物志忆)。

十八日,大师于上海雪窦分院,应朱世华、朱世萱请,讲《地藏菩萨本愿经》凡七日,智定记。大师逐日作佛七开示,黄清渠记(海十六、十一"现代佛教史料";《佛教日报》十月)。

十九日,大师以纳啰达公然声言"中国无僧伽",乃特约晤谈。译语者赵朴初、徐和卿,慧松记(文)。其谈话略云:

“师：中国原有僧律之成立。时至今日，遵行律之僧伽较少耳。然说‘中国无僧伽’，将中国僧伽全体否认，殊非合理。吾今与师讨论之重心点，即在此。中国今日无依律仪之僧团——诵戒、发露、忏悔，如师所言之‘乌巴萨陀’而已。但我们传授戒律之历史，极广荣且丰富。自曹魏嘉平年，已有昙摩迦罗——法时阿罗汉，来洛阳举行开坛传戒，此为吾国正式受戒之始，乃信而可考者也。为中国比丘尼受戒，且专派人到印度迎二十位比丘尼来中国传戒，在途中死了几位。今各律寺传戒之仪式，仍有极隆重者，犹见昔日之系统传承未紊，此其一。中国今日个人持清净比丘戒者，如过午不食等，仍大有人在，不过服装与锡兰不同耳。此其二。故吾极盼勿仅以中国无僧团行其‘乌巴萨陀’，而遂谓中国无僧伽，中国无比丘。……余昔年曾著《整理僧伽制度论》，即有重兴中国僧伽律制之计划。今欲派人求学锡兰，盖为参考补充而已。先实习锡兰僧众之生活，试验有何种困难，而后实地重新振兴固有之僧律。……据上说，在中国已受比丘戒者，在锡兰应即允许参加比丘集团。”

“纳：如师所言，真正之僧伽，仅能在中国古代有之，今日仍有缺。吾所言真正之僧伽，授戒师二十人须全清净者。锡兰今日之僧伽，已非往日之僧伽系统，其故即由往日之僧伽腐败，故舍其旧而另从其相近之缅甸去承接。……贵国与吾锡兰往日僧伽之情形相同，亦盼取同样之方针振兴之耳！”

“师：印度之律亦分数派，乃程度上参差，非性质上之有异。佛灭百年后之比丘,亦远逊于佛在世时之比丘,故不可过于苛求!"

"纳:比丘有多种,师比丘,吾亦比丘。使虽有明确传承之系统,但因直接从其受戒之僧不净,则此前虽有净僧,即作为过去而不存在论。"

"师:因吾国有僧伽而后言整理,否则直云向锡兰接续过来,另外重行建立中国之僧伽矣。吾所言,欲师知吾国非无比丘僧伽,乃至现在仍有。……印度史上整理僧律之事,亦有数次,故就中国僧伽亦自可整理。"

"纳:个人以为有差别,如苏州灵岩山僧,虽较中国他处僧严净,但不能以之参加锡兰僧伽之律仪。"

"师:在印度往日,亦有诸部派之别。传来中国者,亦有多派。中国持律僧不能参加锡兰持律僧,亦仅如此部僧不能与彼部僧同住耳。"

二十七日,大师应丹阳海会寺请,启讲《佛遗教经》,凡三日;力定记,成《佛遗教经讲要》(海十六、十二"现代佛教史料";《佛教日报》十月)。

二十九日,大师讲《人生进善之阶段》于正则女中,胡梦蝶记(文)。

三十日,大师抵镇江,赴太平寺(佛教会)之欢迎会。翌日,大师于中国佛学会镇江分会,讲"佛法僧义",凡三日。明性与涌泉合记,成《佛法僧义广论》(海十六、十二"现代佛教史料")。

按:上三条,"史料"均误作"十一月"。

三十日，镇江召开江苏省会执监委员及各县代表联席会议，兼欢迎大师。以是年圆瑛主持之中佛会，废除省佛会，改三级制为两级制，改常务委员制为理事长制，以便直接控制县会。大为诸方不满，投诉内政部及中央党部，酝酿中佛会重组运动。适大师在镇，因出席讲《中佛会实有健全组织之必要》（略史；海十六、十一“现代佛教史料”）。

时中国佛教会，为征求会员问题征文，大师乃发布《中国佛教会两大问题》，对会章为根本之建议（文）。

十一月三日，大师在镇江伯先公园民教馆，开讲《八识规矩颂》，六日圆满（《佛教日报》十一月）。

十日，大师在沪。以法尊将入藏，拟请其师安东来汉院，大师乃致函安东，付法尊往迎（书）。

十九日，大师以闽粤缁素之敦请，登轮南下，竺摩（守志）为侍录（《佛教日报》十一月；竺摩《虚公大师闽粤弘法二月记》）。

二十二日，大师抵厦门南普陀寺，常惺等来欢迎。翌日，应中国佛学会闽南分会（蔡契诚、虞佛心等）请，就厦大旅舍天台，讲《佛学会与实现佛化》（海十七、一“现代佛教史料”）。

时闽院学潮时发，教者学者均有其责，大师为讲《师生应如何爱护学院》（文）。

二十六日，大师于厦门中山公园通俗教育社，讲《佛教与现代中国》（《佛教日报》十二月）。

是月，孙馨远被刺于北平佛教居士林，靳智证（云鹏）疑及忏悔之无从。大师乃发明本性空而业报不爽之义，引申以诫日本，作《觉乎否乎可以觉矣》（文）！

三十日晨，大师偕竺摩、苏慧纯抵香港，驻锡利园香港佛学分会。当日赴东莲觉苑之欢迎会，大师讲《优婆夷教育与佛化家庭》(海十七、一“现代佛教史料”;《佛教日报》十二月;《闽粤弘法二月记》)。

按:《弘法记》作二十九日到，误。

十二月一日，应香港各界之欢迎——主持者陈静涛、王学仁。大师于利园讲《从香港的感想说到香港的佛教》，竺摩与陈慧涛(静涛)记(文)。

七日，大师就居士林，开讲《弥勒上生经》。十日，续讲《八识规矩颂》(海十七、一“现代佛教史料”;《佛教日报》十二月)。

其间，游荃湾东普陀，大埔墟大光园及菩提场，大师均有开示(在东普陀同成了观音菩萨;阿兰那行与养成僧宝;菩提场之念佛胜义;《佛教日报》十二月)。

十四日，大师偕竺摩、陈静涛去广州，驻锡六榕寺广州佛教会(《佛教日报》一月;竺摩为编者说)。

按:《弘法记》作十五日到。

十五日，大师于广州民众教育馆，受佛教界联合欢迎，到铁禅、江孔殷、谢英伯、江颖叔、李因如等。大师讲《禅宗六祖与国民党总理》，陈静涛译语(文;竺摩《致编者书》)。

十六日，大师应虚云之邀，去韶关南华寺，瞻礼六祖遗身——时南华寺开戒(答广州某报记者问)。

十八日，大师为南华大众开示:《赞扬六祖以祝南华之复兴》。

十九日，还抵广州。大师应中山大学哲学系之约，往讲《佛教与中国文化》。晚，应明德学社社长陈维周之欢宴，同席有陈济棠、张之英、张君劢等（德音孔昭之邹校长教育谈；答广州某报记者问；《佛教日报》一月）。

二十日，大师访萧佛成。以时悲观、等慈等四人所组暹罗留学团，奉大师为导师，放洋经粤，故为请于暹罗予以方便（海十七、二“现代佛教史料”）。

时大师在广州，日应勷勤大学（教务长陈定谟）约，往讲《三十唯识论》。

晚于高浩文、李因如等主持之居士林，讲《心经》（竺摩《致编者书》）。

二十五日，大师以老友金芝轩（昔与易哭庵同来白云山）自澳门来访，因偕铁禅、江颖叔等，登白云山，访双溪等故迹。下山憩能仁寺，次金芝轩韵（人物志忆四；致陈静涛书）：

> “别白云山廿四年，万峰重见接青天。依稀迹认双溪旧，变幻多端古刹前。俗化混言归大道，灵源孰悟到真禅！能仁共向深稽首，待看当空月朗然！”

二十八日晨，大师偕铁禅游罗浮山，官桥探梅（人物志忆四；致陈静涛书）。

三十日，大师于居士林开讲《弥勒下生经》，竺摩记，成《弥勒下生经讲要》（致陈静涛书；海十七、二“现代佛教史料”；《佛教日报》一月）。时《海潮音》拟出“中国佛教建设号”。乃于是晚，纂辑近讲旧作，成《建设现代中国佛教谈》（文）。

卅一日，在明德学社开讲唯识，颜居士译（致陈静涛书）。

先后应各方邀请而有所讲说者尚多，如于复旦中学讲《佛学之人生道德》；于居士林讲《清信士女之学佛以完成正信为要素》；于广州佛学会讲《佛学会应注重于学》（大厂记）；于广州觉苑讲《觉苑应为修七觉之苑》；于菩提林讲《如何发菩提心修菩萨行而不退》（文）。

是年，大敬卒于湖南。

民国二十五年，一九三六（乙亥——丙子），大师四十八岁。

一月一日，《弥勒下生经》法会圆满（文）。

九日，大师还香港（竺摩《虚公大师闽粤弘法二月记》）。

十三日，大师离港抵汕头。翌日，各界假（汕头庵埠）龙溪中学欢迎，大师讲《由三种所依显念佛胜义》（竺摩《虚公大师闽粤弘法二月记》）。

大师抵海澄，讲《构成佛教之要素》于佛教会（文）。

十八日，大师于潮州开元寺，讲《从信心上修学戒定慧学》（文）。

大师还汕头，讲《弥勒下生成佛经》（《佛教日报》一月）。

十九日（“二十五”）晚，拉特维亚僧人帝释鸣及其徒庆喜，谒大师于汕头佛教会，谘问佛法，王进祥译记（王进祥《欧僧谒太虚大师谈话》）。

二十四日（“除夕”），大师还抵上海，驻锡雪窦分院（竺摩《虚公大师闽粤弘法二月记》）。

二月二日，大师于（去冬成立）中国佛学会上海市分会，讲《佛学即慧学》，张慧圆记（海十七、三“现代佛教史料”）。

大师还雪山（致法尊书十五）。

三月一日，大师于佛学会上海市分会——佛慈药厂楼上，开讲《八识规矩颂》（海十七、四“现代佛教史料”）。

八日，锡兰留学团（慧松、法周等）宣誓，大师为作证明（海十七、四“现代佛教史料”）。

十日，大师于闸北观音寺——土老之小庙，讲《普门品》，凡三日（海十七、四“消息”；《佛教日报》三月）。

四月七日（“三月十六”），大师于雪窦山寺，开讲《弥勒上下生经》，约一月。今存《弥勒菩萨上生经开题》、《兜率净土与十方净土之比观》，智定记（海十七、三“现代佛教史料”）。

是春，汉口罗奉僧卒。

大师作《按劳分配之哲学问题》，后以此代王恩洋《人生学》序（文）。

五月十六日，大师由雪山来沪。去京，还沪，赴杭州（海十七、六“现代佛教史料”；《佛教日报》五月），殆为中国佛教会之改组而有所商洽。时江苏、湖南、安徽、云南、四川等七省，通电抨击中佛会；省分会之恢复，已不可免。黄健六、屈文六等，不忍圆瑛退出总会，拟推印光为理事长，唱“全体合作”之说（俾仍得由上海名流操纵），请王茂如、常惺为之斡旋（海十七、五“现代佛教史料”）。

大师从却非闻昱山病逝花坞。痛宗门失师匠，因偕访其塔（人物志忆七），悼之以诗：

“太白同膺戒，汶溪共阅经。补陀双鬓白，般若一灯青。愿语方期践，风铃忽已停。平生几知友，挥泪向林垧！”

按：《志忆》以此为“二十二年春”，误。《诗存遗》固明作“丙子夏偕玉皇和尚礼昱山禅兄塔”。

二十五日，大师应上海丙子息灾法会（印老主持逐日开示）请，为讲《弥陀经》三日，灯霞记，成《佛说阿弥陀经讲要》（海十七、六“现代佛教史料”）。

某日，大悲、屈文六，陪同圆瑛来访大师于雪窦分院，以共举佛教会事为说（致屈文六居士书）。

三十日，大师抵常州——武进。翌日，应佛学分会（诸广成、何汝霖主持）请，开讲《唯识三十论》，六月六日（“十七日”）圆满，灯霞记（海十七、七“现代佛教史料”；《佛教日报》六月）。

三十一日，大师作《论僧尼应参加国民大会代表选举》（文）。欧阳竟无致书陈立夫以反对之，以为“僧徒居必兰若，行必头陀”；“参预世事，违反佛制”。欧阳治佛书三十年，偏宗深究，宜其得之专而失之通！

六月二日，大师于天宁寺学戒堂开示（海十七、七“现代佛教史料”）。

时中国佛教会事，圆瑛、屈文六等未有诚意，拟召开少数人大会以为文饰。大师乃（五日）致书屈文六，告以合作之原则：

“比来屡接清言，深感尊重三宝、调融四众之诚愿，实为复兴中国佛教之精神要素。盖今后佛教之建立，须托命于四众有秩序之和合组织;不和合不能有秩序,无秩序亦不能成和合。民十八以来之佛教会,殆因缺秩序(!)而致欠和合欤!"

"夫服膺无我,方为佛子。况圆瑛法师与虚三十余年之友谊,在人自无所间。然惟论佛教会之事,就目前为宁息纷争计,曾面告应速作容纳各方修改会章提议之表示。嗣晤常惺、大悲、宽道诸师,亦谈及针病得穴之点。今偶阅最近之联席会议录,知第八届大会已定十月上半月举行,则至迟亦相距三个月零耳。又阅所报告去年以后征求会员之总数,仅得一万零二百余人。……纵能集此数个市县之数十名代表,亦宁足开成号称'中华全国佛教徒组织之中国佛教会之全国佛教徒代表大会'耶?且报告中,虽云已组织成六省分办事处,然据传闻,则湖南、四川、福建诸省,皆在与原设省佛教会争执中。凡是症结之所成,设不于事前速谋周洽之法,恐虽开会,亦无成效。"

"为此,纯以希望为好之善意,提议将第八届大会代表之选出,定为:原未有省佛会,或已取销省佛会,且曾依新章改组之各市县佛教会,则依新章选举。在原有省佛会未取销,且多数县佛会亦未改组之省分,于兹新章未遍照行及将议修改之期内,得仍依旧章,由各省会选代表出席大会。如此,庶不舍弃原有组织之(遍于十六七省)诸省县佛教会以自残其肢体,且亦为容纳争议而解息纠纷之一道。"

"并议定:代表大会,须选出代表超过当然代表三分之二以上,方得开会。又增主席团为七人,由常务理事、理事、监事中各推一人，选出代表中推举四人；原理事长（圆瑛）不加入主席团——例如民二十蒋主席之于国民大会；大会秘书处亦临时改组之，以示大公无私之意。

“据是及前谈各点，若能即开一常会决议施行，则当进拟修改会章之提案，以为健全其机构之图。不然，则认兹事尚尠合作之坦途，惟有对于公等表示其敬佩而已！”

八日（“四月十九日”），大师莅城内中山纪念堂，讲《革命当从革心起》，灯霞记（海十七、七“现代佛教史料”；《佛教日报》六月）。

即日去镇江，直上焦山，宿华严阁（海十七、七“现代佛教史料”；诗存）。

十日，大师由焦山回镇江，访仁山，商中佛会事，即日去南京，连日历访京中政要（海十七、七“现代佛教史料”；《正信》八、十一——十四）。

十三日，大师于中国佛学会，讲《发菩提心品》；十六日圆满（海十七、七“现代佛教史料”）。

时中央党部民众训练部，发表“修订中国佛教会章程草案”，以征求众议，希望团结。盖以各省反对中佛会，民训部张处长廷灏，得陆心梵之劝发，乃采大师意见，拟订会章，以佛教会为专属僧尼之组织（大师本意，此应称“佛教僧寺会”）。责成中佛会作健全之改组（略史；宽道为编者说）。

按：《略史》以此为“二十四年”事，误。

十七日，大师离京去汉口。泊安庆舟次，大师作《对于中央民训部修订中国佛教会章程草案之商榷》(文)。

二十一日,大师于汉口佛教正信会,开讲《弥勒下生成佛经》,凡三日(海十七、七"现代佛教史料";《正信》八、十一——十四)。

大师去庐山。二十九日,大师作《文化与民族及人类的存亡关系》(文)。

七月十七日,大师序法尊近译克主之《密宗道次第略论》(文)。

时日本各大学,请许大使世英为介,欢迎大师东渡讲学,大师却之(《佛教日报》七月)。

时训练总监部,令各地僧侣,编入壮丁队受军训。大师乃电二中全会;并函训练总监部杜(心如)教育处长,转呈唐(生智)总监:请一律改僧尼为救护队训练,以符佛教宗旨(《佛教日报》七月)。嗣得杜氏覆函,得以四项变通办法办理(《佛教日报》八月)。

大师在山,约李协和、蒋雨岩、邵元冲、张默君、法舫等,作暑期讲演(《佛教日报》八月)。

八月五日,大师于大林寺,开讲《往生净土论》,九日圆满;雨昙记,成《往生净土论讲要》(海十七、八"现代佛教史料")。

十七日,大师于九江能仁寺,再讲《往生净土论》,凡三日(海十七、九"现代佛教史料";《正信》九、十)。

十八日,大师至江西第二监狱说法——《因果》,刘蕃滋记(海十七、九"现代佛教史料";《正信》九、十)。

二十一日,大师还抵南京(海十七、九"现代佛教史料")。

二十三日，民训部责成中佛会，在毗卢寺召开第四次理监事联席会议，约大师出席，期达到合作。会议时，大师与圆瑛颇有辩诘。议决：由大师与圆瑛各介绍一百名代表，呈部圈定半数，作为出席全国代表大会之代表（略史；海十七、九“现代佛教史料”）。

二十四日，张廷灏处长，特约晤大师于毗卢寺，征询对于中佛会之意见。以所言未周悉，乃作《对于佛教会之观念》（文）。

二十五日，大师于中国佛学会，开讲《佛说大乘稻芊经》，二十九日圆满。道屏记，成《佛说大乘稻芊经讲记》（海十七、九“现代佛教史料”）。

二十八日，大师作《世界和平运动的罗斯福》（文）。

九月九日，大师于上海三昧寺（寺主宽道），开讲《普门品》，十三日圆满（海十七、九“现代佛教史料”）。宽道发心月助百元为倡，于世苑图书馆办研究班，约芝峰主持之（芝峰其后未去），世苑研究班因得再度开办。其后得学生福善、茗山数人。

民训部之责成改组，圆瑛等极为不愿，乃阳奉阴违，运动段祺瑞。一则由段致书时在广州之蒋委员长，段宏纲（段祺瑞之侄）、屈文六飞广州谒蒋面递。由蒋电陈立夫，着令缓办。再则由上海名流（屈文六、闻兰亭等）致函时在巴黎之戴季陶；戴电中央党部，勿过问佛教。于是圆瑛、屈文六、黄健六等，在上海办事处集议，变更前在南京理监事联席会议之议决案，置民训部过去之指令于不问。此中佛会之改组运动，即如此而归于乌有。其后召集会议，修订之章程，（中秋日）仍由段宏纲去镇江，面交周佛海（民训部长）（大醒为编者说）。然为政府所搁置，至二十

八年始扩改批下(略史)。李子宽《从国民革命的党政军上来观察佛教》,即略示其说:

> “少数分子,以不便把持操纵,暗中运动段合肥,用不合法之手段,向当局建议,致将该案搁起。”

《人海灯》之《段祺瑞死前之佛教工作》,其内容即如此。时大师在沪,得悉鬼蜮伎俩,知无成功之望,乃于二十日,发表《关于佛教之谈话》:

> “设因少数任意推翻议案,中央党部主管机关之出席指导监督者,亦不加追究,则于议决案既无效力,余亦藉此可卸除责任。”

中佛会改组运动之挫折,足以见国民政府之视法令为何事!

大师返甬,游镇海之瑞严寺、宁波之天童寺(诗存;《正信》九、十八)。回雪窦。

十月九日,大师于雪窦寺,开讲《解深密经·分别瑜伽品》(《正信》九、二十四)。

二十九日(“九望”),大师于雪窦妙高台观月(诗存)。是日,在山设药师法会(二十七——二十九),祝蒋委员长五秩之庆(通告祝蒋公寿)。

三十日,大师抵甬,于宁波白衣寺(寺主密迦)讲《普门品》(海十七、十二“现代佛教史料”)。

十一月六日,大师应杭州灵隐寺请,开讲《仁王护国般若经》。法会期间,又应祖山寺请,讲《心经》三日(海十七、十二

“现代佛教史料”)。

时日本佛教徒,有以大师为露骨宣扬抗日,加以指责者(佛教和平国际的提议;询虚大师华僧抗日事)。

大师抵沪。中国佛学会上海分会(三昧寺),邀常惺讲“现代中国佛教”。大师有感,乃讲《听讲“现代中国佛教”之后》(文)。

十二月三日,大师以过圣严、胡圣轮礼请,养疴无锡之鼋头渚(致法尊书十九;过圣严《与编者书》)。

值西安事变,大师通电全国佛徒,联合或各别祈祷,祝蒋委员长安全(电)。

民国二十六年,一九三七(丙子——丁丑),大师四十九岁。

一月二十八日,大师在上海市佛学会。鉴于世界和平之危机,而中日间以积怨不易轻言和合,乃作《佛教和平国际的提议》(文)。

三十日,大师度四十八初度于无锡鼋头渚(诗存)。

二月,大师移住秦效鲁之佚园。秦效鲁、徐润培等相率皈依;过圣严等时随左右。大师为众讲《解深密经·无自性相品》;徐润培专轮供大师往游雪浪山(过圣严《致编者书》;秦毓鎏《致大师书》;海十八、三“图”)。

十日(“除夕”),大师开始修弥勒静七过旧年(过圣严《致编者书》)。

十八日,大师回沪(过圣严《致编者书》)。

三月一日(或作二日),大师与王一亭等,与日本清水、小笠原等,会商国际和平亲善于西本愿寺。晚,聚餐于觉林,决设筹备处于集仁医院。先由克乃生、胡厚甫、清水,译大师《佛教和平国际的提议》为英法德诸文(雷音《佛教徒国际和平会》;海十八、四“现代佛教史料”)。大师国际和平运动之动机,如“史料”云:

> “太虚法师顷因鉴于国际之危机日迫,而自负有数千年之历史,东洋文化之一大背景的佛教,以阻于国境关系,致使彼此佛徒应行之切实握手提携,未能圆满进行,深以为憾。故如能先在上海,联合各国佛教徒,以佛教之根本和平旨趣,谋亲善之工作,为开始适当之会合,作推诚无猜之意见交换,尤为时代所殷望。”

中国佛教会,以班禅请定释尊纪念日(佛诞),谘询各方意见。大师主以五月月圆日为纪念日,而降生、成佛等日期仍旧(致中国佛教会书一)。印老则以西藏喇嘛之紊乱中国佛法,坚予反对,有“愿蹈东海”之愤语。

大师回雪窦。清明前数日,偕张汉卿(时居雪窦寺附近)游徐凫岩,自亭下乘竹筏至沙地(诗存)。

大师时读秦斯《现代物理学之新宇宙观》,善其“认识波”说,作《新物理学与唯识论》。后复作《唯物论没落中之哀鸣》以助之(文)。《中国文化之佛教因素》,亦此时作。大师分中国文化为五:周秦子学,汉唐文学,汉清经学,隋唐佛学,宋明理学。

时美人密耳本,因华美协进社之介,函大师为《世界宗教》撰文(密耳本《致大师书》)。

五月六日，暹罗昭坤诃萨，函大师谘问佛历（《佛教日报》五月）。

十八日（香泛圆满之次日），大师应上海佛学会请，就静安寺讲经（海十八、六“现代佛教史料”）。

二十八日，大师应宁波东乡梅墟静宗寺（寺主班云）请，讲《金刚经》。三日后，由式昌代座（海十八、七“现代佛教史料”）。

六月二十日，大师抵芜湖。翌日，就广济寺讲《心经》，凡三日（海十八、七“现代佛教史料”）。

大师由芜湖至巢县，由巢县至合肥，由合肥至无为，所至均留讲一二日。游踪所至，均纪以诗（海十八、七“现代佛教史料”；诗存）。

七月三日，大师抵庐山。林主席、吴忠信、戴季陶、蒋雨岩等先后来访（海十八、八“现代佛教史料”；《正信》十、十）。

时芝峰编《人海灯》。与会觉、亦幻诸人，假“天声”名，作《新佛教人物的检讨》，于大师深致不满（复罗阁英书）。

七日，卢沟桥事变发生。国难教难，日深一日，大师悲慨无似。《庐山住茆即事》云（诗存）：

“心海腾宿浪，风雨逼孤灯。卅载知忧世，廿年励救僧。终看魔有勇，忍说佛无能！掷笔三兴叹，仰天一抚膺。”

十六日（“诜”），大师电“告全日本佛教徒众”。又电“告全国佛徒”：

“兹值我国或东亚或全球大难临头，我等均应本佛慈悲：一、恳切修持佛法，以祈祷侵略国止息凶暴，克保人类和平。二、于政府统一指挥之下，准备奋勇护国。三、练习后防工作，如救护伤兵，收容难民，掩埋死亡，灌输民众防空防毒等战时常识诸项。各各随宜尽力为要！”

是夏，大师应崔唯吾约，作《三十年来之中国佛教》（崔唯吾《致大师书》）。

十七日，大师于大林寺讲《解深密经·成所作事品》，法会甚盛，戴季陶、朱庆澜、饶凤璜、周百朋、张善孖、许止净等均来会。智定、茗山、大莲合记，成《解深密经如来成所作事品讲录》（海十八、八“现代佛教史料”）。二十四日，法会圆满；刘凤威、黄肇基等受皈依（海十八、八“现代佛教史料”；《正信》十、十）。

张善孖绘“虎”以赠大师。迨法会圆满，甘霖充沛，乃加绘“云龙”以志庆（海十八、八“现代佛教史料”）。

德国柏林大学哲学博士李华德，拟译《肇论》，以疑义来访大师（海十八、八“现代佛教史料”）。

八月十三日，上海战事起，中日入于全面战争之局。

十六日，大师抵汉口（海十八、九“新闻”）。

二十三日，大师为世苑员生，讲《新与融贯》，福善记（海十八、九“新闻”）。大师特谈“新”义，明示其本人之所谓新，与芝峰、亦幻等异趣。大师论新曰：

“佛教中心的新：即是以佛教为中心，而适应现代思想文化所成的新佛教。……若不能以佛教为中心，但树起契机标帜，而奔趋时代文化潮流或浪漫文艺的新，则他们的新,已失去了佛教中心的思想信仰,而必然的会流到反俗叛教中去！这都不是我所提倡的新!”

“中国佛教(华文)本位的新:是以中国二千年来传演流变的佛法为根据,在适应中国目前及将来的需要上,去吸收采择各时代各方域佛教的特长,以成为复兴中国民族中的中国新佛教。……本人所谓中国佛教本位的新,不同一般人倾倒于西化,麻醉于日本,推翻千百年中国佛教的所谓新。亦不同有些人,凭个己研究的一点心得,批评中国从来未有如法如律的佛教,而要据佛法的律制以从新设立的新!”

二十五日,大师应重庆缁素之请,偕法尊乘民风轮进川(海十八、九“新闻”)。

按:《胜利归来话佛教》(尘空记)云:“此时,(汉藏教理院)有两班学生毕业,要我主持,于是就到了四川。”当大师未返首都,中国佛教整委会,编有《太虚大师略传》,亦谓前往主持毕业;且谓“乘机飞川”。可想见此出尘空等杜撰,非大师自作此门面语。

三十一日,大师抵渝。王晓西、费孟余、孔葆滋、定九、严定、尘空、本光、雪松、悦西等来迎(海十八、九“新闻”)。大师以诗“示渝州缁素”,有调和显密之意:

“身空莫即方成佛,佛本无成始即身。显密闲名今谢矣,不从明镜更添尘!”

九月二日，大师上缙云山（海十八、九“新闻”）。

大师为汉藏教理院员生，初讲《佛理要略》，次讲《汉藏教理融会谈》、《大乘法之三种异门表》，并碧松记。大师游北碚（诗存）；于北碚三峡实验区，讲《新中国建设与新佛教》，碧松记（文）。

二十二日，大师偕尘空、密严抵重庆，驻锡长安寺佛学社（海十八、十“新闻”）。

二十四日，行营贺主任国光，以车迎大师至行营，商汉藏联络及川康边区开发事。何（建设）厅长北衡来访，与谈汉院事，兼论火葬问题（海十八、十“新闻”）。其后因作《论火葬与国民之福利》（文）。

二十五日，大师于佛学社开讲《大乘伽耶山顶经》，十月三日圆满。尘空记，成《大乘伽耶山顶经讲记》（海十八、十“新闻”）。

十月五日，大师偕台源、法尊游南泉（诗存；台源《旅蜀通讯》）。

八日，大师偕台源、法尊等，由重庆抵北温泉。大师小住（温泉）罄室，稍资休养（诗存；台源《旅蜀通讯》）。

十一月一日，李子宽来谒大师于缙云山。翌日，偕游北泉、北碚（李了空《致法舫书》）。

十八日，汉口正信会成立救护队。

二十日，国府宣言西移渝都，长期抗战。

时法尊新译《现观庄严论》、《辨法法性论》，大师为作《现观庄严论序》、《慈氏五论颂合刊序》（文）。

十二月一日,班禅卒于青海之玉树(《班禅大师事略》)。

四日,南京弃守。

是冬,汉院学生受防护训练(海十九、一"新闻")。特训开始,大师以《复兴佛教僧侣应受军训》为训(文)。

大师作《我的佛教革命失败史》,其结论云:

"我的失败,固然也由于反对方面障碍力的深广,而本身的弱点,大抵因为我理论有余而实行不足,启导虽巧而统率无能,故遇到实行便统率不住了!然我终自信,我的理论和启导,确有特长,如得实行和统率力充足的人,必可建立适应现代中国之佛教的学理和制度。

"我失败弱点的由来,出于个人的性情气质固多,而由境遇使然亦非少。例如第一期,以偶然而燃起了佛教革命热情;第二期以偶然而开了讲学办学的风气;第三期以偶然而组织主导过佛教会。大抵皆出于偶然幸致,未经过熟谋深虑,劳力苦行,所以往往出于随缘应付的态度,轻易散漫,不能坚牢强毅,抱持固执。

"我现今虽尽力于所志所行,然早衰的身心,只可随缘消旧业,再不能有何新贡献。后起的人(隐指芝峰、亦幻),应知我的弱点及弱点的由来而自矫自勉。勿徒盼望我而苛责我!则我对于佛教的理论和启导,或犹不失其相当作用,以我的失败为来者的成功之母!"

大师以身说法,弥见婆心之切!大师之心境,一切无非方便,当机活用,过而不留,此其所以"偶然",所以"随缘应付",不克“抱持固执”欤！

《华译马鸣菩萨所著书述要》、《华译龙树菩萨所著书述要》、《华译提婆菩萨所著书述要》，应此时作。

大师应重庆佛学社请，再来重庆，讲《辨中边论》，碧松记，成《辨中边论颂释》（海十九、一“新闻”）。

二十六日，大师与谢健，假佛学社，召开中国佛学会临时理事会议；到许崇灏、周仲良、陶冶公、欧阳浚明、廖维勋、陈泽普、宁达蕴等。议决：佛学会迁渝，借设会所于长安寺，函聘王晓西为常驻干事（海十九、二“佛教新闻”）。

二十九日，大师联合重庆佛学界，设宴欢迎旧国府来渝之佛学界同人。到邹鲁、朱庆澜、吕超、周仲良、王允恭、王右瑜、朱福南、欧阳德三、陶冶公、王新民等（海十九、二“佛教新闻”）。

三十一日，大师往国民政府，回访吕参军长、陈主计长。继由吕参军长，导大师晋谒主席（主席二十五日上缙云山，大师未在）；论及汉藏文化应互译互资（海十九、二“佛教要闻”）。

民国二十七年，一九三八（丁丑——戊寅），大师五十岁。

一月十九日（“腊月十八日”），大师四十八岁满，说偈回向外祖母及母氏（即人成佛的真现实论）。

> “堕世年复年，忽满四十八。众苦方沸煎，遍救怀明达！仰止唯佛陀，完成在人格。人成佛即成，是名真现实。一·一九，即人成佛真现实论者太虚。”

是日，大师偕张茂芹、王邵深等，参观江北贫儿院（诗存）。

二十日，法舫自武昌来，谒大师于佛学社。时世苑研究班，法舫已先期解散。由苇舫留守世苑，兼编《海潮音》（南北东西的海潮音；法舫《复芝峰书》；《致各地同学书》）。

二月八日，大师作《即人成佛的真现实论》（文）。是日，约晤路透社记者史密李斯廉（海十九、三“佛教新闻”）。

留渝期间，戴季陶以《灵山法会图》持赠大师（海十九、二“佛教要闻”）。

三月八日至十日，中央以追荐班禅，设汉经坛于汉藏教理院，大师主坛。中央派戴季陶来山主荐（尘空《中枢追荐班禅大师记》）。

戴季陶与大师谈及：“希望我（大师）能在一个名山胜刹，从实践训练上，养成将来复兴中国佛教的根本僧才。”（中国的僧教育应怎样）大师“菩萨学处”之理想，由此引发提出。

大师讲《中国的僧教育应怎样》于汉院，心月记。大师以戴季陶主谨严实证，卫挺生主通俗适时，乃提示十年来之佛教教育主张。然大师谓：

> “余以身力衰朽，已不能实际上去做准备功夫，或领导模范的人。”
>
> “关于本人，也要大家明白认清！养成‘住持中国佛教僧宝的僧教育’，不过是我的一种计划，机缘上、事实上，我不能去做施设此种僧教育的主持人或领导人。而且，我是个没有受过僧教育的人，一切的一切，都是你们——教的人及学的人不能仿效的。仿效我的人，决定要画虎不成反类犬，这是我的警告。”

大师以不世之资，外适时宜而内有所本；其理想之僧教育，固始终未能实现其少分。学者徒见其形迹，起而宗仰之，仿学之，不画虎成犬者几希！世之或毁或誉，与大师何与？

四月，大师因顾次长毓秀来汉院，转商诸陈部长立夫，得其允予补助经费，于汉院成立编译处（海十九、五）。

是年春，大师开始于汉院讲《真现实论宗体论》之“现变实事”，法舫记。后回山续讲由学僧笔记（海十九、五“编后记”）。但出“现实之理”——“现变实事”，“现事实性”，“现性实觉”，“现觉实变”；而现实之行、之果、之教，未及讲出为憾！

按：“编后记”云：“《真现实论》中篇，大师已在汉院脱稿”，盖不知此为随讲记出之误。

时政府颁“抗战建国纲领”，大师作《日伪亦觉悟否》以示拥护（文）。

五月二日，大师抵渝，驻锡佛学社，主持中国佛学会事宜（海十九、五“佛教新闻”）。

大师应佛学社请，讲《辨法法性论》，尘空、陈济博记，游隆净编，成《辨法法性论讲记》（海十九、五“佛教新闻”）。

十五日，中国佛学会召开会员大会，大师出席主持，连任为理事长（海十九、六“佛教新闻”）。

六月四日，大师以成都佛学社礼请弘法，乘机抵成都。昌圆、悦西、刘肇乾、谢子厚、牛次封、费尔朴等来迎，驻锡文殊院（法舫《太虚法师飞蓉弘法记》；海十九、六“佛教新闻”）。

五日，大师于十方堂讲《现在需要的僧教育》，仁宽记（文）。

按:原刊作"成都文殊院"讲,误。

七日,大师于文殊院开讲《大乘伽耶山顶经》,约二十圆满(法舫《飞蓉弘法记》)。

十二日上午,应佛学社请,于少城公园,讲《降魔救世与抗战建国》,游隆净记(法舫《飞蓉弘法记》)。午后,应法国驻川交涉署交涉员贝珊之约,赴交涉署晤谈(海十九、七"佛教新闻")。

二十一日,应华西大学约,往讲《中国需耶教与欧美需佛教》,游隆净记。讲毕,关于最初因与自由意志,与朱光潜略有问答(文;海十九"佛教新闻")。某日,大师于成都无线电台,广播《佛教徒如何雪耻》(文)。

大师在蓉,晤章嘉。时以京沪沦陷,中佛会负责人未能随国府及时西移。乃相与商决:成立"中国佛教会临时办事处"于重庆罗汉寺。并发出通电,告党政机关及全国佛徒:

> "敬启者:倭寇侵凌,国民沦陷。并传闻利用崇儒信佛名义,组东亚佛教会,致沪杭京平之佛教会理监事,间有被迫参预者。而名义上代表全国佛徒之'中国佛教会',近亦陷于嫌疑之地(见新闻报,有中国佛教会恢复办公消息),殊使全国佛教徒同受污辱。其实,在太虚等播居重庆,章嘉等移住成都,固同随国府为抗倭而努力。今为绝狡计而正视听,特设'中国佛教会临时办事处'于重庆罗汉寺。惟冀中国佛教会历届理监事之散居各方者,及川黔滇粤闽赣苏皖鄂湘豫陕甘青等省佛教会,率各县佛教会,先由通讯一致联合,以进图增强后方各省佛教徒之组织。并宣布废止沦

陷在京沪之中国佛教会机构，暂与京平沪杭等沦陷区内佛教会等断绝关系，免为牵累，实所至要！此致中央及各省县党政机关，与中国佛教会理监事，各省县佛教公鉴。中国佛教会理事太虚，监事章嘉等同启。”

大师致书上海之常惺（中佛会秘书），询佛教会事，告以内地组织，盼以能来（同情沦陷区佛教徒的呼吁）。

二十二日，大师应田颂尧招，与刘自乾、刘肇乾、立南、树仙、瑶笙，同游长松、灵峰诸胜，宿唯仁山庄（致法尊书廿六；诗存）。

大师等一行，由灌县游青城天师洞、上清宫、川主庙（致法尊书廿六；诗存）。大师自成都回渝——何北衡以车送。途次自贡市，访老友陈诵洛，导观水火井。与缪秋杰等晚宴于釜溪公园（诗存）。

八月一日（或二），大师抵渝（海十九、七“佛教新闻”）。

三日，大师以川黔湘鄂各省，响应大师与章嘉通电，乃就罗汉寺召开理监事临时会议（海十九、八“新闻”）。是日，大师至歌乐山，晤林主席、马寅初；决于歌乐山小住（致法尊书廿八；诗存）。

九月，喜饶嘉错偕杨质夫来缙云山，大师留其小住讲学（从沟通汉藏文化说到融合汉藏民族；海十九、十“佛教新闻”）。

初秋，绵绵小雨兼旬，大师于那伽窟作《那伽室遮眼偶评》（文）。

十月，苇舫移《海潮音》来重庆；大师作《南北东西的海潮音》（文）。《同情沦陷区佛教徒的呼吁》，亦此时作。

大师闻王一亭卒，作《追念王一亭长者》。王一亭护法不分彼此新旧，未能专于护持大师；然上海名流居士，能稍稍同情大师，且始终不与大师离贰者，唯王一亭一人。

三十日，武汉弃守。

十一月十二日，大师与陈诵洛，假长安寺作诗会，与会者二十人。虞愚(佛心)编之为《戊寅渝州长安饯秋集》；何遂(叙甫)作《饯秋图》(诗存；诗存外集)。

二十日("星期日")，大师于佛学社，讲《佛教最重要的一法与中国急需的一事》，虞愚记。周枕琴、朱铎民、谭云山、郭本道等，均来预法席(海十九、十一"佛教新闻")。大师对民族文化，以为："演变成新儒家的不能"，"全盘西化的不能"，惟有"确信业报到各自负责"——自力更生。

二十二日，大师设尼众避难林于江北塔坪寺，是日起香(海十九、十二"佛教新闻")。

二十五日，中国佛学会、中印学会、重庆佛学社，联合欢迎印度救护队，及拉卜楞一百零八寺慰劳团；大师主席致辞(海十九、十二"佛教新闻")。大师偕李了空登南泉建文峰。病足旬余，住南泉仙洞休养(诗存；诗存外集)。

十二月六日("十月望")，陈诵洛、萧钟美、林肯盦、白连城，来南泉访晤(诗存外集)。是秋，大师与诗友时相唱和。

二十一日，大师应中央政治学校附设蒙藏学校(在南泉)之约，前往讲演(海二十、一"佛教新闻")。

是年冬，汉院于师子峰建"太虚台"，虞愚为记。法尊等久有心建此以为纪念，非大师意也。"所云建太虚台，尤不可！或能略为刘主席、潘院董、何院护，在山作何纪念为好。……(二十四年）六月十一日。”（致法尊书十一）“纪念台，如未做勿做，已做易名慈氏。自惭福德凉薄，望勿以名之！……（二十六年）三月十八日”（致法尊书廿二）。

民国二十八年，一九三九（戊寅——己卯），大师五十一岁。

一月，大师作《佛教的护国与护世》（文）。

九日（“十一月二十日”前一日），大师偕李了空回缙云山，以将有滇黔之行；一宿还渝（诗存外集；从巴利语系佛教说到今菩萨行）。

十四日，常惺卒于上海，年四十三（常惺法师塔铭并序）。

二十五日，大师乘中航机飞贵阳，尘空随行。驻锡黔明寺（海十九、十二“佛教新闻”；海二十、一——二“佛教新闻”）。

二十七日（“腊月初八”），贵州省佛会借民众教育馆欢迎。大师讲《成佛救世与革命救国》，尘空记（文；海二十、二“佛教新闻”）。

三十一日，李烈钧假黔明寺，欢宴大师。席次，张铁君与大师略谈哲学（海二十、二“佛教要闻”；张铁君《访太虚大师记》）。张以《唯生论的方法论》相赠；大师读竟，书《唯生论的方法论书后》（文）。

二月三日，黔绅徐露园、周伯庸、和绍孔、刘智融等，欢宴大师，为略谈《学佛与佛学》（文）。

四日，定于民教馆讲《心经》。值敌机肆虐，狂炸筑城，讲务因以停止。大师移住东山寺（几点佛法的要义；王永良函；海二十、二“佛教新闻”）。

六日，大师度五十初度于东山寺，李协和、周伯庸、拓鲁生等均来祝嘏（海二十、三——六“佛教新闻”）。是年五十寿诞，各方发起扩大庆祝，重庆、上海、汉口、西安、香港、仰光、暹罗等处，均有庆祝仪式，贺电纷至（海二十、二“佛教新闻”）。大师五十初度诗云（狮吼龙啸集）：

“身世今盈四十九，劳劳役役何为生？愿得无上遍正觉，愿度无边苦有情！我今修学菩萨行，我今应正菩萨名。愿人称我以菩萨，不是比丘佛未成。”

十四日，大师挈尘空抵昆明；驻锡翠湖省佛教会；其后，往来翠湖碧鸡山间（海二十、三——六“佛教新闻”）。

十五日，省佛会开会欢迎，到定安、王九龄（竹村）、周明斋等。大师讲《几点佛法的要义》，尘空记（海二十、三——六“佛教新闻”）。

十九日（“己卯元旦”），大师于碧鸡山试笔为六言诗：

“从来第一义谛，心言都所不及。岂唯观无所观，亦复说无可说！”

自后，大师徜徉滇海金碧间，触境抒发为诗，均为六言（颠海心韵自序）。己卯前诗，李了空集为《潮音草舍诗存》。

是日，大师始写《己卯日记》（文）。

三月二日（“十二”），追念常惺（常惺年来任中国佛教会秘书，与圆瑛合作，而大师则始终爱其才识），成一绝（己卯日记）：

“识面今廿三载，知心亦十八年。方喜责可君贷，那堪逝占我先！”

按:《颠海心韵》,以此诗为二十五日作。

四日,应龙主席志舟(云)约,大师赴省府晤谈(己卯日记;海二十、三——六“佛教要闻”)。

七日(“十七”),大师于西山云栖寺,开讲《心经》,十一日圆满;尘空记,成《般若波罗密多心经释义》(己卯日记;海二十、三——六“佛教新闻”)。

其间,转逢、苏慧纯,先于旧年底一度以嫌疑被拘。九日又被拘,事态严重,大师多方为之营救。后四月二日始得释(己卯日记)。

十九日,大师移居云栖寺大悲阁,郑太朴偕周自新来访。是日,大师始写《自传》(自传序;己卯日记)。

按:《己卯日记》以初写《自传》为二十三(“初三”)事。

二十五日(“五日”),大师应军医学校周明斋约,往讲《万有皆因缘所生》,月沧与大慧记(己卯日记)。

二十六日(“六日”),大师出席常惺法师追悼会。众请开示,因拈《中论》空假中偈,及所作“因缘所生法,一切依识有,所执自性空,即显圆成实”偈,为众论空有大义——《菩萨行与大乘胜解》,大慧记(己卯日记)。

四月二日(“十三”),陈古逸、李华德来访(己卯日记)。

三日(“十四”),复亦幻书,为论革新僧制与复兴佛教,足以见大师与亦幻等之根本差别何在。书云:

“自称意见是很浅薄的，诚然是很浅薄的！然‘马’说固不无片面理由，……岂非在在可以证明佛教也是生产关系的一种吗？惟核之‘万有因缘生’的佛法，则与黑格尔之说，都不过一方面的增上缘，为执偏以概全之谬见！余往讲《缘成史观》，曾对破之。即所谓‘人类获得新的生产力的时候’，此新的生产力是什么？又怎样获得？岂应不再加思索，遽据以推断一切！你向来颇好文艺，而于佛法胜义未加研究深入，对一般哲学与各种社会学亦鲜探涉。偶及马说，故亦同一般浅薄少年的骤然倾向。其实，近人的文化社会学，亦远胜马氏之说，况于佛法之所明耶！为佛教徒而不信奉佛法为根本的、至极的、唯一的思想标准，则所谓破见，较之毁戒尤甚！直可舍佛而去，何用更自居佛徒而以改教制为言耶!? 余光宣以来，即好泛览各种经济政治学说，及各种社会主义书籍，对中印希欧各家哲学亦好探究抉择之，无有逮于佛法之圆彻者！虽所著《真现实论》尚未完成，而关于社会学，则《自由史观》已可见其纲领。要言之，佛法明因缘生法，尤其是因缘生法则的业报法则，实为佛教最根本的亦最究竟的所在。此而不信，即无所谓佛教，更何所用其为住持佛教的僧寺而谋适应改更！明治维新后的日本佛教，曾与日本整个生产的和文化的各种社会组织，发生缜密的有力的联系。但过于迁就，苟求生存发达，而渐失佛教的真实性。余民四前，揆度我国将成一欧美式的民主国，故作《整理僧伽制度论》，为适应之建设。然以国内军阀割据，政变迭生，及欧战后俄国革命成，形势异前；迨民十六，遂适应改为《僧制今论》。民二十后，外感世界经济大恐慌，内觉中国佛教会，无由有全国之健全组织，另为《建僧大纲》之拟议。今更缩为先建一'菩萨学处'。皆因中国经济政治尚无一确定之趋向，不能如近代日本佛教与整个经济政治文化，成就联系的功效。然其屡变，皆与整个中国相呼应而起，且皆从佛教根本信念流出。惜乎你等都不能深切注意研究及此，轻易看过，致新进后生亦漫不经心而妄生訾议。要之，佛教必须从根本信念上立起。从有根本信念的广大信众上，增进成立住持佛教的僧众，则纵为适应生存环境，变更僧制，甚而退出僧众，亦必仍为佛教之信众。否则，但为个人或一群人生活求出路，别无超俗向上之意义，存佛教之名而无佛教之实，又乌用是佛教僧寺为哉！愿你与诸友生同体究之！"

二十日（"初一"），时以大师被聘为"国民精神总动员会"设计委员，而社会部商扩大组织中国佛教会，大师乃与定安、王竹村、张若愚、李献亭、金仲陶等，集商改组云南省佛教会（己卯日记）。

二十一日（"初二"），张仲仁来访（前以讹传遇难，大师曾为文悼之）。张氏后以诗持赠，有"太炎学说太虚偈，并世曾传二妙词"之句（己卯日记；人物志忆二）。

五月五日（"十六"）夜，偕定安、转逢、黄二南、李献庭、苏慧纯等放舟滇海。大师纪其心境为诗：

"山尽碧欲天连，月出红日如落。扁舟划破空明，何处一声孤鹤！”

黄二南舌画诗境为《滇池泛舟图》(己卯日记)。

六日(“十七”),士老卒于沪。噩耗来滇,大师为作普佛追荐(己卯日记)。

连日重庆大空袭。《海潮音》无法出版;三期起,移昆明,由尘空编辑(己卯日记)。

二十六日,佛诞,曾养甫来访。极望大师整兴鸡足山,情高语挚,颇为所感动。曾以为人地计,拟请虚云负名,大师负其实责。大师虽知合作不易,念及大醒、芝峰、会觉之滞留陷区,如得以集内地而教学相长,亦计之得,因亦有意于此(己卯日记;与陈静涛书)。

按:大师其后以弘法精舍事,佛教访问团事,一再约芝峰而不复肯来。辜负大师为教悲心,要皆思想异趋而生活在颓废之中。

是日,大师于佛教会开讲《普门品》,凡三日;王茂如、王竹村、徐昭武、张若愚等来听(己卯日记;海二十、三——六“佛教新闻”)。

二十八日(“初十”),云南省佛教会开第四届改选会,大师当选为理事;后被举为理事长(己卯日记;海二十、七——八“佛教新闻”)。

三十日(“十二”),大师应云南大学哲学研究会约,往讲《唯物唯心唯生哲学与佛学》,尘空与李思齐记(己卯日记)。“法性无生与唯物”,“法相缘生与唯心”,“法界妙生与唯生”之配当,颇有深意。盖"法界圆觉宗"之妙生,即大师所谓之中国佛学,与中国学术关涉颇深,宜其与"唯生"为近。

大师之《法相唯识学》(谈玄编),时由商务印书馆印行问世(己卯日记)。

六月十一日("二十四日"),于佛教会开佛学研究社第一次研究会,大师为导师。后每星期日举行,参加者有周明斋、王兆熊、陈履吉、李思齐、胡一贯等(己卯日记),尘空记。

十八日("初二"),大师应禄介卿司令约晤,会谈鸡足山佛教之整理事宜(己卯日记)。

七月四日("十八"),郑太朴偕潘怀素来访(己卯日记)。

七日,大师出席云南各界七七二周年大会。大师讲《七七纪念的两个特点》(己卯日记;海二十、七——八"佛教新闻")。

二十四日("初八"),大师小病,住大悲阁养疴(己卯日记)。

三十一日("十五"),国际反侵略大会中国分会,推大师为名誉主席,函纸索题,大师为题(己卯日记):

> "古所谓攻非攻,即侵略反侵略。墨耶兼爱为宗,佛孔爰其先觉。"

八月二日("十七"),大师以被推为欢迎尼赫鲁大会顾问,病中勉撰《欢迎印度民族领袖尼赫鲁先生》(己卯日记)。

十四日("廿九"),病体康复,移住省垣。时外间对大师主办会务颇有非议,大师亦感干事乏人,仅成将就敷衍之局(己卯日记)。

十六日("初二"),省佛会开理监事联席会议,公推大师为整理鸡足山导师。该县县府及县佛教会，均派人来省欢迎（海二十、十——十一“佛教新闻”）。

二十四日，云南省僧众救护队成立，大师以《服务国家宣扬佛教》为训，大慧记（海二十、十——十一“佛教史料”）。

二十六日（“十二”），莫斯科《真理报》记者朱煌来访，大师与谈佛教之因果法则（己卯日记）。

二十八日（“十四”），佛教会修建护国息灾法会，大师开讲《仁王护国般若经》三日（己卯日记；海二十、九“佛教新闻”）。

九月一日（“十八日”），大师组织之“佛教访问团”，大体决定。林主席题来“巨海南针”；龙主席题来“大法西还”。翌日，蒋总裁题来“悲悯为怀”（己卯日记）。访问团之组织，初以今春王礼锡发表《论国民外交方针》于《大公报》，主从速组佛教、回教访问团。大师时作《占海南岛之威胁与对佛教国之诱略》，唤起全国上下及佛徒之注意。谢健等提案于参议会；海刊本年二期，亦有“应从速组织佛教访问团”之时论。由于西南国际路线之日形重要，终得朝野重视赞助，由政府函聘为佛教访问团团长，拨予费用，以佛教徒自动组织名义而成立。

八日（“廿五”），大师派妙乘、谛闻去鸡足山（己卯日记）。

十五日（“初三”），陈定谟来昆谒大师。陈以曾养甫发心促成鸡足山学院，嘱为筹备，因辞去勷勤大学事来昆（致陈静涛书）。

十七日（“初五”），省佛会召开云栖慈幼院发起人会（己卯日记）。

是月，《海潮音》移北碚缙云寺，由法舫编辑（己卯日记）。

十月十三日("初一"),大师以访问团事,应中宣部约,决定返渝一行(己卯日记)。是日,圆瑛于上海为日本宪兵所捕,拘送南京,以传说圆瑛有募款协助政府军费事。迨十一月九日("廿八日"),始以查无其事开释(叶性礼《圆瑛法师事略》)。

按:圆瑛被捕原委:上海二十日路透电:"据传:彼曾在沪募集十万元,献于中国政府,供抗敌费用。"《申报》则谓:"日人在事前,曾要挟圆瑛出任中日佛教协会会长,圆瑛拒绝,致遭逮捕。"圆瑛滞留观望于上海,未能奉中佛会随国府西移,致陷囹圄之灾。"明哲保身",此老应愧未能也!

十五日("初三"),大师以访问团事飞渝。中宣部董副部长(显光)等来迎,驻锡长安寺(己卯日记;海二十、十二"佛教新闻")。

大师在渝,出席中央国际宣传委员会,商决访问团事宜。二十五日,晋谒蒋委员长。先后晤见孔院长、张岳军秘书长、陈教育部长、潘公展、曾虚白等。与社会部谈及健全佛教会组织及佛会迁渝问题。于国际反侵略协会中国分会(邵力子、陈真如等主持)欢送会中,大师据佛教立场,提出"武力防御与文化进攻"之说(己卯日记;访记;略史)。

二十七日("十五"),大师偕苇舫飞返昆明(己卯日记;访记)。

十一月十日晚,大师以访问团事,招待昆明新闻界(访记)。时昆渝各地报章,纷登访问团消息,备致勉励而寄以热望。

十三日,于斌来访(访记)。

十四日，大师（云南佛教会已移交）偕团员苇舫，译人（缅甸段）陈定谟，侍者王永良，开始佛教访问团之远行。李协和、王占祺等来送行。大师有留别昆明诸友诗。访问团出国意趣，有皓电：

“太虚等顷因国中文化界之启发，佛学人士之赞助，及各地佛徒之吁请，爰组织成立本团。将赴缅甸、锡兰、印度、暹罗等处，朝拜佛教诸胜地，访问各地佛教领袖，藉以联络同教之感情，阐扬我佛之法化。并宣示中国民族为独立生存与公平正义之奋斗，佛教徒亦同在团结一致中而努力。因此，佛教愈得全国上下人士之信崇，随新中国之建成，必将有新佛教之兴立，堪以奉慰吾全世界真诚信仰佛教之大众，洎崇拜赞扬东方道德文化者之喁望！兹者，本团……取道滇缅公路，出发在即，敬布衷诚，伫闻明教！佛教访问团导师兼团长太虚率全体团员叩皓”。

十七日，大师应大理各界之欢迎于省立中学。下午，过洱海，于海边晤张君劢，时创民族文化学校于是（访记）。

十八日，大师抵鸡足山，宿大士阁。翌日，上山至祝圣寺，寺主怀空率众来迎。连日瞻礼鸡山名刹（访记）。

二十一日，鸡山佛教会开会，议决：成立鸡足学院筹备处，以石钟寺为院址；推大师为筹备主任，以陈定谟、义周副之。并定陈定谟缅甸归来，着手筹备（惟以人事未妥，致其事未成）（访记）。

二十六日，大师等一行抵保山，参观白夷庙及武侯祠（访记)。

三十日,车过畹町,入缅甸界,抵腊戍(访记)。

十二月一日,赴腊戍各界欢迎会。大师与主席宇炳那沙美晤谈,涉及中缅佛教互相传弘学习事(访记)。

四日,芒市土司方裕之来访。大师建议发起滇西特区佛教会,教育夷僧,转化夷人,提高其文化水准,增进其内向之心。甚得方土司赞同。晚应方之欢宴(访记)。

六日,大师抵缅京(瓦城),受二千余缅僧、万余中缅印人士之欢迎。欢迎之盛况,大师记之以诗:

“下山车似龙归海,迎塔僧如岫出云。金地传承阿育化,瓦城犹见佛仪存!”

驻锡云南会馆。午后,大师往访僧王达道那,与大师互致慰问(访记)。

七日,瞻礼朴鸦已(大佛寺)、恩多垩(大光塔)、小弥山。下午,赴中印缅联合欢迎会(访记)。

八日,大师应缅甸僧尼中心区石阶山之欢迎,由何若稽陪往。大师于欢迎会中致词,以中缅佛教联合,以图佛化世界为言(访记)。

九日晨,大师偕团员及欢迎代表邝金保、朱拙亚、许百富、陈洪富、陈步墀等,专车发仰光。所经各站,均有缅僧华侨来献花、献旗、奏乐,作热烈之欢迎(访记)。

十日晨,车抵仰光。以政府从中发动,故欢迎行列之盛,为大师平生所未经,曾外次长镕甫,荣总领事宝澧,及缅印华侨各领袖五十七人，登车欢迎。大师下车，乘花车游行，参加游行群众三万余人。游行所经，万人空巷，缅人多就地朝拜。大师于大金塔礼佛已，驻锡协德园。下午，出席中缅佛教研究会（协德园）之茶会，到曾外次长、荣总领事，缅甸首相宇勃、森林部长宇素、市长宇容温、缅商会主席鲁温、中缅佛教研究会主席都啥盛等四百余人。入晚，清静之协德园，灯火辉煌，小贩林立，一变为热闹区矣（访记）。

十一日，访问团举行茶会，欢送缅甸赴华亲聘团宇巴伦、杜咯盛等。次赴市政厅，参加印度美术展览会开幕礼（访记）。

十二日，前缅教会部长岧英来访，大师与谈由中立国联电日本军阀，以资感化（访记）。

十三日，大金塔东门岧汗大僧院主持东部宫僧长，西门岧汗温僧院主持宇连令沓等相偕来访。是日起，大师定下午于舍利塔前，接受信众之瞻礼请益（访记）。

十四日，大师偕团员访缅甸第一上座（八十八岁）阿兰陀耶。下午，赴仰光佛学会与佛学青年会之联合讲演会，大师讲《中国佛教与青年》（访记）。

是日，大师编集年来之六言诗为《颠海心韵》，由仰光佛学会刊布，以志纪念（颠海心韵自叙）。

十五日，缅前内阁总理答茂等来访。大师等访晤胡庶华敬供之大德——宇释迦巴拉。下午，于华侨中学，讲《三增上学与三育》（访记）。

十六日，欢迎会筹备主任邱贻厥，陪大师等去目汉区，瞻礼雅达基（大佛），及兴明达样之大卧佛（访记）。

十七日，大师等去勃生堂良光寺，吊缅甸独立运动者宇屋达马之塔，为之献花诵经。晚，赴印度沙巴欢迎会，缅相宇勃等均来会（访记）。

十八日，邱贻厥陪往参礼勃固王耑茂都大塔、勃卧坡瑞达隆佛塔。下午，应福建公司约，讲《佛教之正常生活》（访记）。

十九日，参礼摩直塘塔、九文台高塔、白塔。下午，讲"建立国本"于广东公司，讲《缅甸青年之学佛方针》于仰光大学（访记）。

二十日，邱贻厥、李文珍，陪同大师等瞻礼大金塔，上议员宇顶导观说明。午后，赴国民党缅甸总支部之欢迎茶会。是日，宇释迦巴拉来访，大师约以协助中缅学会（访记）。

二十一日，中缅佛学会开会，大师出席。商举办佛学讲演，编行中缅文杂志，创设巴利文学院。邱贻厥深以华方来缅人才为询。四时，大师应缅甸佛教会、崇圣会、佛学青年会请，于市政厅讲演《佛教的国际运动》（访记）。

二十二日，大师应华侨联合会之欢迎会，大师书一绝以赠（访记）：

"如果发愿成佛，先须立志做人。三皈四维淑世，五常十善严身。"

二十三日，印度圣法会开会，大师应邀出席。日僧丸山大三郎特由加尔各答来会，和平中顿呈紧张气息（访记）。

二十四日，访问团员慈航、惟幻，自香港来集（访记）。

二十七日，邱贻厥陪大师等去毛淡棉。晚抵吉未水边，瞻礼佛发塔(访记)。

二十八日,大师等参礼海滨佛塔、卧佛塔、金塔。晚应华缅人士之欢迎,讲演于培华学校(访记)。

二十九日,抵吉桃。晚乘象上山。翌晨,礼灵石塔,大师于塔上为众开示。午,乘牛车去渐东(访记)。

三十一日,大师还抵仰光。赴通神学社讲演。午,访问团举行恭送舍利银塔入大金塔之庄严典礼,各侨团均集合护送(访记)。舍利自雪窦山来(在仰光与宇对薛宝珍谈话)。

民国二十九年,一九四〇(己卯——庚辰),大师五十二岁。

一月一日,大师书"灵石佛心"四字,备立碑于吉桃之佛塔(访记)。

三日,大师去观音亭,参加旅缅华侨佛教妇女促进会成立大会。晚,应印度俱乐部邀讲"国际和平"(访记)。

八日,大师参观巴利文学院;学院赠巴利文三藏为纪念(访记)。

九日,别中缅友人与信众,偕团员苇舫、慈航、惟幻,侍者王永良,登轮去印度,与印度宗教哲学者师觉月同舟(访记)。译人陈定谟返滇。

十一日,大师为团员抉择唯识之种子义。临晚,抵加尔各答。摩诃菩提会秘书法理性海、国际大学秘书戈云达、旅印缅甸佛教会长宇地沙,及黄总领事朝琴、中国学院院长谭云山、各侨团领袖等二百余人来欢迎。大师率团员,驻锡交通旅社(访记)。

十二日晚，赴摩诃菩提会欢迎会，到中印锡英政学界二百余人，大师演讲毕，以镀金银塔奉赠菩提会为纪念，上刻“托太虚法师携存佛教圣地，蒋中正，二八，一一，二六”（访记；与陈静涛书）。

十三日，上午，赴华侨欢迎会——会设明兴戏院，黄总领事代表献旗。晚，赴拉麻克利那总会欢迎会，大师讲“国际和平”（访记）。

十四日，参观孟加拉佛教会、缅甸佛庙、印度教庙。下午，赴总领事馆茶会（访记）。

十五日，法理性海及拉麻克利那教秘书来，陪同参观拉麻克利那总会之大寺，晤及教主三世。次参观博物馆及耆那教寺（访记）。

十六日，出席印度文化协会。大师加入为永久会员。次出席孟加拉佛教欢迎会。印度国民大会领袖波史，以车来欢迎晚餐。波史与大师谈，颇感赞助中国有心，而限于政治未获自由，仅能作同情之表示——印度医药救护。是日，波史侄结婚，因导观礼堂，并为述印度婚俗（访记；访话）。

十七日，大师率团员去国际大学，驻锡中国学院。出席国际大学欢迎会，八十高龄之太戈尔，亲临主席（访记）。

十八日，谭云山陪同参观。晚，大师于国大讲学——四现实观（访记）。

十九日，徐悲鸿为大师素描半身像。谭云山设茶会欢迎，到太戈尔及各院教授等百余人。大师以诗赠太戈尔（访记；诗存续集）：

"佛消梵化一千载，耶继回侵七百年。冶古陶今铸新圣，觉源遥溯育王前。"

二十日，大师约国大研究院院长克什梯摩罕沈及某印度哲学教授，与讨论有我无我（灵，神）问题。惟均不欲深论（访记；访话）。

二十四日，大师率团员及谭云山夫妇，抵菩提伽耶。礼金刚塔，于金刚座静坐，为国难致祷。午后，访尼连禅河及牧女献乳糜处（访记）。

二十五日晨，大师于"菩提场晓坐观佛"，有观佛诗四偈。是日，大师五十岁满，团员苇舫、慈航，唪经供灯；谭云山夫妇设斋供，为大师祝寿（访记；诗存续集）。

二十六日，参礼灵鹫山，访七叶窟，浴温泉。途次以诗勉学者（访记；诗存续集）：

"觉树枯荣几度更，灵山寂寞倘重兴。此来不用伤迟暮，佛法宏扬本在僧！"

二十七日，日僧行辽来欢迎。次访竹林精舍遗址；登鸡足峰（或是鹫头峰）（访记）。

二十八日，抵那烂陀，参观那烂陀遗址及出土古物（访记）。

二十九日晨，抵贝勒纳斯，驻锡摩诃菩提会。瞻礼转法轮塔、五比丘纪念塔。观阿育王石柱；访中华寺——寺主德玉。午后，应当地各界及市校之欢迎（访记）。

三十日，摩诃菩提会开会欢迎。次赴贝勒纳斯国民大会主席普拉卡沙之欢迎会，尼赫鲁来会（访记）。

三十一日,上午,尼赫鲁来访,与大师晤谈(访记)。其谈话云(访记):

尼:这次中国不幸,受日本军阀侵略,可是中印两国,确在这种恶劣环境下结合。所以,世界上往往坏事情过去,好事情就来了。现在的战争,未尝不是将来幸福的起点!

师:中国与印度,是世界最古的文明国家。中国近来受强邻的侵略,这是过去的错误所致。但中国现在蒋先生的领导下,正如先生所说,不久即可得到胜利。我这次到印度,见到印度各方面也都在进步。中印两国联合,于未来的世界,必大有贡献!

尼:大师所讲是很对的!过去中印两国的地位降低,这也是自己不对。现在我们不但要重造自己的光荣,同时要对世界和平作最大的贡献。所以大师这种希望,是很好的!

师:中印两国对世界的关系,可把全世界的文化分为三种:第一是内心圣洁的修证,第二是人类情谊的调善,第三是对物质力的制御。由此三种发挥出来,就是印度文化、中国文化、西洋文化。中国和印度,曾对世界有过很大的贡献,不过近代的中印都受了西洋的影响。西洋文化的歧途,是把人当物质一样,所以世界的危机日深。希望将来不偏一端,物质需要发达,同时精神也要有修养,伦理也要得协调。我从前曾写过一本《自由史观》,即说明上面的这种理由,现在送给尼先生作纪念!

尼:大师刚才所讲的三点,都非常重要!印度过去因看不起物质文明,中国也是这样,致被欧化凌辱。至于欧洲的文明,他们根本不知道人和心,所以把科学的文明,反弄来危害世界。……大师对中印联合的办法,想要怎样?

师:我想尼先生前次到中国,曾观察到中国正在抗战建国,争生存自由独立。请指出中国有什么缺点,我可以转达中国人民。其次,是由中印学会互相研究,在文化上佛教上先取得联络,恢复一千年前的关系!

尼:现在即以中印学会为基础。再进一步多设分会,并可交换教授,多派团体代表来往。来往一多,可以引起研究的兴趣。很想派妇女访问团赴中国,把妇女对中国的同情,达到中国;同时也学习中国妇女在抗战中的努力。

师:中国对印度的近代文化,尚不了解,希望把印度近代文化传到中国,同时把中国的大乘佛法译还印度,并将现在抗战建国的精神传到印度来。

尼:……战争是破坏,同时要建设精神物质。把科学放在道德的管制中,这样才能驾驭得当!

师:这是中国对日本的态度。前当抗战一年时,中国通过抗战建国纲领,也特别注重道德。

尼:在重庆时,与蒋先生谈过好几次。蒋先生也曾说:要把中印学会扩大,并拟在加尔各答分设中央通讯社。欧洲现有一种企图,要联合起来对付亚洲;所以我们——中印两国要共同注意!

次参加摩诃菩提会对尼赫鲁之欢迎会。午后,法理性海陪赴卡西学院欢迎会。参观印度地图庙。尼赫鲁来,大师与共在十万群众之欢迎游行中,赴摩诃菩提会召开之阿育王纪念大会。

大师被推为大会主席，与尼赫鲁均有演说（访记；阿育王纪念会献词）。

二月一日，法理性海等陪同参观全市。登轮游览恒河之胜。次赴印度大学及语言统一学社之欢迎会（访记）。

二日，出席通神学会之欢迎会。晚，大师偕团员等去拘尸那，德僧高文达、锡僧达磨揭谛同行（访记）。

三日，赴拘尸那途中，沿途受民众之欢迎，大师记以诗曰：

> “甘地尼赫鲁太虚，声声万岁兆民呼。波罗奈到拘尸那，一路欢腾德不孤！”

抵拘尸那，礼塔及佛临涅槃像，访八王分舍利处（访记）。

四日，访尼泊尔境内之佛诞生处岚毗尼，瞻礼摩耶夫人攀无忧树诞生的石像，及阿育王石柱（访记）。

五日，抵巴仑坡（藩邦）。访古舍卫城及祇园故址（访记）。

六日晨，大师于巴仑坡摩诃拉甲（大王）招待所，为团员说《我的宗教经验》。访藩王普拉沙啻心哈摩诃拉甲（访记）。

七日，抵老克诺，参观一八五六年印度大暴动所破坏之总督府。傍晚，赴当地国民大会之欢迎会（访记）。

八日（“庚辰元旦”），抵阿克那，寓鸠哈里家（访记）。

九日，参观太吉马哈陵墓——世界八大奇迹之一。大师小不适。晚，扶病赴文学纪念会之欢迎会（访记）。

十一日，抵波保尔，受波保尔王之招待。午后，侍臣兼教育部长阔利喜，陪同巡礼舍脂之佛舍利塔。晚，赴阔利喜之茶会（访记）。

十二日,应甘地电邀,大师等一行抵瓦而达。翌日,去西恭,晤甘地,甘地于纺纱声中与大师交谈(访记;访话)。大师作《甘地太戈尔赞》(诗存续集):

“中国古墨子,印度今甘地。要见活庄周,来会太戈尔。寄语庄墨徒,休徒钻故纸!好从面对时,证知实如此!”

十四日,赴阿赞达参观石窟。晚,赴奥兰格巴得。翌晨,参观爱罗拉石窟。晚,赴孟买(访记)。

十八日,陈副领事陪同参观孟买市。晚,赴华侨欢迎会。访问团来印,多得国民大会及摩诃菩提会之招待欢迎,特致书尼赫鲁及法理性海,致谢与告别(访记)。

二十一日,陈副领事邀游孟买名胜之爱里耶沙岛。晚,别中印友人,登康特罗梭邮船去锡兰(访记)。

二十四日,抵锡兰科仑坡。首相借铁拉卡、市长杜拉胜芳均来欢迎,驻锡爱额斯额夫维戒勒拉特曩培雪涉色耳斯勒默之静室,受爱氏夫妇之供养。晚赴麻里卡坎达最高巴利文学院召集之僧俗欢迎会,来会者万余人(访记)。

二十五日,佛教大会主席马拉拉舍扣喇,以车陪游,参观开拉尼亚寺、乌帕利开兰雅义寺、非的雅兰开拉僧学院、依什帕塔那寺、阿梭迦拉吗寺、伐吉拉(金刚)寺。于金刚寺晤纳啰达(昔年来华者)之师金刚寺长,寺长以扇杖赠大师(访记)。

二十六日,赴市长杜拉胜芳之茶会,科仑坡之政要名流咸集(访记)。

二十七日，参观阿难陀学校、吠陀卡女校、摩诃菩提会学校、达磨波罗纪念学校，麻里甘坎达寺之巴利文学院。傍晚，出席全锡兰佛教徒大会之欢迎会，来会者万人。次赴华侨欢迎会，首相及市长均来参加（访记）。

二十八日，大师率访问团访问锡兰古代文化中心之阿奴拉达坡拉。希尔达律师陪游。往米兴特尔，瞻礼摩哂陀（阿育王子，初以佛法传入锡兰）初来卓锡处。晚，瞻礼印度分来之（二千三百余年）古菩提树。访问团是晚施灯以为供养（访记）。

二十九日，希尔达陪往参观古迹；伊树牟尼耶寺之石佛、摩登寺、朗克马拉塔、美尼沙维耶塔、阿奴瓦维里掠耶塔。午后，赴菩提树王寺之佛徒欢迎会；复赴市政厅欢迎会（访记）。

三月一日，大师等返科仑坡，赴比丘大会欢迎会。晚，佛教徒大会主席马拉拉舍扣喇，摩诃菩提会拉甲，佛教学校监督金刚智来访，与大师商中锡佛教联络办法（访记）。其谈话略为（访话）：

马：大师一星期要走，我们想办一永久联络的机关！……我们都愿意学中国文，中国有人懂得英文，愿意来锡兰教中文，并学巴利文吗？

师：最好是出家的僧人来，不过需要供给生活！

金：我们的处所可以住。

师：我回国提议；将来并请一位到中国去教巴利文。……我在贝纳勒斯，曾与摩诃菩提会，发起复兴印度佛迹国际委员会；锡兰佛教徒大会，应代表锡兰人参加！

马：我们应共同想办法。

拉:大师认为中国锡兰,最好成立怎样的联络团体?

师:这有两种:一、中锡文化协会,二、世界佛教联合会。

马:最好中锡文化协会。

师:文化协会,先要报告中国政府。

二日,大师率访问团访问锡兰近古文化中心之坎地。参加(锡兰总督主持)法王学校校舍落成典礼。赴打勒达马立加华(佛牙寺),瞻礼锡兰圣物之佛牙(访记)。

三日,摩诃菩提会秘书古拉,陪同参访锡兰中古文化中心之波罗拿鱼瓦。先至阿非奴加尔寺,访觉音写定巴利文三藏之遗迹。次赴邓不拿石岩寺,参观石窟。次驱车访西格利耶石堡。晚,抵波罗拿鱼瓦(访记)。

四日,卡拉尼牙特财政员,陪往参礼加那维哈耳拉石佛、乳白塔、郎卡铁拉卡砖殿、侧你婉卡砖殿、帕波罗维哈拉等塔。晚,回坎地(访记)。

五日,应米塔难陀学校之欢迎。午后,赴马勒特寺与尔斯拘寺之欢迎会、市政厅欢迎会、佛教徒欢迎会。大师于佛教徒欢迎会,建议缅派与暹派之合一,及每年一度出佛牙以供众瞻礼(访记)。

六日,经赫顿,赴楞伽山,于山顶佛迹处献花、祈祷。翌晨,大师为寺僧及保管委员会,略说楞伽大意。晚,返抵科仑坡(访记)。

八日,赴佛教妇女会与佛教青年会之联合欢迎(访记)。

九日,拉甲、马拉拉舍扣喇、阿难陀校长陪游。经庵把龙古达,受大塔市、市政厅、佛教徒会,金顶寺等多处之欢迎。午后,抵高尔，应市政厅、麻哂陀学校之欢迎。晚抵麻特拉，赴市政厅欢迎会已，宿马哈满丁得毗尼外勒寺（访记）。

十日，参观达摩波罗之佛殿，赴罗睺罗学校之欢迎。抵维里加马，市长等郊迎。赴悉达多学校欢迎会。午后，至庵把龙古达僧王寺参观。僧王以舍利金塔托为奉赠蒋总裁，祝中国早得自由。次赴加罗答竦寺欢迎会。次抵盘拉都那市，赴市政厅之欢迎会。至莫拉都市，赴佛教学校欢迎会，参加者且万人。晚，返科仑坡，受古佛寺提灯欢迎会之欢迎。访问团在锡兰之参礼访问，告一结束（访记）。

十一日，谭云山返印度。从游印度、锡兰二月余，传译、联络，多得其助（访记）。

十四日，马拉拉舍扣喇陪往参观阿难陀女校；马氏为谈锡兰佛教之教育事业情形（访记）。

十六日，赴非的雅兰开拉（智严）学校之欢迎会，首相奉赠经书、佛像、衣、钵（访记）。

十七日，纳罗达来访。晚，应华侨之欢迎（访记）。

十八日，赴巴利文学院学生会之欢迎会（访记）。

二十日，爱陀拉末得尼律师，陪访法显洞。大师书“法显洞”额，交保管会刻石。下午，首相借铁拉卡来访，与大师谈中锡文化联络事。晚，赴金刚寺之欢迎会（访记）。

二十一日，赴爱额斯额夫维戒果勒特勒夫妇之茶会，爱夫人献一精美之银塔（访记）。

二十二日，赴卡罗得拉学校僧寺联合欢迎会。晚，大师广播《应破之迷梦与应生之觉悟》（访记）。

二十三日,于锡兰首相等欢送中,登康德华丽轮东行(访记)。

二十七日,轮抵星加坡,大师等驻锡龙山寺。游宴数日。大师以外交部来电,告以暹罗排华,情势恶化,不宜前往访问。乃商决中止访暹,于星洲小事游化宣传(访记)。

四月一日,大师率团员慈航、苇舫等去吉隆坡,宿陈占梅家,晤陈肇琪(访记)。

三日,大师率团员,偕惟植、陈肇琪抵槟城,宿观音寺,于极乐寺晤老友会泉(访记)。

七日,返星洲。连日应请演讲:于中华佛教会讲《在家学佛次第》;中正中学讲《菩萨行与新生活运动》;维多利亚纪念堂讲《八正道与改善人群生活》;静芳女学讲《佛教与中国女学》(访记)。

十一日,以马六甲欢迎代表来星,大师乃率团员一行,翌日返星洲(访记)。

十三日,团员等慈由暹罗来,惟幻则先返香港,访问团务即于翌日结束,电陈中央国际宣传委员会(访记)。

十九日,大师发"告日本佛教徒书",勉以自救(访记;文)。

二十一日,槟榔屿黄领事,以大师演词涉及王公度事,作不必要之争论(访记)。

二十二日,星洲佛教同人,假龙山寺开欢迎会。访问团在星,多得信徒黄福美之助(访记)。

二十五日,大师率团员苇舫、等慈,侍者王永良,登轮返国;慈航则留槟榔屿(访记)。

二十八日，大师等轮抵西贡（访记）。

五月二日，大师等一行，车抵河内（访记）。

四日，大师自河内乘欧亚机返昆明，结束五月来之访问工作，小事休憩（海二十一、五——六“佛教新闻”）。

十八日，云南省党部，召集各界代表举行茶会，欢迎大师（海二十一、五——六“佛教新闻”）。

二十日，大师应云南大学之约，出席纪念周，讲《出国访问经过及世界三大文化之调和》，等慈记（文）。

大师在昆期间，筹组（前与方土司谈）“滇边特区佛教会”，由云南省佛会呈请社会部，俾加强夷民内向，以利抗战（海廿一、七“佛教新闻”）。

学僧妙钦、白慧等过昆，谒大师于佛教会，以僧青年之路向及佛教运动为问。大师谓：僧青年深入丛林而施格化，较之别创僧团为便。政教合一，不如分离，而保持僧伽之超然地位（《由青年路向问到佛教革新》）。

二十一日，大师由昆明飞返重庆，欢迎者甚众（海廿一、七“佛教新闻”）。适空袭频传，乃趋长生乡浩屋小住，陈铭枢来访（诗存续集；诗存外集）。

某日，国际反侵略运动中国分会、中国国民外交协会、中国文化协会、中国佛学会、中印学会等五十余团体，假中法比瑞同学会，对大师率导之访问团，作联合盛大之欢迎。陈铭枢、曾虚白、王芃生、王秉钧等，盛誉大师访问团之成功（海廿一、七“佛教新闻”）。

六月一日，重庆慈云寺僧侣救护队（觉通、乐观主办）开会欢迎大师，陈铭枢、朱子桥等均来参加（海廿一、七“佛教新闻”）。

半月来空袭频繁。十二日，长安寺佛学社被毁，大师乃回缙云山。访问携回之法物及纪念品，运缙云山陈列（海廿一、七“佛教新闻”）。

十六日，田汉来缙云山，参观访问团之法物，奉诗为赠（诗存外集）：

> “太虚浮海自南洋，带得如来着武装。今世更无清凉地，九天飞锡护真光！”

十七日，大师出席汉院纪念周，讲《从巴利语系佛教说到今菩萨行》，唯贤、演培、达居记（文）。大师访问南方佛教国之观感，略见此文。末论“复兴中国佛教应实践今菩萨行”云：

> “革新中国佛教，要洗除教徒好尚空谈的习惯，使理论浸入实验的民众化。以现社会的情形和需要来说，今后我国的佛教徒，要从大乘佛教的理论上，向国家民族、世界人类，实际地去体验修学。这大乘理论的行动，即所谓新菩萨行。而此菩萨行，要能够适应今时今地今人的实际需要，故也可名为今菩萨行。”
>
> “今菩萨行的实行者，要养成高尚的道德和品格，精博优良的佛学和科学知识，参加社会各部门的工作。如出家众可参加文化界、教育界、慈善界等工作；在家众则政治界、军事界、实业界、金融界、劳动界……都去参加，使国家社会民众都得佛教之益。”

“今菩萨行者，集体联合起来！本着大乘菩萨的菩提心为主因，大慈悲为根本，实践方便的万行，发挥救世无畏的精神！……总之，我们想复兴中国的佛教，树立现代的中国佛教，就得实现整兴僧寺、服务人群的今菩萨行！”

是夏，汉院第二届毕业，大师亲自主持毕业典礼，讲《毕业与休假》，演培与德勇记（文）。

七月七日，大师于《大公报》发表《精神团结与佛教之调整》，为整理佛教之呼吁。其希望于社会者：

“欲达到边疆佛徒的真诚内向，内地佛徒的献身为公，一致精诚团结以成抗建之大业，并引起国际佛徒同情之助，以为共进大同之基点，必须调整国人向来歧视佛教、轻蔑佛教之观念，使有以彻底改变。”

主张较大城市，至少能保存庄严肃净之一二佛寺；修改教科书诋毁佛教文字；报纸记者与文艺作家，不写刺伤佛徒心意之文字；修改电影、戏剧、歌曲中之丑诋佛徒部分。其所望于佛教者：

“寺庵宜如缅暹唯供教主释迦牟尼佛，或如锡兰兼供弥勒菩萨为最善。……经典亦不专以唱诵为事，尤须讲习研究，多闻正解，如理实行。……僧团……今后必应停止剃度女尼二十年；并严限非高中毕业男子正解正信佛法者，不得剃为僧，以清其源。……对于原有僧尼，严密淘汰，不妨以大部分寺庵，改为佛教之救济所与感化所而收容之，以洁其流。”

暑期中,法舫以故离缙云山,《潮音》自七期起,由大师审定,付学人编次(海二十三"编辑书屋二三事")。

大师于汉院举办暑期训练班三周。约林语堂、王向辰、李了空、何北衡、潘怀素、张纯一、陶冶公及汉院诸讲师任讲席(海二十一、十一"佛教新闻")。大师讲《我的佛教改进运动略史》,演培、妙钦、达居记。其新近进入第四期之改进运动:一、旧(佛教)会之整理,二、大学(以大师主办之世苑,与摩诃菩提会创议之国际大学,合办世界佛教大学)之创建,三、新制之改建——"菩萨学处"。大师论菩萨学处云:

> "要有一个模范道场出现,训练一班中坚的干部人才,建立适合今时今地的佛教。"
>
> "建立一菩萨学处,位分六级:一、结缘三皈:这是些虽皈依于三宝,对三宝尚无正信和正见的徒众。二、正信三皈:这都是些知识分子,对佛教已有正当的了解和信仰,由正信而皈依佛教者;年龄学识,约当十九岁以上,及曾受中等教育的程度。三、五戒信众(五戒上可受短期的八关斋戒,但不另成一阶段)。受五戒后,有两条路线:一条是由五戒后直接发起菩萨心,受菩萨戒,成为在家菩萨。一条是受五戒习八戒后,转进入出家阶段,作沙弥、比丘,受十二年的教育,而成为出家菩萨;这和前说的学僧制有着联络的。……四、出家菩萨,自有其集团制度,更有已具德行已具菩萨者,统理菩萨学处。在家菩萨出家菩萨之事业,直称菩萨行。这是在组织的阶位上说。"
>
> "从正信三皈到五年出家菩萨的初阶,应有干部人才

的训练，以养成菩萨学处的干部人才。在家菩萨下至结缘三皈，都可为菩萨学处摄化的大众。菩萨学处的出家菩萨，要经过十二年戒定慧的修学，或经过在家菩萨二十年而出家。但终身作在家菩萨亦宜，以在实行上，同为六度四摄，即是实行瑜伽戒法。”

“六度四摄，是一个纲领。从具体表现上来说，出家的可作文化、教育、慈善、布教等事业。在家的成为有组织的——结缘三皈、正信三皈，乃至五戒居士，在家菩萨，农工商学军政各部门，都是应该做的工作，领导社会，作利益人群的事业。”

“学处内，设立出家菩萨养成所，经过沙弥二年、比丘十年的时间。在学僧的过程中，更设出家菩萨训练班，使能涉俗利生。另设在家菩萨训练班。……三皈至五戒间，则有信众训练班。在总组织则有佛教会；干部人才都可作佛教会的发动机。”

大师以信众及僧众，为衔接之一贯修学程序，为建僧之晚年定论。自《僧伽制度论》之八十万，而《僧制今论》二十万，《建僧大纲》四万而二万，今欲缩小而得“一道场”以创行，弥见建僧之不易！

大师于汉院训练班，续讲《我怎样判摄一切佛法》，心月与演培记。特详于第三期之判摄，萌芽于民国十二、三年，发展于欧美弘化归来；访问归来，完成其对于佛法判摄之最后定论。其要目为：

甲　教之佛本及三期三系

小行大隐期——大主小从期——大行小隐密主显从期

巴利文系——汉文系——藏文系

乙　理之实际及三级三宗

五乘共法——三乘共法——大乘特法

法性空慧宗——法相唯识宗——法界圆觉宗

丙　行之当机及三依三趣

行之三依三趣,此时始畅朗说之:

"一、依声闻乘行果趣发起大乘心的正法时期:如来出世的本怀,是欲说出自悟自证的实相法门。……到法华会上,才把这本怀说出来:……'汝等所行,是菩萨道'。从这点意义上说:由佛世时乃至正法的千年,是在依修证成的声闻行果,而向于发起大乘心——即菩萨行果或佛的行果。声闻行果,乃佛住世时当机广说。我们看佛经,可以见到很多比丘得证圣果的记载。……佛灭度后,……证得声闻果者,在教史上亦历历可见。"

"二、依天乘行果趣获得大乘果的像法时期:在印度进入第二千年的佛法,正是传于西藏的密法。中国内地则是……净土宗……如密宗在先修成天色身的幻身成化身佛;净土宗如兜率净土即天国之一,西方等摄受凡夫净土亦等于天国。依这天国身、天国土,直趣于所欲获得的大乘佛果,这是密净的特点。……所以像法期间,是依天乘行果而趣佛果。"

"三、依人乘行果趣进修大乘行的末法时期:……到了这时候，末法方开始。……依声闻行果，是要被诟为消极逃世的；依天乘行果，是要被谤为迷信神权的。不惟不是方便，而反成为障碍了。所以在今日的情形，所向的应在进趣大乘行。而所依的，既非初期的声闻行果，亦非二期的天乘行果，而确定是在人乘行果，以实行我所说的人生佛教原理。”

是月，中央政府领导者，留意佛教，召见蒋作宾与李子宽，询以健全组织佛教之方案。中央社会部提出整理中国佛教会意见书，征求政府及佛教界之意见（略史；蒋作宾《复兴中国佛教建立国际的佛教》；李子宽《从国民革命的党政军上来观察佛教》）。

大师“精诚团结与佛教调整”，呼吁于前；二十日，四川省佛教会通电，号召拥戴大师领导组织中国佛教会于重庆，得湘、滇、陕省佛教会之响应（海二十一、十“佛教新闻”）。中国佛教会整理委员会之产生，大有呼之欲出之势。

九月二十三日，以定九、法舫来缙云山，大师召集佛法座谈会，对“在近代思想趋势下，佛教能不能存在”，作集体之研讨（文）。

时大师以在锡兰商及之派教师宣扬大乘，派学僧修学巴利文佛教，请得教育部认可协助，以世界佛学苑名义，派法舫（初拟派惟幻）、白慧、达居，于是月底成行（与陈静涛书；海二十一、十一“佛教新闻”）。

十月九日（“重九”），大师集山中缁素（陈真如、杨舒武、陶冶公、李子宽、虞愚等）能诗者，同跻缙云山之狮子峰，作登高诗会;陶冶公编次为《缙云登高集》(诗存外集)。

二十日,大师集汉院教职员,开座谈会,作关于《我怎样判摄一切佛法》之研讨(文)。

是秋,大师于汉院续讲《真现实论宗体论》之“现事实性”、“现性实觉”,学僧记,陆续刊诸《海潮音》。

香港以陈静涛之劝发,信众礼请大师为华南佛学院院长。后以人事关系,未得实现(与陈静涛书)。

十一月,十八师干团分次来缙云山,大师均略为开示(海廿二、一“佛教新闻”)。

二十五日,滇边特区佛教会事,得政府核准协助;大师派等慈前往芒市,就地推进(海廿二、一“佛教新闻”)。

十二月二日(“十一月初四”),净土宗耆德印老,卒于苏州灵岩山,年八十(真达等《中兴净宗印光大师行业记》)。

是年冬,中宣部聘大师为文化运动委员会委员(海廿二、二“佛教新闻”)。

民国三十年,一九四一(庚辰——辛巳),大师五十三岁。

一月一日,大师于汉院庆祝元旦,讲《庆祝胜利年的新的庆祝意义》(文)。

六日,缅甸记者团来华,访大师于缙云山。大师联合汉藏教理院、中国佛学会等五团体,于缙云山开会欢迎(海廿二、三“佛教新闻”)。

十日(编者自筑还山之次日),大师指导发起“太虚大师学生会”,集筹备员法尊等面致训词,福善、周观仁记:

"为我的学生,要从四方面去学:一、修行:这中间,包括闻思修慧,由听讲、研究、静坐、思惟,以至于根据六度四摄之原则,表现于行为上者都属之。二、讲学:如法会讲经,或学院授课,乃至著书立说、翻译流通等皆是。三、用人:一件较大的事,不是哪一个人可以成功的,必须和合各种不同才能的人。所以要有团体的组织,并要有领导的人善能用人,最重要的能自知知人。四、办事:佛教的事,亦有多方面的,如学院僧寺等,往往与政府社会发生种种关系。若遇疑难的事,要有判断力;困难的事,要有忍耐力。观察于法于众有益的事,务须任劳任怨去处理应付,不可畏缩。如于法于众无益者,勿为虚荣私利,和人争持不舍!

"以上四事,各人宜时时对自己反省,对他人观察,于上四事中,长于哪种或短于哪种,互采其长以补其短。切不可以己之长而骄人!亦尊重他人长处,勿生嫉忌!对他人之短处,要原谅而不轻视;自己短处,要自励而不放松,可以改正补充。以此种精神为和合同事之准则,则机缘一到,将来许多佛教的大事,当可必成。

"在我的意境上,向来是以全国乃至世界人类佛教为对象,摄受的人非常广泛;觉得无论什么人,都有他的用处的。……如有些学生还了俗,甚或跑到异教中去,只要对我或对佛教的信仰,没有完全破坏,也可借他将佛教输送到异教里去,达到佛教细胞深入社会各阶层之最高目标。所以,只要能有集中的信仰精神摄持力,不管亲疏近远,在有秩序的系统组织下,以整个世界人类和佛教为对象,方能人尽其才,才尽其用。好将此意,从组织学生会而贯达到我的各个学生!”

当时所说之会员资格,返俗者与入异教者而外,更有“去陕北者”一项。时国共关系日见恶化,乃嘱福善删去。盖以大师之意境,即夜叉罗刹亦有其用处。学生会组织,大师约学约行而分别为核心、干部等层次。惟以战乱影响,进行又复中止。

十一日,大师去渝,推动中国佛教整理委员会事。设“中国佛教整理委员会预备处”于南岸狮子山慈云寺,大师因多驻锡其处。

十三日,佛教之慈善家朱子桥卒于西安(海廿二、三“佛教新闻”)。

十五日,大师五二初度,缁素集重庆罗汉寺祝寿(海廿二、一“佛教新闻”)。

二十六日(“除夕”),大师于华岩寺度旧年(诗存续集)。

二月一日,唐大圆卒于湖南之宝庆(海廿二、八“佛教新闻”)。

二日,东方文化协会,函举大师为名誉理事(海廿二、三“佛教新闻”)。

十五日,大师为出钱劳军运动,于中央广播电台,作“出钱劳军与布施”之呼吁(海廿二、三“佛教新闻”)。

三月,西安康寄遥,商承大师,拟办世界佛学苑巴利三藏院于西安大兴善寺(与康寄遥书四)。

大师筹备中国佛教会整委会事,一以内政部意在提产(充新县制经费),不愿与社会部相协调;一以屈文六从中反对,致停滞而未能实现(与康寄遥书五;六)。

其间,大师应中华大学陈叔澄校长约,莅校讲《菩萨的政治》,范鸿元记(文)。

四月,大师病两臂麻木酸痛,于月底回缙云山静养(致法尊书四八;致康寄遥书六)。

五月五日,滇边特区佛教联合会成立(海廿二、七“佛教新闻”)。

六月二十一日,大师作《时论摘评》(文)。《阅竟无居士近刊》,亦是时作。

是月,大师于汉院讲《诸法有无自性问题》,演培、妙钦、文慧记(文)。汉院比年多弘宗喀巴之中观无自性说,大师特以唯识之三性义,成立中国佛学之有自性论。如云:

> “从这圆中性去研究,我们可以发现到台贤禅净佛教的两个特点:一、在理趣上,从即有真空,即空妙有的圆中性,阐明一一法莫不是一切法的‘法界全体性’,本来圆满,无欠无余。……二、在行门上,从统一切法的现前一念心,成为‘摄归自性心’。所以在用功修行时,都从现前一念心为着手处。”

七月,大师作《抗战四年来之佛教》,以纪念“七七”而勉诸佛徒(文)。

是年暑期,三民主义青年团重庆青年夏令营,举办于北温泉。大师以张治中(主任)之征求,选派汉院学僧参加(海廿三、一——二“佛教新闻”)。是后,年有参预。

八月底，大师应重庆(朝野举办)华严法会之请，莅会说法，讲《建立人间的永久和平》，福善记(文)。时值溽暑，大师不日回山。

九月，汉院秋季开学，大师以《文武群己事器一致之教育》为训，心月记(文)。

是秋，大师于汉院续讲《真现实论宗体论》之“现觉实变”、“四现实轮”。

十一月十日，大师以政府无诚意，中佛整委会成立无期，乃通告将“中国佛教会临时办事处”、“中国佛教整理委员会预备处”结束(文)。

十二月八日，太平洋战争爆发。

是年冬，贵州高峰山，奉献大师以办菩萨学处。大师命止安先往接收筹备。惟以山乡阻隔，治安不良，人事难集，未能积极实现。“菩萨学处简章”即此时拟订(海廿四、一“一月佛教”)。

是年，大师作《改进藏族经济政治教育之路线》(西藏问题之适当解决)。

民国三十一年，一九四二(辛巳——壬午)，大师五十四岁。

一月二日，王恩洋来缙云山，大师集众为座谈会，与为“佛教对于将来人类之任务”之商榷。王氏以佛法之任务为人类之眼(正确知见)、眉(德行尊严)，大师同情其佛徒之高尚超越性，惟嫌其过于消极(文)。

是月，大师作《教旗颂》，为汉院员生讲之：

<table>
<tr><td rowspan="5">青
（佛）</td><td rowspan="5">白
（法）</td><td rowspan="5">黄
（僧）</td><td>红</td></tr>
<tr><td>青</td></tr>
<tr><td>白</td></tr>
<tr><td>黄</td></tr>
<tr><td>黑</td></tr>
</table>

“若问佛法何所指？三藏教诠五乘理。说明世间情器聚，循三杂染转五趣。有情修学从何始？三皈五戒为基址。出世要依三法印，五分法蕴证清净。大乘行果更难思，历三僧祇五位居。法相无量探精奥，三性五法提纲要。三谛真俗中善巧，法华五重玄义妙。大方广佛华严经，三观五教宣圆音。三身五智佛果证，净密禅宗俱摄尽。愿令佛法僧三宝，速遍五洲常祈祷！”

六日，大师抵重庆（致法尊书五一）。大师应重庆佛学社请，讲《佛学ABC》于钱业公会。

二月一日授皈依（叶密峰《致大师书》；康寄遥《致大师书》）。

按：康书作罗汉寺讲，未确。

十五日，大师度“壬午元旦”于华岩寺（诗存续集）。是日为国家总动员会文化界宣传周之宗教日，大师特电各省县佛会（海廿三、五——六“佛教新闻”）。其间，大师往歌乐山山洞，访晤林主席、居觉生、孔德成等（致海定书一）。

三月八日，中国文化协会举行缅甸日，大师于国际广播大厦，对缅甸佛徒广播（海廿三、五——六“佛教新闻”）。

十七日，中国文化协会举行印度日，大师于国际电台广播《中印之回溯与前瞻》（海廿三、五——六“佛教新闻”；《中央日报》“印度日特刊”）。

时大师体健未复，仍事医药。适狮子山慈云寺有佛教中医慈济院之发起，而佛慈药厂主冯明政来渝筹设渝厂，均由大师指导协助成立，为留重庆多日，始返山静养（佛教中医慈济院缘起；致法尊书五二；海廿三、七“良医良药”）。

六月八日，大师于缙云山序《菩提道次第略论》。述大勇往行，以告求学藏文佛教者（文）。

十一日，大师“呈行政院维护寺僧”。动机为：

“顷年或藉征警粮，或藉办乡保中心学校等，拘逐僧人，占提寺产，黔、湘暨川东多县，纷恳援救者已百数十起。”

大师拟办法五项，务使于僧得安，于教得整，于国家民族得益。其办法云：

“一、请令社会内政两部，督导中国佛教会暨各省市县佛教会，依照现行佛教会章程，限半年内务组织完善。二、请令内政部，责成中国佛教会暨各省市县佛教会，限一年内分别将各省市县寺庵僧尼财产额数，明确登记呈报。三、请令内政部，责成中国佛教会暨各省市县佛教会，按照所登记寺僧产额，以寺产十分之二办僧学，十分之二办慈善等。限二年内，以所办成绩呈报稽考。四、如各省市县佛教僧寺，能如期组织登记及办理僧学公益者——例如国民小学等，三十年度占夺者概还原状；三十一年度起，再有侵扰者，依法惩处。五、各省市县佛教会及僧寺，不能组织登记及办理僧学公益者，得由各市县政府，呈内政部，督导中国佛教会议处之。”

其后，行政院批准内政部修改之办法五项，与大师原意全异。《潮音》编者（福善）不知，误题为“行政院批准维护佛教整理财产办法”，引起外间不少误会（海廿三、八——九“一月集锦”）。大师再呈行政院，未得批答（致蒋主席书）。

十八日，大师以“在全国痼疾通病下，当先去私戒懒，才能赶上人程；从佛教机关团体中，实习为公服劳，方可养成僧格”一联，为汉院毕业生训词，正果记（文）。

七月一日，大师作《抗战五周年之新意义》，载《时事新报》“七七特刊”（文）。

十五日，大师寓北碚，读冯友兰《贞元三书》，作《简评》。谓新理学之理气并重，低于程朱，更远不及陆王（文）。

是夏，大师于汉院，讲《为支那堪布翻案》，以纠正藏僧及蔽于西藏佛教者对于中国禅宗之歧视，心月记（文）。

冯玉祥寓缙云山，大师时与晤谈，冯氏有《见缙云山僧众学习藏文乃有感》：

“西藏关系重，藏文宜先通。革命四十载，边疆成化外。外人得侵凌，国权遭损害。政府应力助，训练好人才！已派往藏者，生活须善待。边疆事大振，外人无可奈！”

郭沫若来山访晤大师，有诗和赠（诗存外集）。

“内充真体似寒泉，淡淡情怀话旧缘。长忆缙云山下路，堂堂罗汉石惊天！”

八月，大师以福善可造，而怀矜不驯，不相得于友生，乃命离缙云山，去重庆编《海潮音》（恸福善；海廿三、七“编辑书屋二三事”）。

九月二十四日（“中秋”），大师于观月亭待月（诗存续集）。

十月十三日，一代艺人律宗耆德弘一卒于泉州（林子青《弘一大师年谱》）。

二十七日，印顺寄《印度之佛教》初章来请序，大师因撰《议印度之佛教》，为大师印度佛教史之概观（文）：

“第一期之佛教，应曰‘佛陀为本之声闻解脱’，庶于后行之大乘有其本根。第二期可曰‘菩萨倾向之声闻分流’，但应历佛灭至马鸣前约五百余年，内更分小节。第三期应束三四期曰‘佛陀倾向之菩萨分流’，此中可分四小节：一、佛陀行果赞仰而揭出众生净因之真常唯心论，此于六百年顷，法华、涅槃、般若、华严等渐兴，及马鸣诸论代表之。二、对治外小执障而盛扬摩诃般若之性空幻有论，此于七百年顷，龙树、提婆诸论代表之。三、依据法性空义而补充小大有义之有为唯识论，此于九百年顷，无著、世亲诸论代表之。四、空有剧烈争辩而小大宗见各持之渐倾密行论，此于千余年顷，清辨、月称、安慧、护法诸论代表之：则验之向传印华佛史无不符合之大乘时代也。第四期可曰‘如来为本之佛梵一体’，则承前厌倦苦诤而倾向外内、大小、空有融合持行之趋势，龙智等密咒盛行，在佛灭千二百年起，奄奄五、六百年，内更可分小节；则适当我国唐开元前以至宋元时是也。

“基佛世之淳朴，握持马鸣、龙树、无著之一贯大乘，前融采声闻分流，而后摄择宗见各持与如来一体；亦即依流传在中国者，摄持锡兰传者及择取西藏传者，成一批评而综合而陶铸之新体系，庶其为著述印度佛教史之目标欤！”

是年下学期，大师讲《法性空慧学概论》于汉藏教理院，心月、融海、妙钦合记。又讲四教仪，了参、光宗记其悬论，成《天台四教仪与中国佛学》。大师学本中国佛学，而近二十年来，佛学院每偏重唯识，而四川又多重中观及密宗。是年后，大师乃多讲中国之佛学。

十二月，南华寺虚云以主持法会之便，来访大师于缙云山，大师殷殷以共举佛教为望（海廿四、一“一月佛教”；海廿四、五“一月佛教”）。惜虚云为左右播惑（显明、张子廉），于净虚空中横生枝节。

时林主席等发起“护国息灾大悲法会道场”四十九日（十二月九日始，明年一月二十六日圆满），戴传贤为法会会长，迎南华虚云主持之，法会甚盛。

民国三十二年，一九四三（壬午——癸未），大师五十五岁。

一月，大师在重庆，于钱业公会讲经（海廿四、二“各地电函摘要”）。

十三日，陪都扩大举行释迦世尊成佛纪念大会，由大师及虚云分别开示，盛况空前（海廿四、二“陪都成佛日大会特辑”）。

十四日，大师与冯玉祥、于斌、白崇禧发起中国宗教徒联谊会，举行发起人会（海廿四、二“函电摘要”）。

是月，《海潮音》由福善移往成都大慈寺编发（海廿四、一“卷首三语”）。

二十二日（“腊月十五”），大师应荣昌缁素请，车抵荣昌，驻锡宝城寺（寺主严定）（海廿四、三“太虚大师莅荣昌游化纪要”）。

二十四日（“十九日”），大师应荣昌各界欢迎，就县庙讲《中国文化及佛教于战后欧洲民族之关系》，永远记（海廿四、三“太虚大师莅荣昌游化纪要”）。

二月，大师度旧年于宝城寺。十日，回重庆（诗存续集；编辑室来函“摘要”）。

大师于罗汉寺，逢星期六及星期日，公开答问（海廿四、四“破疑网于重重”）。

二十七日，唯识学者欧阳竟无，卒于江津之内学院（海廿四、四“一月佛教”）。大师挽之云：

> “胜军论后有斯文，公已追踪先觉；石埭门中空上座，我尤孤掌增哀！”

是月，大师于金剑山（汉院属寺）创设大雄中学，筹备经年，至此始正式开学。大师任董事长，以吴子诒为校长。大师书数语以赠学生：

> “求学之道，要求学成为一个知识、德行、能力都完备

的人。在社会中为一能自力能互助(之)份子;在国族为一能工作能贡献(之)国民;在世界中为一能承先能启后(之)世人;推至其极,则如释迦牟尼佛在宇宙中为一能遍觉能普救之大雄。大雄者,大英雄也;先从社会中在国族中做起!"

大师初拟办一含有政治意味之学校,因介绍识(连谋有关之)吴子诒,惟幻、苇舫参预其事。后其事未能实现,乃改办中学。

三月二十一日,大师以张道藩以"我们需要的文艺政策"相询,乃作《对于文艺政策之管见》。时"欲以恢复宋儒传统,袭取应用(西洋哲学)为范畴"之新儒家,日见嚣张;多师理学余绪而排斥佛法。大师故斥谓:

"设一言固有文化,即随瞀儒浅见,笼统的以接受韩欧程朱一流为恢复;而不知韩欧肤见无识之偏狭,程朱阴盗阳憎之欺伪,其狭伪实为中国文化千年来渐陷低弱之主因。则恢复固有文化,反成加三民主义以拘蔽,使不能有所择取于初盛唐雄大宏远之全国民族文化也!"

大师同时作《中国民间之教化何在》,后且数数论及此。实则新儒家也者,既不与一般民间思想相关,复不为新进思想所取,仅为御用文化耳!

二十二日,大师于重庆狮子山,跋国际大学教授吴晓铃说"诸佛世尊如来菩萨尊者名称歌曲"(文)。

某日("癸未仲春"),大师偕定九、李子宽,往游涪陵普陀山之绍宗寺(诗存续集;诗存外集;海廿四、四"一月佛教")。

五月九日("立夏后三日"),戴季陶(孝园)为康寂园(寄遥)、杨叔吉洗尘。席间,推大师为纪一诗(海廿四、八"一月佛教"):

"孝悌人之本,寂光佛所归,一园宾主序,林外日依依。"

二十二日,中国宗教徒联谊会成立(海廿四、六"访函记要")。大师任常务委员(佛、回、天主、基督各一人),以卫立民为总干事。是会之任务,为"拥护抗战建国,尊重信仰自由,提高精神修养,励行社会服务,促进世界和平"五项(赞文)。

大师留渝期间,广播《佛教与国民外交》。《佛教之中国民族英雄史》、《阅为性空者辨》,均是时作。

月底,大师回缙云山。

七月二十七日,大师以大雄中学立案事,在重庆(致海定书一三)。

八月一日,林主席卒于渝。后蒋中正继任。

夏季,大师应张治中、康泽之约,赴夏令营讲"佛教哲学与青年修养"(海廿四、九"一月佛教")。

是年夏秋间,大师撰《中国今后之文化》(《大公报》九月十九日);《联合国战胜后之平和世界》(《新中华》八月号);《人群政制与佛教僧制》(《时代精神》)。又讲《佛教徒应参与中国和世界的新文化建设》,了参记。于文化政治,多所论及。论平和世界,原则为:

“世界人类之利益为第一；

国家民族之利益为第二；

个人家属之利益为第三。”

时滇缅路中断，西藏之对国府，日见顽梗。中央有武力解决之意，大师乃作《西藏问题之适当解决》（文）。

八月三十日，大师作《再议印度之佛教》，为汉院学生讲之（《中国佛学》）。《印度之佛教》，于真常唯心论——即大师所赞之“法界圆觉宗”，颇有微辞。以大乘之发展，为性空、唯识而后真常唯心论，与大师之先真常而后性空、唯识相反，因再为评议。

十月四日，大师《阅入中论记》脱稿（文）。月称之《入中论》，法尊于三十年译出，大师曾为删润。是论高扬《中论》空义而专破唯识；大师不忍唯识之被破，乃朋唯识而一一反难之。评《入中论》为“功过互见而瑜不掩瑕”。

七日（“重九”），大师与黄忏华、陶冶公、陈耕石，在缙云山联句（诗存续集）。

十日，国庆，大师于汉院讲《各人要在自己的岗位上努力》，光宗记（文）。大师谓：求学时，“要警策自己，适应环境，利用环境去充实自己”。做事时，“要透视现实，确定理想，根据理想去改造现实”。

是年下学期，大师于汉院讲《中国佛学》，性觉、光宗等记，为大师对于中国佛学——中国独创之佛学，作一纵贯之叙述，讲经一载。大纲为：

一　佛学大纲

二　中国佛学之特质在禅

（一）　依教修心禅

（二）　悟心成佛禅

（三）　超佛祖师惮

（四）　越祖分灯禅

（五）　宋元明清禅

三　禅观行演为台贤教

四　禅台贤流归净土行

（一）　依教律修禅之净

（二）　尊教律别禅之净

（三）　透教律融禅之净

（四）　夺禅超教律之净

五　中国佛学之重建

时大师又讲《贤首五教仪》，了参记其悬论，名《听讲五教仪拾零》（文）。

是年秋冬，大师所作小品，多以“感”为题，如《杂忆和杂感》；《阅东方杂志漫感》；《偶阅理想与文化的随感》；《感愚昧之害他自害》；《谈中印佛教之偶感》。

十一月，大师应复旦大学社会学系社会研究室之约，往讲《中国之佛教》，天慧记（海廿四、十二“佛教新闻”）。

大师自复旦转金剑山，视察大雄中学，及塔坪寺民众学校（海廿四、十二“佛教新闻”）。诗云：

“金剑创开新气象，塔坪还保古风规。一般净化人间世，缙岭云深是总持。”

大师于大雄中学，以“勤俭诚公”为校训，略为开示，尘空记（文）。

大师抵渝。时以内政部颁布八月间修正之“寺庙兴办公益慈善事业实施办法”，“既由县市政府主组委员会征收兴办；又于各僧寺每年收益在五万元以上者，即须征收百分之五十（以今之物价论，则五万元才为敷五人最低生活费耳）；复全由县市主组委员会征收，不惟非自行兴办，且殆无过问之权”（呈蒋主席文），致各地佛教陷于纷乱。大师乃召集中国佛学会理监事联席会议，发出虞电，呼吁反对：

“中央及地方主管机关，宜仍居监督指导地位，责令各省佛教会，联合恢复中国佛教会，并健全市县佛教会，自组‘佛教自组兴办公益委员会’，集办应办公益，以符教产办教务之旨。要之，如认佛教为中华民国不可容存而欲毁灭之者，应明白宣布其理由。如认佛教为约法宪章所容许自由信仰宗教之一，佛教徒亦为中华民国国民，……则于类似天主教等教产之仅存佛教教产，固应同享法律之保护。”

乃内政部主管司科，不允取消，竟谓此由参考大师前年《呈行政院文》意而订。大师乃迫得于翌年一月二日，致书蒋主席，作悲愤之陈辞，略谓：

“与太虚前呈行政院之文意，适成北辙南辕之僢驰：一系健全僧寺整兴佛教，一系掠夺寺产毁灭佛教，诚有霄壤天渊之别。”

“本年内政部所修订办法，则由县市政府乡镇保甲为刀俎而寺僧为鱼肉，可立致全国佛教于摧残者也。而整兴僧寺发扬佛教，以利益国家民族及世界人类，为太虚第一生命。太虚对于中国文化，世界学术之贡献非浅，而抗战在国民一分子之佛教徒立场上，……对于抗建之努力，亦不为少。乃未蒙中枢之佛教主管司科，及一分省县中乡保当局之谅察，时有摧夺僧寺，危亡佛教，以斩绝（太虚）第一生命之举动，则太虚固无负于国人，而国人实有负于太虚也！”

“如荷矜察，而令由主管官署贯彻施行，则太虚自当在佛教徒立场上，倍加努力以赞襄复兴中国民族之盛业。不然，则决不能坐视寺僧摧剥、佛教危亡，而再腼颜苟活于斯世也！”

书上，得停止实行。

十二月一日，大师应西南缁素之请，飞抵桂林，道安、李济琛（任潮）等来迎，驻锡月芽山（海廿五、一“太虚大师飞西南宏法受热烈欢迎”）。

三日，李济琛假佛教会设席欢迎，黄旭初、苏希洵等均来会（海廿五、一“飞西南宏法受热烈欢迎”）。

四日，大师于广西省佛教会，公开讲演《中国之佛教》（与复旦所讲者同）（海廿五、一“飞西南宏法受热烈欢迎”）。连日畅游名胜，均纪以诗（诗存续集）。

六日，大师偕湖南欢迎代表闻又、越培元，专车抵衡阳。老友空也、学生茗山等来迎，驻锡花药山（海廿五、一“西南宏法受热烈欢迎”；海廿五、二“五洲宏化的太虚大师”；茗山《痛哭老人》）。

八日，大师应衡阳佛教居士林请，就社会服务处，讲“佛教与中国文化及世界和平”（海廿五、二“五洲宏化的太虚大师”）。

大师偕空也、越培元等，经培元寺抵南岳。十四日（“十八日”），衡山佛教会及南岳各界，于祝圣寺开会欢迎。大师讲“佛法大意”，澄源记（文；海廿五、二“欢迎太虚大师诗录”）。

大师畅游南岳名胜，所至均纪以诗（诗存续集）。且于水帘洞工校，讲“工业文明之佛教”；石头塔商校，讲“缘起性空义”等（海廿五、二“五洲宏化的太虚大师”；海廿五、二“一月佛教”）。

大师与赵市长等返衡阳。翌日，大师被公举为花药山住持，大师以茗山任监院（海廿五、二“五洲宏化的太虚大师”；茗山《痛哭老人》）。

二十一日，大师抵耒阳，驻锡金钱山寺。二十三（或作四）日，应耒阳民教馆请，于民众剧场讲《佛教与人生》，明真记（海廿五、三“大师弘化行踪”）。

大师留耒期间，指导省佛会，集党政军代表，决议组织“湖南僧侣救护队”（海廿五、三“大师弘化行踪”）。

二十七日，衡阳杜局长来花药山，礼请大师赴粤汉路大礼堂说法。大师讲《佛法原理与做人》，闻又、澄源合记（文）。

三十日，大师抵歧山仁瑞寺（海廿五、三“大师弘化行踪”）。

是年，圆瑛春在无锡、南京，秋去天津、北平、保定，于沦陷区大转法轮，受朝野尊敬（叶性礼《圆瑛老法师事略》）。

汉藏教理院建大讲堂及图书馆，法尊辛勤独至（汉藏教理院重建大讲堂功德碑）。

吕碧城卒于香港。遗嘱以在美所有遗产，在太虚大师指导下，用于译经事业（陈静涛为编者说）。

民国三十三年，一九四四（癸未——甲申），大师五十六岁。

一月三日，大师任岐山寺住持（海廿五、三"大师弘化行踪"）。

九日，大师于衡阳社会服务处，开讲《心经》（海廿五、三"大师弘化行踪"）。

大师还抵桂林。十七日，于佛教会开讲《佛说观弥勒菩萨上生兜率陀天经》，一周而毕（海廿五、三"大师弘化行踪"）。

二十五日（"甲申元旦"），大师以诗《书感》：

"五夜阵风狮子吼，四邻鞭爆海潮音。大声沸涌新年瑞，交织人天祝瑞心！"

《狮子吼》，巨赞前年创办之刊物也。巨赞和之：

"入佛常怀援引德，榕城今又值雷音。魔强法弱浇风急，整顿僧规仰胜心！"

"独秀峰孤漓水涸，山门何幸满清音！狮弦岂入时人调，大地沉沉春有心。"

巨赞初欲从大师为弟子，大师介绍令从老友玉皇出家；"援引德"者即此。大师还重庆。去湘桂前，大师号召各省佛教代表，来集陪都，除呼吁取销"寺庙兴办公益慈善事业实施办法"，且呼吁组成中国佛教会（海廿四、十二“佛教新闻”）。

迨西南归来，中佛会之组立，迄未实现。则以政府中内政部意在提产；而部分信佛者，如戴季陶、屈文六之流，复多方阻挠其间。外摧内腐，致不易成功。

二月十三日，大师为王普照序《舍利佛塔秘行钞》于渝（文）。

三月十五日，大师访教育部长陈立夫，商汉院员生缓役事，得其允可。大师访军政部长，以全国僧侣免役以事救护工作为请（与海定书七）。

是日，大师作《转移风气运动的原则》，主：

“一、以今融古成民族文化思潮；

二、以中融外成国际文化思潮；

三、以义融利成道德文化思潮；

四、以雅融俗成进步文化思潮。”

大师应中央文化委员会约，讲《佛学与文化》，程心勉记（海廿五、五——六“点滴”）。大师回缙云山。

四月，《海潮音》移衡阳花药寺编发。当大师抵衡时，以孙尔昌、越培元之请求与赞助，乃移衡（茗山《痛哭老人》）。

五月十四日，顾一樵次长陪印度大学校长罗达克利西那，来访大师于缙云山。大师集合全院欢迎，赠之以诗（弘悲《汉藏教理院欢迎罗达克利西那先生记》）：

“自昔佛曾华贯注，乃今儒与梵交流。人间共感相争苦，永缔和平祝此游！”

六月（“甲申五月”），司法行政部彭养光、陈观圣等，迎大师至部，讲“佛法之内容及佛学理论之研究”。大师偕彭养光，于高根岩观瀑（诗存续集；诗存外集；海二十五、九——十“佛教新闻”）。

十二日，行政院指令军政部，准免汉僧服常备兵役（海二十五、九——十《汉僧免服常备兵役》）。此由清定（黄埔军校生，新从澄一出家）及吴致诚，以四川省佛教会及重庆市佛教会名义请求而成。大师于三月中，叠访军政部，后感免役为难，乃作“丛林、学院免役，小庙服役”之呈请。大师呈上（中间搁置而取回），适清定等要求成功。缘斯引起川僧一时之误会。

七月十五日，大师复美国纽约宗教联合会姜摩西书（文）。

时衡阳陷敌，福善奉《海潮音》移贵阳黔明寺编发（海廿五、九——十“佛教新闻”）。

八月八日，大雨新凉。大师以陈铭枢、黄忏华、潘怀素、张剑峰等来山，召开座谈会，以“佛法能否改善现实社会”为题。陈铭枢仍不改内院——比丘行必头陀，住必兰若——之僻论（文）。

九日，大师患轻中风（海廿五、十一——十二“点滴”）。缁素闻者，咸为大师体健关心。在山养疴数月，始告康复。屈文六来山探病，时症已大减。屈语大师以“万缘放下”。大师笑谓：“吾几曾提起！”盖大师不以体健为虑，惟以未能组整佛教为憾。

九月，国立敦煌艺术研究所函聘大师为设计委员（海廿五、十一——十二“国立敦煌艺研所延聘太虚大师”）。

是秋，大师病前编集《人生佛教》目次，嘱妙钦集理为学僧讲之。其“代序”及“人生佛教之层次”，则秋季开学，大师勉于病中讲出。

时以杨嘉骆之引发，尘空奉大师命，检读大师著述，初有编纂《全书》之议。

初冬，蒋主席来游缙云山，经国、纬国从行，与大师晤谈。

大师去重庆，驻锡“太寓”（是夏新建）。

独山沦陷，《海潮音》乃移来重庆太寓编发。年来转辗移徙，备历艰困，福善终得称其所职！福善虽不如大师内有悟入，而风度颇类大师青年时代，大师亦以是器之（恸福善；海廿六、一“首页”）。

民国三十四年，一九四五（甲申——乙酉），大师五十七岁。

一月二十日，国际宗教联合研究会成立，大师莅会演说（海廿六、二“佛苑零讯”）。

大师应国民外交协会请，致电罗斯福（海廿六、二“佛教新闻”）。

二月十三日（“乙酉元旦”），大师试笔：

> “战火延烧十五年，人间阿鼻苦熬煎。木鸡喔喔一声叫，已到升平庆祝前。”

是春，西安（大兴善寺）巴利三藏院成立开学，大师任院长（海廿六、四“最后消息”）。

五月二十二日，大师出席宗教徒联谊会二周年纪念（海廿六、六——七“佛教新闻”）。作《中国宗教徒联谊会赞词》

（文）。

二十九日，大师初回缙云山，集汉院教职员，开谈话会，指导分西藏佛学、印度佛学、中国佛学、现代佛学四组，各别研究而期协调沟通（修持与研究）。

六月二十四日，卢作孚与何北衡，陪英美大使来缙云山参观，与大师晤谈（海廿六、六——七“法苑珍闻”）。

七月四日，大师以德国投降，乃作《告日本四千万佛教徒》，劝其慨然无条件投降。由福善代为广播（海廿六、六——七“法苑珍闻”）。

五日，大师发《自传》旧稿，删补重抄（自传序）。

时邵力子、沈钧儒等，发起创办“文化研究院”，敦请大师为名誉董事（海廿六、六——七“潮音信箱”）。

八月十日，日本宣告无条件投降，中国八年抗战终获最后胜利。

大师作《告世界佛教徒》，俾有所贡献于永久和平（文）。略谓：

> “亚东南各民族，尤当以佛教加强其联合。以联合的力量来共同努力发扬佛教，以对世界永久和平作非常有力的贡献！”
>
> “中日佛教徒，尤应密切联合。一方面肃清魔鬼们遗留的毒素；一方面发扬最彻底自由平等博爱民主精神的大乘佛教文化，努力于人类真正和平的推进！”

时经法舫与锡兰摩诃菩提会会长金刚智洽定，由大师以世苑苑长名义，与之交换教授一人，互派学生一人（致康寄遥书七——九；海廿六、十“佛教新闻”）。

九月，大师推法尊任汉藏教理院院长，俾专职守。十四日，大师离八年来常住之缙云山。

十五日，大师于北温泉，举行（南洋访问携归）佛教文物展览会（师曾《汉藏教理院与佛教文物展览会》）。其后又在重庆、汉口展览，保存于武昌世苑图书馆。

十八日，大师抵重庆，驻锡太寓（致法尊书五七）。

是月，大师抵重庆中国佛学会，讲《原子能与神通》，程心勉记（文）。

时收复区缁素，纷纷函电向大师致敬，并乞领导（海廿五与廿六卷）。

苏联与美国之扩展政策，日趋强化，大师乃作《因果昭然纵恶者可以止矣》。其中有云：

> “乃今国际间，犹有恃势横行，肆力侵掠。得意忘形中，不知不觉中，步上希特勒之后尘者，抑何迷倒之甚耶？其速警觉，回心向善！”

十二月一日，汉藏教理译场正式成立。初，法尊迎喇嘛东本格西来川。得刘文辉、格桑泽仁、牛次封赞助，成立译场于缙云山之石华寺。大师任场主，东本任译主（海廿七、一“一月佛教纪要”）。由法尊初译《大毗婆沙论》（二百卷）为藏文。然大师初意，乃主先译《大智度论》者。

二日，大师应英人蒲乐道请，为序所著《今日之中国佛教》

（文）。

十七日，内政与社会部训令，"依法组织中国佛教整理委员会"。委员为：太虚、章嘉、虚云、圆瑛、昌圆、全朗、李子宽、屈文六、黄庆澜。并指定太虚、章嘉、李子宽为常务（海廿六、十二"中国佛教会整理委员会附刊"）。大师因作《中国佛教会整理委员会之诞生》。

是月，大师命苇舫赴武汉，设法恢复世苑图书馆（海廿七、一"一月佛教纪要"）。时福善离职赴京沪，《海潮音》二十七卷乃移汉口，由苇舫编（海潮音月刊特启）。

是年冬，大刚卒于拉萨（海廿七、一"一月佛教纪要"）。

比年，袁焕仙以禅风耸动川西，集其语为《维摩精舍丛书》。或以贻大师，大师略评数语，有"掷付侍者"，"两样畜生"，"一般假名"，"一场败阙"诸语。盖恶其狂嚣，轻而勿与。致引起其徒辈林梅坡、寒涵等之老羞成怒，跳踉狂呼！

民国三十五年，一九四六（乙酉——丙戌），大师五十八岁。

一月一日，大师受国府胜利勋章（无言《太虚大师行略》）。

是日，《扫荡报》改《和平日报》，大师赠以诗：

> "十年扫荡妖氛尽，一旦和平庆到来！犹有和平暗礁在，迅行扫荡勿迟回！"

盖时国共倾向和谈，而前途未可乐观。

十日，国民政府承美国意旨，与共产党及民主同盟等代表开始政治协商会议。时政治趋势，中国必需一番改革。大师深觉僧伽应配合政治之革命运动，有组党之意。而智识青年僧伽，大师尤望其与革命行动相配合，乃作《知识青年僧的出路》：

“中国的国家社会，深深地陷在贪官恶吏、土豪劣绅的操纵中。当政的民权民生主义的施设，势将成为贪恶土劣的假民权民生政治。且无论何党何派起而当政，亦必仍为贪恶土劣的政治。这是什么缘故呢？因为朝野各政党，虽都有相当好的政策和少数正洁的人才，但是从乡村以至都市，充满着土劣贪恶。任何实际的政治，非通过了贪恶土劣不能施行；及至通过了贪恶土劣，任何的主义政策，在实施中，都成了操纵于土劣贪恶的假政治。”

“所以若要中国能够好起来，无论如何，要由无党无派各党各派的公正的知识分子、产业分子，联合教导资助着贫苦劳动工农。共同意识着警觉着土劣贪恶的毒害，自身困死饿死也不肯变为土劣贪恶。并专以土劣贪恶为革命的对象，坚毅强劲地、巧妙婉委地，渐渐根治尽绝附于国民背上的土劣贪恶痈疽。然后当政的民权民生主义的政治，才能实际施行，才能走上现代国家社会的大路。”

“由此，知识青年僧不用对腐恶的寺僧和国人歆羡或惊怖！须知这都是在贪恶土劣操纵下使然。只要认清了土劣贪恶的革命对象，加入公正的知识分子、产业分子和贫苦劳农联合阵线，勇猛前进，则以无家室之私的青年知识僧，无疑在公正知识中，可为最公正最强毅的知识分子。待土劣贪恶一经肃清，现代佛教也随着现代国家社会而涌现！”

按：大师僧伽从事政治运动之动议，当昔共产党、青年党、民社党发表声明，获得国民政府承认之际。胡子笏五台来信，亦以此为言。大师约少数人集议于重庆，惟信众中，如李子宽、陶冶公等，多属国民党，自不欲退出而别树一帜（此非二十八年，即三十年春夏事）。胜利后，大师离渝顷，曾宴各党派有关人物。谈次，大师论及佛教需有一政治性组织，以代表佛教立场，维护佛教利益。来会者，均不甚深识其意，而以今有中国佛教会，此后当无问题答之。

比年来，政党渐见活动，大师之友生，亦遍及各党派及无党派者（佛教不要组政党）。国民党人而外，如张君劢、曾琦、邵力子、李济琛、冯玉祥、陈铭枢等，均多联络。且与中苏文化协会张西曼，数商结伴访苏联佛学界（张西曼《挽诗并序》）。盖大师本大乘泛应精神，惟期佛法得以遍入各方，袪滞释蔽，于融和进步中，日进世界于大同为鹄。

十三日，以蒋主席令吴文官长（鼎昌）致函垂询，大师乃复吴文官长书（书）。

是月，大师命又信奉中国佛教整理委员会及中国佛学会文件回京（又信《侍座回忆》）。

二月二日（“丙戌元旦”），时协商会议宣告成功，大师乃“试笔”以志庆：

“初日披呈春节瑞，宿云敛作夏时霖。世经丧乱人思痛，国庆升平民定心。和气致祥成协议，安生乐业戒相侵！怨魔尽化慈悲佛，仁寿同登任运骎！”

三月七日（“二月初四日”），圆瑛于上海圆明讲堂患中风。历二月余始康复（叶性礼《圆瑛法师事略》）。

二十日，大师由重庆飞汉口，驻锡佛教正信会。受武汉缁素盛大之欢迎，于汉口正信会讲《维摩诘经》（海廿七、四“一月佛教纪要”）。时世苑图书馆，日兵去而国军又来，院舍圮落。众以不忍大师伤心，阻之未过江一行。

按：四月五日大师致陈静涛书云：“四月一日，由渝飞汉。”现前事，不知大师何以有误！

四月，《海潮音》移南京普照寺（寺主昙钵）编发。福善编一期，即由尘空编辑（尘空《胜利的回顾与前瞻》）。

大师所派锡兰留学僧光宗、了参成行（海廿七、六“一月佛教纪要”）。

二十八日，大师附江安轮抵南京，驻锡毗卢寺——中国佛教整理委员会（海廿七、六“一月佛教纪要”）。

三十日，大师假毗卢寺招待记者，报告整理佛教计划（海廿七、六“一月佛教纪要”）。

> “一、政府应本宗教平等、信仰自由之原则，切实保护僧寺及公产。二、着手计划僧尼普受教育，及兴办农场等。三、办理服务社会及创办公共慈善事业。四、佛教会将登记僧寺信徒，使成为有系统组织。五、佛教徒有政治兴趣者，可参加政治（并举国外教党情形为例）。六、佛教徒应全力宣扬教义，化导人心，改进社会，促进和平。”

是日，南京各界于毗卢寺举行盛大欢迎会。大师讲《胜利归来话佛教》，尘空记（文；海廿七、六“一月佛教纪要”）。

五月六日，大师由京抵沪，驻锡静安寺（监院密迦）。是日，上海佛教界，假静安寺欢迎（海廿七、六“一月佛教纪要”）。

七日，于静安寺接见记者。论及政治，担心于国共局部冲突之严重，不满于政府收复区之措施（灯霞《原子时代的佛教》；文汇报《太虚大师谈政治》）。

上海沦陷期间，有（盛普慧施资）《普慧大藏经》之编纂。其时，工作陷于停滞。大师为改名“民国重修大藏经”而序之。后（七月九日）为作《中华民国大藏经编纂纲领》（文）。

大师应上海佛教界请，讲《佛说弥勒大成佛经》于玉佛寺，松月记其悬论（文）。

时福善任玉佛寺监院，大师因多驻锡玉佛寺直指轩。

留沪期间，大师访老友圆瑛于圆明讲堂，探问其病。

六月三日，大师携福善至杭州，驻锡灵隐寺（寺主弘妙），晤老友玉皇（《觉群》一）。

《宿听涛轩》诗云：

> “一换西湖劫后痕，十年重宿听涛轩。小康民族大同世，次第冷然入梦魂。”

四日（“端午”），大师泛舟西湖（诗存续集）。

九日，杭州佛教界假灵隐寺欢迎。大师略示《佛法要义》，程净保记。留杭半月，返沪（文；海廿七、七“一月佛教纪要”）。

七月八日，中国佛教整委会举办之僧才训练班，于镇江焦山开学，芝峰主持其事(《觉群》四)。

十日，锡兰来华传教及留学之索麻、开明德、潘那西哈三比丘抵上海(致康寄遥书十五)。滞留不进(赴西安巴利三藏院)，于上海安居(致康寄遥书十八)。

十五日，大师于上海筹办之《觉群周报》创刊。大师为社长，以福善主编务(《觉群》一)。大师成立觉群社，本意为佛教之政治组织。惟以僧伽参政，多滋异议，乃创“问政不干治”之说：

> “问政而不干治——觉群社。”
>
> “在家出家少壮佛徒，聒余创导组织者，不下十余人。问询长老缁素，则缄默持重，大多不以为可。余亦迟迟不决。”
>
> “然超政，遇政府与社会摧教，易遭破灭；从政，亦易随政府而倒；二者利弊各关。况今中国，无论在政府社会，尚无在家佛徒集团，足以拥护佛教，则僧伽处此，殊堪考虑！今以多人对此问题的研讨，余遂不得不加以深思熟虑，而于孙中山先生所说政权治权，得一解决，曰：问政而不干治。”
>
> “孙先生谓：政是众人之事，治是管理，政治是众人之事之管理。又政权是人民有权，议定政法；治权是政府有能，治理国民。僧伽不得不是众人之事中的众人，所以于众人中的本人或同人的事，不得不问。要想问问众人之事，讲讲其所感之祸害痛苦，所求之福利安乐，不得不参加社会的地方的国家的合法集议众人之事的会所。所以对于有关之民众社团，及乡区自治会议，县参议会，省参议会，国民代表

大会，均应参加一分子，为本人、同人、全民众人议论除苦得乐之办法。但所参预的，以此各种议事场所为止，亦即人民政权机关为止；而执行五权治权的中央和地方机关，概不干求参预。换言之，只参加选举被选为议员，决不干求作官，运动作官将——文官武将等。”

“中国现阶段的中国僧伽，对于今所提出的‘议政而不干治’，愿皆透澈了解，切实践行！”

此惟限以僧伽。以中国僧伽量之少，质之低，于政治素鲜注意，其难以有为，盖在意中。其后，《觉群周报》仍等于一般通俗之佛学刊物，知议政亦不易！

时李子宽承大师意，创立佛教文化社于首都，大师任董事长（海廿七、七“一月佛教纪要”）。以流通佛典，尤以流通大师作品，编印《太虚大师全书》为宗旨。

二十八日，上海虹口西竺寺，创立中国佛教医院，大师任董事长（《觉群》七）。

八月六日，大师抵镇江，去焦山。八日，大师主持僧才训练班结业典礼，以《存在、僧、僧羯磨》为训，尘空记（海廿七、九“佛教新闻”；《觉群》六——七）。

十一日，镇江佛教界假金山寺欢迎。大师讲《人生的佛教》，茗山与觉先记（《觉群》七）。

时世苑图书馆驻军离去，得正信会协助，苇舫为之修葺。下学期招研究生数人。

二十五日，上海市佛教青年会开成立会，大师出席指导（《觉群》九）。

九月一日，大师致函慈航。先是，焦山东初为福善所动，发表改革僧装之议。焦山僧伽训练班结业顷，大师特制一新僧装，寄赠芝峰。慈航赞同黄色袈裟，因致函大师责难，有退出"新僧"之愤语；大师乃痛责之（与慈航书）。二十一日，大师以"关于寺庙问题"，致函《申报》（文）。时上海市政府（张晓崧主谋），欲强占寺院以作机关学校，引起僧众请愿。

是月，大师发表《集团的恶止善行》，作道德重建之呼吁。

十月，大师抵南京，驻锡（普照寺）中国佛学会，讲《出生菩提心经》（海廿七、十一"一月佛教记事"）。

十七日，大师于南京卧佛寺新创之大雄中学，不慎失火；主事务者（又信）竟不知所往（又信《侍座回忆》）。善后事宜，大师之精神物质，均大受损失！

十一月十六日（海刊作"十七"），中国佛学会召开代表大会（《觉群》廿四）。

二十五日，大师作《由经济理论说到僧寺经济建设》（文）。

是年冬，佛教文化社发行《太虚大师全书》预约；大师约北平杨星森来编校推行。

初以中国宗教联谊会于斌之推荐，经蒋主席同意，圈定大师为国民大会代表。以陈立夫力持异议，致其事中变。时京沪报章，多传大师组党及出席国大之说；鉴于政府歧视拥有广大信徒之佛教，大师殊深悒怅！蒋主席与大师之友谊，久为近侍集团所碍，日以疏远。二十余年来，佛教为拘于理学窠臼之中国本位文化者，凭借美国路线之基督福音者所扼抑，处境日艰。大师于国民政府领导者，于执政之初，未能高瞻远瞩，求中日之协和，谋以东方文化，复兴全亚民族，招来东方文化、亚洲民族之大苦难，每不胜其感慨！

十二月七日，大师于首都监狱说法：《佛是我们的善友》，隆信记（文）。

九日，大师返沪（海廿八、一“教闻摘要”）。

二十五日，应宁属缁素邀请，至宁波，驻锡观宗寺（《觉群》廿五）。

三十日，“腊八”，宁属六邑佛教会，于观宗寺开会欢迎。大师讲“世出世间善法嗢柁南颂”，无言（芝峰）记（《集施颂》）。颂曰：

“缘起无实，相续互关，如理行事，济众勤勇。”

大师移锡延庆寺，大醒、亦幻、芝峰，随侍左右（无言《菩萨学处讲录记述序》）。

民国三十六年，一九四七（丙戌——丁亥），大师五十九岁。

一月三日，大师偕芝峰等去溪口，回一别十年之雪窦寺。留三宿，不胜废兴之感（《觉群》廿六；廿七）。《重归雪窦》诗云：

“妙高欣已旧观复，飞雪依然寒色侵。寺破亭空古碑在，十年陈梦劫灰寻！”

时雪窦寺住持职，大师已于夏季交与大醒。

大师去天童、育王访旧。与芝峰度旧年于阿育王寺（诗存续集）。闲读《史达林传》，于共产党员应具之体力、智力、意志力，予以同情之感云（记阅书遣闲）：

“看完这一段话，真同看到《瑜伽师地论》察验菩萨种姓应具的六度善根一样，令人肃然起敬地，感觉着如遇到了菩萨；但缺少一些慈悲仁爱！”

二月二日（“丁酉元旦”），大师于延庆寺开讲“菩萨学处”，凡三日，为大师最后说法。无言记，成《菩萨学处讲录》（无言《菩萨学处讲录记述序》）。

大师新春试笔，作《中国应努力世界文化》（文）。

六日，大师至慈溪普济寺（又信《侍座回忆》）。

大师留甬期间，礼奘老，解常佩玉玦，亲为奘老悬于胸前（奘老为编者说），有诀别之兆。又作诗《奉奘老》，为大师最后诗篇：

“吃亏自己便宜人，矍铄精神七四身。勤朴一生禅诵力，脱然潇洒出凡尘！”

锡兰僧索麻等，不守信约，藉口沪地天寒，去香港过冬。一月六日，即离华返锡。徒耗香港、上海、西安等信施，且有不利中国佛教之传说。大师因拟《致摩诃菩提会书》，嘱苇舫以世苑秘书名义，由法舫转交。原书云：

“法舫来函，亦忘了原约（以彼等为来华传教者），措此错误言词。今可以世界佛学苑秘书苇舫名义，正复一函与哥仑布摩诃菩提会。

“一、原订约双方，为‘哥仑布摩诃菩提会’与‘西安世界佛学苑巴利三藏院’。双方交换各二僧，华赴锡二僧，以学巴利佛教为主，兼传华文佛教；锡来华二僧，以学华文佛教为主，兼传巴利佛教。各期五年。二、双方未达目的地前，及离目的地后，来回一切费用，皆由自备，到后，由订约双方，互供膳宿，并供每月三十罗比备用。三、事前曾警告，应由加飞重庆转飞西安，不可走海道。乃回信：经海道所增困难，及一僧之费用，概由自任，故只可听之。四、索麻等抵沪，为备供膳宿处一星期，便即赴陕（上海并无世界佛学苑机构）。后以索麻等要求在上海安居三月，另筹备宿处及食费，约耗万余罗比（由上海佛教团体及信徒筹付）。然索麻等只热心传巴利佛教，对于学习华文佛教，无表示求学。五、当安居初，西安已派善归比丘来接待。至安居将终，索麻等决表示返港过冬，善归始返西安。为修住处及种种筹备欢迎，与专员往返，结果不去；不惟大失人望，且空耗经费不赀矣！六、决返香港，系出索麻等自意。然苑长仍嘱香港信徒予以资助，并约春暖再至西安。后因索麻又怕西安寒冷，及疑地方不安等，重庆、峨眉、汉口，及宁波之延庆寺、雪窦山等，亦均表示可欢迎前去。乃索麻等突然来信，于一月六日，乘船经新加坡而返锡矣。今详告索麻比丘来华离华之经过于贵会者，非欲责以他事，但欲贵会明了种种违约行动，全出索麻等三比丘，而敝苑之西安巴利院，不仅忠实履约，且曾为种种额外之招待也。”

大师组党未成，梵波（尘空）作《关于佛徒组党问题》，谓大师“立于超然地位，从未向任何人作任何活动之表示”。“他本人却无任何活动和领袖的企图”，殊与大师态度不合。大师作《佛教不要组政党》，对大师政治活动之态度，表示最为明确。大师以为：

> “极力表扬我的清高，与我舍身为佛教、为大众的态度，却不尽相同。”

大师之意境，使佛教有组党必要，且需其出而领导者，则自当舍身舍心以图之。今虽无组党可能，因缘未具，仍望以觉群社为其联络。

时大师有论时事小品数则，如《呼吁美苏英倡导和平》、《国内和平的前途瞻望与中间调解》、《救西洋之乱即救世界之乱》。

十七日，大师得福善病讯，于寒雪中自甬来沪，驻锡玉佛寺直指轩（恸福善）。福善于二十日不治去世，大师深恸之，作《恸福善》。不独惜其人，且为上海佛教之开展惜也。

三月五日，大师于上海玉佛寺，召开中国佛教整委会第七次常务会议。时整理大致就绪，议决于五月二十七日起，开全国会员代表大会七日（中国佛教会整理委员会附刊十七）。

十二日，大师为玉佛寺退居震华封龛，书“封龛法语”，为大师最后遗墨。

略谓：

> “为震华法师封龛
>
> 太虚老人
>
> “诸法刹那生，诸法刹那灭，刹那生灭中，无生亦无灭。
>
> 卅六年三月十二日在玉佛寺般若丈室。”

按：震华未及大师之门，或传其与福善为大师得意弟子，非也。

大师说法且竟，忽中风旧疾复发。京沪杭甬间弟子，闻讯来集，多方医护。而大师殆以化缘周毕，竟以十七日下午一时一刻，于玉佛寺直指轩安详舍报。时玉佛寺主苇一；出家弟子大醒、亦幻、尘空、灯霞、月耀、松月、演培；在家弟子李子宽、谢健、沈仲钧、卫立民、杨树梅、过圣严、胡圣轮；侍者杨承多等侍侧，助念弥勒圣号，祝上生兜率，再来人间（尘空《虚公病室日记》）。

十九日为大师行封龛礼，老友善因亲来主持。参加典礼者，寺院及佛教团体外，到当地党政机关代表，及马占山、汤铸新、黄金荣等，凡三千余人。中宣部摄影场，及中外日报记者，竞为摄影报道（月耀《虚公治丧处日记》）。

治丧期间，重庆法尊，武昌苇舫，西安超一，开封净严，杭州会觉、巨赞、宏妙（大师徒孙）、印顺、妙钦、续明，南京昙钵，镇江雪烦、茗山，常州明智等，均先后来集。弟子集议对于大师志业之推进。议决：重庆世苑汉藏教理院，由法尊主持；武昌世苑图书馆，由苇舫主持；《海潮音》由尘空主编；大师色身舍利塔，建于奉化雪窦山，各地得分请舍利建纪念塔；大师法身舍利，由印顺负责编纂；大师遗物，概移存武昌纪念。时政要、名流、海内外佛教缁素，电唁哀挽，备极哀荣！

四月八日，举行大师荼毗典礼。自玉佛寺趋海潮寺（寺主心缘），参加恭送荼毗行列者，长达里余。是日，仍由善因主持说法举火（月耀《虚公治丧处日记》）。

十日晨，法尊等于海潮寺拾取灵骨，得舍利三百余颗，紫色、白色、水晶色均有。而心脏不坏，满缀舍利，足征大师愿力之宏（月耀《虚公治丧处日记》）。

十四日，大醒、亦幻、净严、尘空等，恭奉大师舍利灵骨至雪窦。翌晨，抵宁波，缁素集迎致祭。专车入雪窦山，安供法堂（尘空《奉骨入山记》）。

五月二十日，印顺、续明、杨星森等，开始于雪窦寺圆觉轩，编纂《太虚大师全书》。其缘起及编目云：

> 佛法为东方文化重镇，影响我国文化特深，此固尽人皆知之；然能阐微抉秘，畅佛本怀以适应现代人生需求者，惟于太虚大师见之！大师本弘教淑世之悲愿，以革新僧制，净化人生，鼓铸世界性之文化为鹄。故其论学也，佛法则大小乘性相显密，融贯抉择，导归于即人成佛之行。世学则举古今中外之说，或予或夺而指正以中道。其论事也，于教制则首重建僧；于世谛则主正义、道和平；忧时护国，论列尤多。大师之文，或汪洋恣肆，或体系精严；乃至诗咏题序，无不隽逸超脱，妙语天然！然此悉由大师之深得佛法，称性而谈，未尝有意为文，有意讲说，盖不欲以学者自居也。文字般若，未可以世论视之！平日所有撰说，或单行流通，或见诸报章杂志，时日不居，深恐散佚。为佛法计，为中国文化计，全书之编纂自不容缓。同人等拟编印全书，奉此以为大师寿。举凡部别宏纲，编纂凡例，悉遵大师指示以为则。且将编印矣，不图世相无常，大师竟匆遽示寂也！昔双林息化，赖王舍结集，乃得色相虽邈而法身常在。则是本书之编纂流通，弥足显大师永寿之征矣！全书都七百万言，勒为四藏

二十编,次第印行。若此胜举,吾文化先进,佛教耆德,当必将乐予指导以赞助其成矣!

法藏——(一)佛法总学　(二)五乘共学　(三)三乘共学　(四)大乘通学　(五)法性空慧学　(六)法相唯识学　(七)法界圆觉学

制藏——(八)律释　(九)制议　(十)学行

论藏——(十一)宗依论　(十二)宗体论　(十三)宗用论　(十四)支论

杂藏——(十五)时论　(十六)书评　(十七)酬对　(十八)演讲　(十九)文丛　(二十)诗存

二十五日("四月六日"),中国佛教会整理委员会、中国佛学会,暨南京市佛教会,假毗卢寺,举行全国性之追悼会。到国府委员章嘉、国府各部会代表,及全国各省市代表等千余人。会场满悬哀挽诗联,有蒋主席"潮音永亮"等五千余件(海廿八、七"佛教新闻")。其余各地追悼会,遍于全国,以重庆汉藏教理院、汉口佛教正信会,最极隆重。国际若印度新德里召开之泛亚洲会议,临时举行追悼会(《觉群》四十——四十二);摩诃菩提会建"太虚图书室"为纪念(海廿八、七"佛教新闻")等,并见大师德化之溥!

二十六日,首都毗卢寺,举行"中国佛教会胜利后第一届全国会员代表大会"(海廿八、七"特刊")。中国佛教会务经大师一年来领导,得以正式成立。方期整建不远,其如政局复陷动乱,功败垂成,缅怀大师,孰不怆恸!

六月六日,政府颁褒扬大师令:

国民政府令　三十六年六月六日

释太虚,精研哲理,志行清超!生平周历国内外,阐扬教义,愿力颇宏!抗战期间,组织僧众救护队,随军服务;护国之忱,尤堪嘉尚!兹闻逝世,良深轸惜!应予明令褒扬以彰忠哲。此令!

民国三十七年,一九四八(丁亥——戊子)。

一月,《海潮音》由大醒编辑。

五月三十日,《大师全书》编竣(续明《太虚大师全书编纂始末略记》)。

七月,《大师全书》初编《佛法总学》(四册),以李子宽、苏慧纯协力,由上海大法轮书局印行流通。

民国三十八年,一九四九(戊子——己丑)。

一月六日("腊八"),雪窦山大师舍利塔工事粗备。以时局动荡,大醒奉大师灵骨入塔。

时各地舍利纪念塔,武汉由李子宽、钟益亭、吕九成等,厦门由蔡契诚、许宣平、虞德元等发动兴建,先后完成。余香港、暹罗由优昙,重庆由法尊,西安由定悟,开封由净严等分请舍利,犹在筹建中。

二月,大醒以《海潮音》移台湾编发。

一九五〇年(己丑——庚寅)。

二月,《大师全书》(二三两编,上海排印未及发行而政局突变)第四编《大乘通学》(四册),在香港出版。优昙、李子宽、陈静涛、蔡契诚、何心尊等集资,组太虚大师出版委员会于香港,发心次第付印流通。

四月一日,印顺编《太虚大师年谱》,脱稿。

中華書局

初版责编	陈　平